编委会

Medical Insurance

医疗保险学

主　编　白丽萍

副主编　陈继芳　张　源

暨南大學出版社
JINAN UNIVERSITY PRESS

中国·广州

图书在版编目（CIP）数据

医疗保险学/白丽萍主编．—广州：暨南大学出版社，2020.3
ISBN 978－7－5668－2811－8

Ⅰ．①医…　Ⅱ．①白…　Ⅲ．①医疗保险—中国—医学院校—教材
Ⅳ．①F842.613

中国版本图书馆 CIP 数据核字（2019）第 276324 号

医疗保险学
YILIAO BAOXIANXUE
主　编：白丽萍

出 版 人： 徐义雄
责任编辑： 潘雅琴　陈俞潼
责任校对： 黄　颖　王燕丽
责任印制： 汤慧君　周一丹

出版发行： 暨南大学出版社（510630）
电　　话： 总编室（8620）85221601
营销部（8620）85225284　85228291　85228292（邮购）
传　　真：（8620）85221583（办公室）　85223774（营销部）
网　　址： http://www.jnupress.com
排　　版： 广州市天河星辰文化发展部照排中心
印　　刷： 广州市穗彩印务有限公司
开　　本： 787mm×1092mm　1/16
印　　张： 15.25
字　　数： 260 千
版　　次： 2020 年 3 月第 1 版
印　　次： 2020 年 3 月第 1 次
定　　价： 48.00 元

目　录

前　言

《“健康中国2030”规划纲要》指出，健康是促进人的全面发展的必然要求，是经济社会发展的基础条件。而社会医疗保险是应对疾病经济风险、保障人民医疗需求的有效手段，它既是社会保险体系和卫生保健制度的重要内容，也是“健康中国”战略目标实现的战略途径。因此，社会医疗保险制度改革是社会保障体系、卫生保健制度健全和发展的重点工作。

事业发展需要理论指导、技术支持和人才保证。医疗保险学是专门研究医疗保险活动及其发展规律的学科；医疗保险学教材，既要借鉴国际医疗保险理念、理论和制度体制变革举措，又要汲取我国医疗保险改革实践创新的经验，需要反映医疗保险发展的规律性，体现医疗保险制度改革的时代性和医疗保险制度实践的创造性。基于此，本教材在系统地介绍了医疗保险理论和实践内容的同时，注重突出自己鲜明的特色：①教材在体例上做了创新，每章安排导入案例和延伸阅读，所收集的案例涉及医疗保险的理论与实践，这样既注重案例的时效性，又注重延伸阅读的学术性和理论意义。②以案例及其思考作为引入点，在案例的选取上，考虑可读性，尤其关注医疗保险政策和实践领域的新事物，以期帮助读者通过鲜活生动的案例，更加深入地理解我国医疗保险制度的改革和发展。③增加了反映实践进展中的医疗保险谈判的内容；大部分章节安排了知识链接等专栏，介绍核心概念、范畴或典型事件，对医疗保险理论的关键问题加以分析和解释。

《医疗保险学》是广州医科大学高水平建设项目资助教材，是高等医学院校医学与社会科学融合的特色教材。本教材系统阐述了医疗保险理论和改革实践的普遍性问题，适用于本科生教学，也可作为医疗保险实际工作部门的学习参考书。

本书编写人员是高校教师、三甲医院医保职能岗位专业技术人员。

具体分工如下：全书由广州医科大学白丽萍教授拟定编写提纲；第一章、第三章由广州医科大学白丽萍编写；第二章、第七章、第十章由广州医科大学附属第一医院陈继芳编写；第四章由江门市中心医院张源、广州医科大学附属第三医院邹志辉编写；第五章、第六章由江门市中心医院张源编写；第八章、第九章由广州市红十字会医院赖银君、广州医科大学戴文瑜编写。全书最后由白丽萍进行统稿。

在本书编写过程中，华南农业大学张泳，广州医科大学戴文瑜、黄岚、吴丁娟、陈瑶欣、王怡晴、潘舒恒、陈翠琴、蔡斯琪、李子耕等师生在资料收集、整理、校对乃至部分内容的编写上付出了大量劳动，做出了重要贡献。同时，本书大量吸收了国内外专家学者的研究成果，在此，一并表示感谢！

由于编者水平有限，书中存在的缺点与错谬在所难免，恳请读者批评指正。

编　者

2019 年 10 月

第一章　绪　论

【学习目的】

通过本章学习，了解风险、可保风险的特点以及应对风险的方式；熟悉疾病风险的共性特征与特殊性；掌握医疗保险的概念、特征及分类；了解医疗保险产生和发展的四个阶段。

【章前案例】

1744 年，亚历山大·韦伯斯特（Alexander Webster）和罗伯特·华莱士（Robert Wallace）这两位苏格兰长老会教士打算成立一个寿险基金，为神职人员的遗孀和孤儿提供补助。他们建议教会的每一位牧师都将收入拨一部分放入基金，基金用这笔钱投资。如果牧师过世，遗孀就能从基金的获利中取得分红，她的余生也就有了保障。然而，他们必须先知道基金规模需要多大才足够完成这种目标。韦伯斯特和华莱士必须预测每年大约会有多少牧师过世、留下几位孤儿寡妇，以及这些寡妇在丈夫过世后还会活几年。于是，他们联络了爱丁堡大学的数学教授科林·麦克劳林（Colin Maclaurin）。他们收集了民众过世年龄的资料，用以计算在某一年里可能有几位牧师过世。

这些计算要归功于当时在统计与概率等领域的几项突破，其中之一是雅各布·伯努利（Jacob Bernoulli）的大数法则（Law of Large Numbers）。伯努利认为，虽然某些单一事件（如某个人死亡）难以准确预测，但只要有了许多类似事件，用平均结果来预测就能相去不远。换句话说，虽然麦克劳林无法用数学预测韦伯斯特和华莱士是不是明年就会过世，但只要有足够的数据，他就能告诉韦伯斯特和华莱士明年可能有多少位苏格兰长老教会牧师过世。幸运的是，他们手上已经有现成的数据。爱德蒙·哈雷（Edmond Halley）在 50 年前就已经发表了相关统计表，这正好派上用场。哈雷分析了德国布雷斯劳市（Breslau）的 1 238 份出生记录、1 174 份死亡记录，让我们看到某个 20 岁的人死在某一年的概率是1∶100，而 50 岁的人则是 1∶39。整理这些数据之后，韦伯斯特和华莱士得出结论：平均而言，苏格兰通常有930位长老教会牧师，每年过世27位，而其中有18位会留下遗孀。在没有留下遗孀的几位中，有5位会留下孤儿，至于有遗孀的也有2位可能有不到16岁的孩子。他们还计算出遗孀有可能在多久之后过世或再婚（这种时候便停止补助）。有了这些数据之后，韦伯斯特和华莱士就能判断加入基金的牧师每人该付多少钱为自己的亲人作打算。当时，如果牧师年缴2英镑12先令2便士，他的遗孀便能一年得到10英镑，这在当时可是一大笔钱。而如果他认为这还不够，可以选择年缴6英镑11先令3便士，遗孀一年就能得到25英镑，生活更为优渥。根据他们的计算，到了1765年，这个“苏格兰教会牧师遗孀及孩童抚恤基金”总资本会有58 348英镑。事后证明，他们的计算准确到不可思议。到了这一年，基金总资本为58 347英镑，只比预测少了1英镑！这可是比所有宗教先知的预言都准确太多了。时至今日，他们的基金简称为苏格兰遗孀基金（Scottish Widows），是全球最大的退休金和保险公司之一，总值高达1 000亿英镑。现在任何人都能够购买其保单，而不只保障苏格兰牧师的遗孀。

这两位苏格兰神职人员所用的概率计算，后来不仅成了精算学的基础（这是退休金和保险业务的核心），也成了人口统计学的重要概念。

【节选自：尤瓦尔·赫拉利．人类简史［M］．林俊宏，译．北京：中信出版集团，2017：241－243.】

思考题：如何理解保险的本质？

第一节　风险与保险

一、风险

风险的存在是保险产生的前提，对风险的识别与估测是保险费率测算的基础。因而风险与保险之间存在着密切的联系，即所谓的“无风险，无保险”。

（一）风险的定义

人们在进行物质资料生产，向自然界索取生活资料的过程中，常常会遭遇各种自然灾害和意外事故，对人们的生存和发展造成极大的破坏，影响了社会的前进和发展。作为自然人，人们还要受到生、老、病、死等自然规律的支配，影响和危害身体健康乃至生命的事件总有发生，这就是“风险”最原始的存在形式。随着生产力的不断发展，现代社会“风险”的范畴也随之扩大，如交通工具的发明和应用产生了交通事故发生的风险，环境的污染与破坏增加了传染病流行的风险，金融商品的产生也带来了金融和投资风险，如此等等，风险可谓无处不在。

由于研究角度的不同，人们对于风险的界定尚无统一定论。归纳起来，关于风险的定义主要有以下三种：

1. 风险是一种不确定性

在生活中，人们总希望掌握事物发展的规律，做出准确无误的预测。然而，风险是不确定的、难以准确预测的。认为风险是一种不确定性的观点揭示了风险与不确定性的内在联系，为引入数理理论量化风险创造了条件。风险的不确定性表现在三个方面，即空间上的不确定性、时间上的不确定性、损失程度的不确定性。不确定性是风险的起因，与风险相伴相生，但值得注意的是，风险与不确定性并非完全等同。在不同的环境中，风险或是不确定性会造成截然不同的后果。可以预测的不确定性，可称为“风险”，不可预测的不确定性就不能称为“风险”。

2. 风险是损失发生的可能性

风险是损失发生的可能性，即把风险视为给定条件下可能会给主体带来最大损失的概率。相对于前一种观点，它明确了“风险”与“不确定性”的差别，而将风险发生的不可控的特性进一步定义为可能性。国内学者魏华林在其《保险学》一书中将“风险”定义为“引致损失的事件发生的一种可能性”。中国台湾学者方明川也用“吾人之财产或人身可能因某种危险事故的发生而遭致经济损失之可能性”来定义风险。这种定义方式在首先强调“损失的事件”存在的同时，明确了“可能性”与不确定性有区别。他认为可能性指客观的存在，在概率上既不可能等于0，也不可能等于1，因为概率为0的风险是不存在的，而概率为1的风险是一种必然性风险。若不确定性的概率既可为0，亦可为1，那么就失去了可能性的含义。此外，不确定性仅是风险的特征之一，并不包括风险的全部。比如，投机风险一般为不可测定的不确定性，而纯粹风险一般为可测定的不确定性。所以，不确定性作为风险的一个特征不能概括风险的全部内涵。

3. 风险是随机事件与可能结果之间的差异

风险是随机事件与可能结果之间的差异，即把风险视为给定条件下研究对象可能获得的最大损失和收益之间的差距。在许多情况下，风险表现为一种具有不确定性的波动，这种波动包括高于平均水平的波动和低于平均水平的波动。国外学者提出，除了“不确定性”“可能性”，风险的另一种定义是：随机事件可能结果之间的差异，即实际结果与预期的偏离。这种定义侧重风险所带来的影响，即把注意力集中在某一个特定环境下的风险程度，从而根据风险程度来衡量风险事件的后果。这种观点强调了不确定事件与所造成的结果之间的差异，差异越大，风险越大。如果只有一种可能，即没有差异，这一事件就是确定的，也就不存在风险；如果可能产生的结果越多，变动越大，则风险就越大。

本书所讨论的风险是指意外事故发生的可能性，是一种客观存在的、损失发生具有不确定性的状态。

（二）风险的特征

无论是“不确定性”“损失的可能性”，还是“客观性”，都在一定程度上反映了风险的本质。我们可以从以上定义归纳出风险的基本特征：

1. 风险存在的客观性

风险是一种客观存在，即从整体上看，无论人们是否意识到风险的存在，它总是存在且是会必然发生的，通常不以人们的意志为转移，是独立于人的意识之外的客观事实。人类虽然一直希望认识这些客观规律和控制风险，但直到现在也只能在有限的时间和空间内改变风险存在和发生的条件，降低其发生的频率和减少损失程度，而不能也不可能完全消灭风险。

2. 风险存在的普遍性

风险处处可见，随时可能发生。风险已渗入社会和个人生活的各个方面，如失业、工伤是工业革命特有的产物；市场经济下企业面临着自然风险、市场风险、技术风险和破产风险；个人也面临着失业、意外事故、疾病和死亡风险等。只能改变风险存在和发生的条件，降低其发生的频率和减少损失程度，不能也不可能完全避免和消灭风险。这是保险产生的前提。

3. 风险发生的损失性

损失是指价值的减少或消失。风险与损失密切联系，不幸事件一旦发生，都将或多或少地给人们带来损失，如火灾带来的财产损失、意外事故带来的人身伤亡、患病就医带来的经济损失等。通常所涉及的损失大部分是经济损失，但也存在一些无法用经济方法计算或衡量的损失，如患病以后给人带来的躯体上的痛苦或精神上的损害等，均无法用货币的形式来衡量。在保险中所涉及的损失通常是指经济损失。

4. 风险发生的不确定性

风险虽然客观存在，但风险是一种随机现象。就某一具体风险或对某一个体来说，它的发生是偶然的，风险发生后造成的损失也是不确定的，人们无法准确预测出某一具体风险或某一个体的风险何时会发生以及发生后所带来的后果。风险发生的不确定性意味着在时间上具有突发性，在后果上具有不可预料的灾难性，从而给人们的心理和精神带来忧虑和恐惧，这是人们购买保险的主要原因。

5. 大量风险发生的规律性

虽然风险相对于个体来说具有不确定性，但根据大数法则，大量由个体构成的整体中，其风险发生率相对稳定，即从整体上看，风险的发生具有一定规律。如果对许多个体的风险事件进行统计学处理，则可以比较准确地反映出风险发生的规律，进而对风险的发生进行预测，这也是保险费率测算的基础。

（三）风险的类别

根据不同的风险分类标准，可将风险划分为多种类型。

1. 按风险损害的对象分类

（1）财产风险。

财产风险是指导致一切有形财产的损毁、灭失或贬值的不确定状态。例如，房屋、桥梁、农作物、树木、机器设备以及车辆等遭受火灾、洪水、地震、爆炸等造成的损失均属财产风险。财产风险除了会造成财产的直接损失外，还会引起与财产有关的利益丧失，如信用、运费、租金等间接损失。

（2）人身风险。

人身风险与人的生老病死或者伤残有关。具体来说，由于死亡发生的时间是不确定的，伤残、疾病是否发生，其对健康、工作能力以及经济方面的影响程度等也是不确定的，由此种不确定状态所导致的风险就是人身风险。人身风险一方面可能会造成劳动能力的损失；另一方面可能会造成额外费用的损失，进而导致预期收入的减少，或者是额外费用的增加。

（3）责任风险。

责任风险是指个人或团体的疏忽或过失行为，造成他人财产损失或人身伤亡，依照法律、契约或道义应负法律责任或契约责任的风险。比如，因企业产品质量本身存在缺陷，不符合标准，引起消费者的人身伤害或财产损失，也就带来了需要承担赔偿责任的风险。

（4）信用风险。

信用风险是指在经济交往中，权利人与义务人之间由于一方违约致使对方遭受经济损失的风险。例如，借款人因各种原因未能及时、足额偿还债务或银行贷款而违约所形成的风险。

2. 按风险的性质分类

（1）纯粹风险。

纯粹风险是指只有损失机会而无获利可能的风险。其所导致的结果有两种，即损失和无损失。如火灾、洪水、车祸、疾病等自然灾害或意外事故，都属于纯粹风险。纯粹风险通常是一种静态风险，其期望损失相对稳定，是保险公司最重要的承保对象，或者说可保风险往往是纯粹风险。

（2）投机风险。

相对纯粹风险而言，投机风险是指既有损失机会又有获利可能的风险。其所致结果有三种：损失、无损失和盈利。如赌博、股票买卖等所面对的收益的不确定性，就是投机风险。投机风险的发生常常与个人投资（或者说投机）决策的选择密切相关，同时与社会的、经济的变动紧密相连。尽管保险市场也有涉足投机风险领域，但由于投机风险往往是一种动态风险，其期望损失不稳定，相对于纯粹风险来说，并没有成为保险公司的重要承保对象。

3. 按风险损失的范围分类

（1）基本风险。

基本风险是指非个人行为引起的损失或损害的风险，包括纯粹风险和投机风险。例如，与社会或政治有关的风险、与自然灾害有关的风险都属于基本风险。

（2）特定风险。

特定风险是指风险的产生及造成的后果只与特定的人或部门相关的风险。特定风险通常是纯粹风险，只影响个人或个别企业和部门，且较易为人们所控制和防范。例如，盗窃、火灾、爆炸等都属于特定风险。

二、保险

（一）风险管理

风险的客观性、普遍性、不确定性等特征决定了人们必须积极主动应对风险、管理风险，“风险管理”这一概念由此产生。风险管理是对风险的管理过程，它包括对风险的定义、测量、评估和制定应对风险的策略，其目的是将可避免的风险、成本及损失最小化。常见的风险管理方式有以下五种：

1. 风险规避

风险规避即设法规避损失发生的可能性，从根本上消除特定的风险单位和中途放弃某些既存的风险单位。它是风险处理的一种消极技术。这种风险管理技术一般在风险所致损失发生频率和损失程度相当高且处理风险的成本大于其产生的效益时使用。

2. 风险预防

风险预防即在风险损失发生前为了消除或减少可能引发损失的各种因素而采取的处理风险的具体措施。在风险损失频率高但损失程度低时可以采用这种风险管理方式。

3. 风险分散和控制

风险分散是指增加承受风险的单位以减轻总体风险的压力，从而使特定主体减少因风险发生而产生的损失。“不要把所有的鸡蛋放在同一个篮子里”体现的就是这种风险管理思想。风险控制是指在损失发生时或之后为缩小损失程度而采取的各项措施。

4. 风险自留

风险自留是指对风险的自我承担，也就是企业或单位自我承受风险损害后果的方法。这种方式适用于损失频率和程度低、损失短期内可预测及最大损失不影响企业或单位财务稳定的情况。

5. 风险转移

风险转移是指一些单位或个人为避免承担风险损失，有意识地将损失或与损失有关的财务后果转嫁给另一单位或个人去承担的一种风险管理方式。风险转移的方式分为保险转嫁和非保险转嫁两种。非保险转嫁包括出让转嫁、合同转嫁等，保险转嫁即通过保险的方式转移风险。

（二）可保风险

可以通过保险方式转嫁的风险称为可保风险。判断某种风险是否为可保风险的条件有以下五种：

1. 可保风险必须是纯粹风险

保险的目的是分担风险带来的损失，是对风险的管理而非投机行为。因此，可保风险必须是只有损失机会而无获利可能的纯粹风险。这要求风险导致的损失的发生必须是意外的和非故意的。所谓“意外”是指风险的发生超出了投保人的控制范围，且与投保人的任何行为无关。此外，要求损失发生具有偶然性或随机性，这也是大数法则得以应用的前提。

2. 风险的发生具有不确定性，但概率分布相对确定

风险的发生本身具有不确定性，但多数同一类风险的发生概率是相对稳定的。对相应风险发生的频率、损失程度等的估计和预测是保险公司保费厘定的基础。只有满足损失可以预测的条件，保险公司才会有运行某种保险的依据。

3. 损失的程度适当

能用保险的方式进行转移的风险损失程度必须适当。不能是灾难性的风险（如地震、海啸等），因为一般情况下保险公司根本无能力承保这类风险；也不能是损失程度过小的风险，否则没有保险的必要。

4. 损失发生的概率较小

可保风险还要求损失发生的概率较小。这是因为损失发生概率很大

意味着纯保费相应很高，加上附加保费，总保费与潜在损失将相差无几。显然，这样保险就失去了转移风险的意义。

5. 存在大量具有同质风险的保险标的

保险的职能在于转移风险、分摊损失和提供经济补偿。所以，任何一种保险险种，必然要求存在大量保险标的。这样，一方面可积累足够的保险基金，使受险单位能获得十足的保障；另一方面根据大数法则，可使风险发生次数及损失值在预期值范围内有一个较小的波动。换句话说，大量的同质保险标的会保证风险发生的次数及损失值以较高的概率集中在一个较小的波动幅度内。

（三）保险

1. 保险的概念

保险，是指投保人根据合同约定，向保险人支付保险费，保险人对于合同约定的可能发生的事故因其发生所造成的财产损失承担经济补偿责任，或对被保险人发生死亡、伤残、患病等事故，承担给付保险金责任的商业保险行为。

从经济角度上说，保险是分摊意外事故损失的一种财务安排。许多人把损失风险转移给保险组织，由于保险组织集中了大量同质的风险，所以能借助大数法则来正确预见损失发生的金额，并据此制定保险费率，通过向所有成员收取保险费来补偿少数成员遭受的意外事故损失。因此，少数不幸成员的损失由包括受损者在内的所有成员分担。从法律意义上讲，保险是一方同意补偿另一方损失的合同安排，同意赔偿损失的一方是保险人，被赔偿损失的另一方是被保险人。保险合同就是保险单，被保险人通过购买保险单把损失风险转移给保险人。

保险具有三个基本特点：一是保险具有互助性质，这是对分担损失而言的；二是保险是一种合同行为，这是指保险双方订立合同；三是保险是对灾害事故损失进行经济补偿，这是保险的目的也是保险合同的主要内容。

2. 保险的功能

现代保险一般具有四项功能，即分散风险、补偿损失、融通资金和风险防范。其中，分散风险、补偿损失是保险的基本功能，融通资金和风险防范是保险的派生功能，是由基本功能派生出来的。

（1）分散风险。

保险是建立在灾害事故偶然性与必然性对立统一基础上的分摊损失的方法。保险机制能够运转的原因是被保险人愿意以交付小额确定的保费来换取对大额不确定损失的补偿，保险组织向大量的投保人收取保费来分摊其中少数成员不幸遭受的大额损失。

（2）补偿损失。

保险用分摊损失的方法来实现其经济补偿的目的，按照保险合同对遭受灾害事故而受损的单位、个人进行经济补偿，保险的产生和发展都是为了满足补偿灾害损失的需要。“一人为众、众为一人”的保险补偿职能在现代社会中体现得更为明显和重要，因为对于参加保险的人来讲这种补偿更为充分和有效。

（3）融通资金。

一方面，保险是对保险人而言，因为保险费的收取与保险金的给付或赔偿之间存在着一定的时间差，保险人此时可以对保险基金进行投资经营，使得保险基金能够保值增值；另一方面，保险是对投保人而言，投保人可以选择某保险产品以获取预期的保险金的给付，从而将保险作为一种投资。

（4）风险防范。

一般说来，保险人可以通过提供损失管理服务来实现防灾防损功能，即帮助被保险人对潜在的损失风险进行预测、分析与评估，提出合理的事前预防方案和损失管理措施。

3. 保险的分类

根据不同的保险分类标准，可以将保险划分为多种类型。

（1）按保险标的的不同分类。

①财产保险是指以财产及其相关利益为保险标的的保险，包括财产损失保险、责任保险、信用保险、保证保险、农业保险等，它是以有形或无形财产及其相关利益为保险标的的一类补偿性保险。

②人身保险是以人的寿命和身体为保险标的，当被保险人发生死亡、伤残、疾病等事故及年老或保险期满时给付保险金的保险。人身保险包括人寿保险、健康保险和意外伤害保险等。

（2）按业务承保方式的不同分类。

①原保险是指发生在保险人与投保人之间的保险行为，即保险人与投保人之间直接签订保险合同而建立保险关系，当保险标的遭受保险责

任范围内的损失时，保险人直接对被保险人承担赔偿责任。

②再保险是指发生在保险人与保险人之间的保险行为。再保险也被称为分保，保险人在原保险合同的基础上，通过签订合同，将其所承保的部分风险和责任向其他保险人转移，以降低自己所面临的风险。

③共同保险是指由两个或两个以上的保险人联合直接承保同一保险标的、同一保险利益、同一保险责任而总保险金额不超过保险标的可保价值的保险。

④重复保险是指投保人对同一保险标的、同一保险利益、同一保险事故同时分别向两个以上保险人订立保险合同，其保险金额之和超过保险价值的保险。

（3）按是否以营利为目的以及体现的政策性的不同分类。

①商业保险是以营利为目的的保险形式，由专门的保险公司经营，是商业保险公司根据保险合同，向投保人收取保险费，建立保险基金，对于合同约定发生的风险给付保险金的一种合同行为。

②社会保险是国家通过立法强制实行的，不以营利为目的，由劳动者、企业（雇主）以及国家共同筹资建立保险基金，对劳动者因年老、工伤、疾病、生育、残废、失业、死亡等原因丧失劳动能力或暂时失去工作时给予劳动者本人或供养直系亲属物质帮助的一种社会保障制度。它具有保障劳动者基本生活、维护社会安定和促进经济发展的作用。

③政策保险是国家为了实现一定的政策目的，如产业政策、国际贸易政策等，通常运用国家财政举办一些不以营利为目的的保险。常见的政策性保险有出口信用保险和农业保险等。

（4）按实施方式的不同分类。

①强制保险又称为法定保险，是指根据国家颁布的有关法律和法规，凡是在规定范围内的单位或个人，不管愿意与否都必须参加的保险。目前，我国实行的强制保险有社会保险、机动车第三者责任保险。

②自愿保险又称为任意保险，是投保人和保险人在平等互利、等价有偿的原则基础上，通过协商，自愿签订保险合同而建立的一种保险关系。

（5）按保障主体的不同分类。

①个人保险是为了满足个人和家庭的人身和财产保险保障的需要，以个人作为承保对象的保险。

②团体保险是以团体为保险对象，并对团体成员有一定的数量要求，

以集体名义投保并由保险人签发一份总的保险合同，保险人按合同规定向其团体中的成员提供保障的保险。

第二节 疾病风险与医疗保险

一、疾病风险

人们在整个生命历程中，威胁健康的因素来自多方面，不可避免地要遇到疾病。人们患了病造成的损失既有机体方面的（如疼痛、伤残、劳动力丧失乃至死亡），又有经济方面的（如治疗疾病的费用、支付防止健康恶化的费用和误工费）。疾病风险是指人们因患疾病而遭受痛苦、不幸和损失的一种不确定性状态，是人类面临的诸多风险中危害严重、涉及面广、纷繁复杂、直接关系到人类生存权利的一种特殊风险。

疾病风险有广义和狭义之分。广义的疾病风险指由于患病、生育、工伤和意外伤害等引起的风险；狭义的疾病风险是指由于患病和意外损伤所产生的风险，即个体未来发生某种特定疾病或因为某种特定疾病导致死亡或费用损失的可能性。

（一）疾病风险的共性特征

1. 疾病风险的客观性

疾病风险在一定程度上可以被认识、管理和控制，但不能被完全排除，总是按其自身的规律发生和存在。

2. 疾病风险的损失性

疾病风险会给个人、家庭以及社会造成损失和伤害，包括躯体、精神、经济等诸多方面的损害。

3. 个体疾病的不确定性

从纵向的角度看，人的一生中总会患有这样或那样的疾病；从横向的角度看，人与人之间由于存在个体差异以及生存环境不同，会遭受各种各样的疾病风险。因此，难以对个体疾病发生的具体时间、空间、类型、严重程度进行准确预测。

4. 某些群体疾病风险的可测性

就人群总体而言，有些疾病风险是一种随机现象，服从概率分布。根据数理统计的原理，可以对特定时期人群疾病风险的频率和损失等进行推测。

5. 疾病风险的发展性

疾病风险的发展性包含两个方向的变化：一方面，随着医疗技术水平的提高，某些疾病的风险被大大降低甚至消除；另一方面，随着政治、经济、文化、自然环境和人类生活方式改变，会出现新的疾病风险，人类疾病谱也会发生变化。

（二）疾病风险的特殊性

1. 疾病风险影响因素的复杂性

与其他风险相比，影响疾病风险的因素不仅类型多样，而且类型之间存在交互作用，疾病风险的发生不仅与个体生理、心理和生活方式有关，而且受自然、社会、政治和经济等多种因素的影响。

2. 疾病风险的外部性和社会性

疾病风险不仅直接危害个人健康，而且由于疾病的外部性可导致对他人和社会整体利益的损害。比如，某些疾病暴发流行，这种疾病风险的社会性危害远大于个人疾病风险。

3. 疾病风险补偿数额的不确定性和补偿方式的多样性

其他风险（如财产风险）在出险后可以采取经济上定额补偿的办法，减轻和消除风险的损失。但疾病风险危害的对象是人，在出险后不能采取定额补偿的办法。其原因有两个：一是健康的损失难以用货币来衡量；二是在发生疾病风险后个人的损失主要是在治疗过程中所花费的医疗费用，而费用的发生由于个体差异和疾病的不同存在很大的不确定性。因此，为了避免道德风险，降低医疗费用支出，医疗风险的补偿方式与其他风险相比更为复杂。

根据疾病风险的特点，降低疾病风险需要个人和社会共同努力，需要卫生部门、劳动保障部门等多个部门共同配合。从医学的角度看，健康的生活方式、积极的预防保健和及时的治疗康复是降低和消除疾病风险的根本措施。从医疗保障的角度看，要使疾病风险降到最低水平，必须针对社会人群建立完善的社会医疗保险体系，保障人群的基本医疗需求，降低疾病损失。从社会的角度看，降低疾病风险要具备两个基本前提：一是要拥有充足的提供预防保健和医疗康复的卫生服务机构和卫生资源，这是必需的物质技术供给条件；二是卫生服务的需要者拥有获得这些物质技术的能力，这是必需的物质技术的需求条件。历史的经验和各国的实践表明，医疗保险制度是满足这两个条件的有效制度，它可以实现从供给到需求的均衡结合，优化卫生资源配置；可以有效地依靠国家、单位和个人的经济力量，筹集卫生费用，积极发展各类卫生健康事业，加强重大疾病的防治，降低疾病风险。

二、医疗保险

（一）医疗保险的概念

医疗保险就狭义的定义而言，是指由特定的组织或经办机构与参保人自愿或强制性地缔结契约，在一定区域的一定参保人群中筹集保险基金，为参保人提供因疾病所需医疗费用的一种保险制度。

广义的医疗保险通常称为健康保险。健康保险不仅对参保人因病就医的医疗费用（如门诊费、药费、住院费、护理费、手术费等各种检查治疗费）进行补偿，也对因伤病不能工作所导致的经济损失（如误工工资）进行补偿。除此之外，还包括对分娩、残疾、死亡的经济补偿，对疾病的预防和健康的维护等。

【知识链接】

医疗保险与其他相关概念

社会保险

社会保险是指国家通过立法形式，为依靠劳动收入生活的劳动者及其家庭保持基本生活条件而举办的保险，旨在促进社会安定。社会保险是一种强制性保险，它是在商业性保险的基础上产生的，其主要内容包括养老、残障、医疗（疾病和生育）、失业、工伤和家庭津贴等。社会保险以缴费为前提，强调参保人的权利与义务的统一，是一种与收入关联的保障制度。

社会保障

社会保障是国家通过立法并依法采取强制手段对国民收入进行再分配，对暂时或永久失去劳动能力及因各种原因造成生活困难的社会成员提供基本的生活保障，分散个人的风险，以保证劳动力再生产、社会安定、经济有序进行的措施、制度和事业的总称。它主要包括社会保险、社会福利、社会救助和社会优抚四项内容。

医疗保障

医疗保障是指劳动者或公民在遭遇疾病风险时，能够享受必要的医疗服务的社会保障制度。医疗保障是社会保障制度的一个子系统，是社会保障制度中保障居民的医疗服务需求的一系列制度的总称。在我国，医疗保障既包括政府主导性的公费医疗、劳保医疗、医疗保险、统筹医疗、合作医疗、医疗救助等保障形式，也包括非政府主导性的保障形式，如商业医疗保险、社区医疗保险、企业医疗保障、慈善事业等。

医疗救助

医疗救助是指对贫困人群患病时给予一定医疗费用补助的社会救助项目。区别于以医疗保险的缴费为前提和权利义务对等关系，医疗救助是具备救济性质的保障制度。医疗救助制度的实施是为了缓解贫困人群因为收入的缺乏而导致的看病难、看病贵问题。通过救助制度的给付，减少低收入群体的医疗费用负担，保障他们基本的医疗服务需求。医疗救助和医疗保险是医疗保障体系中两大重要的组成部分，二者分别对于贫困人群、参加社会保险制度人群的医疗需求给予保障，共同形成对于人群的医疗需求的双层调节的保障格局。

医疗服务

医疗服务包括对患者进行诊断、治疗、防疫、接生、计划生育方面的服务，以及与之相关的提供药品、医疗器械等的业务。医疗服务制度和医疗保险制度结合在一起，才能真正实现对遭遇疾病风险的人群的医疗需求的保障。因为，要保障人们的医疗需求，一方面要建立一项筹资制度，保障人们对于医疗费用的经济上的支付能力，保障人们对医疗服务的可得性；另一方面，要建立价格适中、优质高效的医疗服务提供体系，保障人们在拥有支付能力的情况下能够购买到适宜的医疗服务，即保障人们对医疗服务的可及性。医疗保险和医疗服务体系相互联系、相互作用，缺一不可。缺少了医疗服务的提供，被保险人即便得到了医疗费用报销也不能解决他们患病的痛苦；而缺少了医疗保险的供给，即便周围有高等级的医院、高技术水平的医生、高级的医疗设备，病人也会因为支付能力的缺乏而无力看病。

（二）医疗保险的特征

医疗保险作为社会保险的一个险种，既具有社会保险的一些共同特征，又具有与其他社会保险险种所不同的特征。

1. 保障对象的普遍性

每个人都难以避免疾病风险，因此医疗保险的保障对象是全体居民。目前，我国医疗保险参保率超过96%，已进入“全民医保”时代，但是仍然有少部分人未参保，随着我国经济的不断发展及医疗保险制度的不断完善，普遍保障的目标终会实现。

2. 系统构成的复杂性

从系统的观点来看，医疗保险是一个复杂的系统。其构成要素除了保险中常见的保险人和被保险人之外，还涉及医疗服务机构、用人单位及政府其他部门。各要素之间相互影响、相互作用，使医疗保险形成了较为复杂的权利和义务关系。

3. 保险赔付的短期性和经常性

医疗保险一般属于短期性保险，保险期限通常为一年。在较短的保险期限内，由于疾病风险发生的随机性和频繁性，使医疗保险的赔付成为经常性事件。因此，医疗保险机构在赔付环节上要注重效率、降低成本、方便患者。

4. 补偿形式的特殊性

在医疗保险中，参保人享受的待遇与其缴纳的医疗保险费之间往往没有直接的关系。医疗保险基金的补偿与实际发生的疾病状况及医疗服务的利用状况密切相关，通常按照实际发生的医疗费用进行适当补偿，这与社会保险其他险种实行的定额给付明显不同。

5. 保费测算和控制的困难性

人的一生中难免会遭遇疾病风险，有的人甚至会多次遇到这种风险。由于疾病风险的大小及医疗机构提供服务的不同，每个人每次产生的医疗费用也不同。也就是说，人们发生疾病的概率及每次疾病带来的损失均难掌控，使医疗保险在保险费的预测及保险费用的控制上都很困难。

（三）医疗保险的基本原则

根据医疗保险的基本特征，实施医疗保险必须遵循以下基本原则：

1. 社会化原则

医疗保险的社会化要求所有的社会劳动者全部成为医疗保险的保障对象。社会化既符合大数法则的技术要求，同时体现出医疗保险的社会公平性。当前我国还有部分人群没有纳入医疗保险的保障范围之中，因病致贫、因病返贫现象屡见不鲜。因此，积极扩大医疗保险的覆盖面，将所有的社会劳动者纳入医疗保险的保障范围之中，实现医疗保险的社会化，既是发展医疗保险的基本原则，也是医疗保险发展的最终目标。

2. 强制性原则

医疗保险通过国家立法强制实施。所有符合参保条件的单位和劳动者个人都必须依照法律的规定参加，并按规定缴纳医疗保险费。

3. 全员参保原则

全员参保原则包括三层含义：一是无论单位性质和经济状况，凡是政策规定的用人单位都必须参保；二是无论居民身份和职工的用工形式，凡是政策规定的所有居民和职工都必须参保；三是无论身体状况和年龄，凡是政策规定的居民和职工都必须参保。即无论是患者还是健康人、老年人还是年轻人，都必须参加医疗保险。

4. 保障基本医疗原则

医疗保险以保障人们平等的健康权利为目的，其社会目标是保障基本医疗。因此，我们所说的社会医疗保险其实是基本医疗保险，也就是只能提供基本的医疗保障。如果想要得到基本医疗以外的其他医疗服务，就只有通过补充医疗保险来解决。

5. 费用分担原则

费用分担包含两方面内容：一是在医疗保险基金来源上，通常由国家、用人单位和个人三方共同负担；二是在医疗费用的支出上，通常也要求参保个人分担一部分费用，从而改变过去那种公费医疗经费完全由财政支付、劳保医疗经费完全由企业支付的状况，有利于增强个人的费用节约意识。

6. 公平与效率相结合原则

医疗保险首先讲求的是社会公平性，在保证社会公平的前提下，也需兼顾效率。“公平”可以理解为：参保人无论年龄、职业、职位、用工形式以及身体状况如何，均按相同的比例缴纳医疗保险保险费，均可获得基本医疗的保障。效率主要体现在医疗保险基金的筹集、使用及卫生服务提供等方面。医疗保险基金能够及时、足额筹集到位，医疗服务机构能够做到因病施治、合理治疗等均是医疗保险运行效率的体现。

7. 属地管理原则

我国医疗保险实行属地管理，即符合参保条件的所有用人单位及职工，无论其行业或行政隶属关系如何，均统一参加当地的医疗保险，执行统一政策，实行基金的统一筹集、使用和管理。医疗保险实行属地管理可以避免行业统筹的弊端，均衡并减轻用人单位的负担，同时有利于加强统筹区域内参保职工的就医管理，方便职工就近就医。

（四）医疗保险的分类

1. 医疗保险与疾病保险

从医疗保险的保障内容来看，可以分为医疗保险与疾病保险。

医疗保险指集合具有同类疾病风险的单位和个人，通过预先筹集资金的形式，对被保险人患病后的医疗费用损失提供补偿的保险。医疗保险仅对参保对象患病时所发生的直接医疗费用进行补偿。而疾病保险则是因伤残致病不能工作、生活受到影响时，对其收入损失的一种补偿。人们把疾病保险也称为疾病津贴、生活补助，我国将其称为病假工资。二者的内涵有明显区别，不能相互替代。

2. 社会医疗保险和商业医疗保险

从医疗保险的经营性质来看，可以分为社会医疗保险和商业医疗保险。

社会医疗保险指国家立法强制规定范围内的所有人群及其雇主缴费建立医疗保险基金，政府给予补助，对个人遭遇的疾病风险损失给予医疗费用补偿的一种保险制度。社会医疗保险是社会保险的重要组成部分。它由专门的医疗保险机构运营，政府以经济、行政、法律等手段强制实施和监管，所有法定范围内的社会成员都必须参加。实施社会医疗保险的目的是帮助社会成员防范和抵御疾病风险，以维护和促进经济发展与社会稳定，而不是为了盈利。

商业医疗保险是商业保险中人身保险的一个组成部分。人身保险以人的寿命和身体为保险标的，由保险人与投保人在自愿的基础上订立保险合同，投保人向保险人缴纳保费，保险人对于合同中约定的风险发生时给予保险金给付的制度。当人们遭受不幸事故或因疾病、年老以致丧失工作能力、伤残、死亡或年老退休时，根据保险合同的约定，保险人对被保险人或受益人给付保险金，以解决其因病、残、老、死所造成的经济困难。人身保险一般可以分为人寿保险、意外伤害保险和健康保险等。

不过，不论社会医疗保险还是商业医疗保险，基本的理论基础是一致的。即对每个人来说，患病和受伤害是不可预测的，而对一个群体来说，则又是可以预测的。按照大数法则，集合多数人的力量积累起一笔基金，对集合中真正遭受疾病风险的少数人提供经济补偿，就能够转移和化解风险。

3. 基本医疗保险和补充医疗保险

根据医疗保险的保障范围和水平的不同，医疗保险可以分为基本医疗保险和补充医疗保险。

我国在确立实施“基本保障、广泛覆盖、双方负担、统账结合”为原则的社会基本医疗保险的同时，明确要加大力度发展多种形式的补充医疗保险。基本医疗保险和补充医疗保险都属于我国多层次医疗保障体系的重要内容。

基本医疗保险是指在生产力、社会经济承受能力、卫生资源和卫生服务等达到一定水平的条件时，为参保人提供基础性的、必不可少的医疗服务的一种医疗保险。在我国，这种基本医疗保险在药物、诊疗项目和医疗服务设施的范围上具有详细规定。一般而言，基本医疗保险是强制性社会医疗保险，但为了扩大社会医疗保险的覆盖面，我国也建立了以城镇居民（非劳动者）为保障对象的基本医疗保险制度，采取的是较为灵活的自愿参保原则。

补充医疗保险泛指对某一主体医疗保险的各种补充形式，是与基本医疗保险相对的一个概念。国家的基本医疗保险只能满足参保人的基本医疗需求，保障的水平十分有限。补充医疗保险是对国家基本医疗保险的有效补充，能有效满足超出基本医疗保险范围之外的医疗需求。补充医疗保险包括企业补充医疗保险、个人账户过渡性补助、公务员医疗补助和商业医疗保险等，它是医疗保险体系不可或缺的重要组成部分。

第三节　医疗保险的产生和发展历程

医疗保险是社会政治经济发展到一定阶段的产物，欧洲工业革命促进了生产的社会化，进而直接推动了医疗保险社会化制度的形成和发展。

一、医疗保险的萌芽时期

欧洲是医疗保险的发源地。6 世纪的罗马城邦社会，统治者用捐款和公款购买谷物，接济丧失劳动能力者及阵亡将士的遗属。中世纪晚期，手工业者自发成立了“行会”组织，会员定期缴纳会费，“行会”筹资帮助生病的会员渡过难关。1601 年，英国政府颁布《伊丽莎白济贫法》，主要通过建立“贫民习艺所”“收容所”等措施，来解决当时社会上普遍存在的失业、贫困和无家可归等问题。这些措施具体规定了济贫的对象、内容和措施，提出对病弱者进行诊治、康复和生活照顾，这是医疗保险的萌芽时期。

17 世纪末至 18 世纪初，资本主义处于工场手工业阶段，生产条件十分恶劣，工人工资微薄，工伤事故经常发生，劳动者自发组成了“预防互助会”“共同救济会”等集体互助组织，以应付生、老、病、死、残等问题。这些互助组织的规模越来越大，组织性越来越强，有些互助组织还定期与医生签订合同，后来还发展到组建自己的医疗机构。这些早期自愿性互助团体为医疗保险的产生奠定了组织基础，医疗保险进入雏形阶段。

二、医疗保险的创立时期

19 世纪末，自愿性互助组织已经覆盖了欧洲一半以上的人口，由一定人群扩大到一些行业，最后由政府出面扩大到全社会的大多数劳动者，成为社会保险和社会保障的一部分，其中包括医疗保险的内容。

德国是世界上最早实施医疗保险制度的国家。1848 年德国革命后，一些主张进行医疗改革的开明人士提出，民众的健康直接影响社会的发展，因此社会有责任保护社会成员的健康。医疗改革运动的兴起及工业经济的发展促进了医疗保险组织的形成和发展。

1883 年，德国颁布实施了《疾病社会保险法》，标志着世界上第一个社会保障性质的强制性医疗保险法律正式诞生。该法律规定，全体从事工业性经济活动的工人，一律实行强制性疾病保险，农业工人不包括在内；保险费由雇员和雇主共同承担，其中雇员承担保费的 2/3、雇主承担保费的 1/3。不久，欧洲的其他国家如比利时、奥地利、法国、英国、荷兰等纷纷效仿德国，建立实施医疗保险制度。英国于 1911 年颁布了《国民保险法》，其中包括《健康保险法》，规定 16 ~ 70 岁的体力工人及年薪少于 160 英镑的职员必须参加该项保险，费用由国家、雇主和雇员三方分担。1913 年，荷兰颁布了《疾病保险法》，要求雇员必须参加保险计划，津贴标准依物价水平而定。

在欧洲的影响下，其他各大洲先后有部分国家出台医疗保险相关政策法案，如亚洲的日本，美洲的巴西、智利，大洋洲的新西兰等。其中，日本是亚洲最早实行医疗保险制度的国家，1922 年，日本颁布了《健康保险法》，1927 年正式实施。1908 年，美国设立了“国民保健委员会”。1915 年，在美国的 21 个州内实施了对工伤和职业病工人的经济补偿，这种补偿促进了医疗保险和医疗服务的制度化。这一时期医疗保险的保障对象多数仅限于产业工人及其家属，还没有形成医疗保险体系。

1917 年，俄国十月革命胜利以后，苏维埃政府颁布法令建立了统一的国家卫生服务体制，向全民免费提供医疗服务以体现社会主义制度的优越性。这种将筹资与服务融合在一起的健康医疗保障制度，是一种崭新的卫生体制模式，这种模式不仅影响了以后的大多数社会主义国家，也影响了英国、瑞典等资本主义国家。

三、医疗保险的发展时期

第二次世界大战后，一些已经建立医疗保障制度的国家，其医疗保障制度趋于完善，医疗保障范围逐渐扩大，待遇水平逐渐提高，并形成了不同的医疗保险模式，出现了“福利国家”。没有建立医疗保险制度的国家，包括其他工业化国家和多数发展中国家都依据本国国情，相继建立了形式、内容、水平不同的医疗卫生体制。医疗保险政策成为各国社会政策的重要组成部分。

1946 年，英国立法将社会健康保险制度转变为国家卫生服务体制（NHS），把社会福利作为一项社会责任确定下来，通过建立一套以国民保险制为核心的社会保障制度，使所有公民都能平等地获得包括医疗在内的社会保障。工党领导下的英国政府上台后正式通过立法确立了这一全民免费医疗服务体系。经过 10 多年的不断改进，国家卫生服务体制在 20 世纪 60 年代和 70 年代进入迅猛发展阶段。1955 年，新加坡建立了以家庭医疗账户为主的储蓄型中央公积金制度。1961 年，日本全面修改了《国民健康保险法》，实行了全民保险。1965 年，美国开始实施专门针对 65 岁以上老人及其他残障人员的医疗照顾制度（Medicare），以及针对低收入人群的医疗救助制度（Medicaid）。另外，在苏联的影响下，中国也建立了以公费医疗制度和劳动医疗制度为主的国家保障型医疗保障制度。

这一阶段的医疗保险不仅模式多样，覆盖范围进一步扩大，而且放宽了享受医疗保险的条件，逐步形成了完善的医疗保险体系，医疗保险待遇水平大大提高，这得益于该时期社会经济的迅速发展和医疗技术的进步，但也使得医疗保险费用支出大幅度增加，其占 GDP 总值的比例快速增长。医疗保险费用持续、过度、过快地增长是这一阶段社会保险发展中的突出特征之一，且已为医疗保险的可持续发展埋下了潜在危机。

四、医疗保险的改革调整和完善阶段

20 世纪 70 年代末，整个世界社会保障制度面临着严峻的挑战。一方面，经济与社会的发展、经济体制的转轨变型、失业人数的增加、人口老龄化的问题、如何减轻和消除贫困等均迫切需要强化社会保障制度；另一方面，社会保险却脱离了制度设计者的预期，既无法控制社会保险费用的迅速膨胀，也无法消除公众的抱怨与不满，社会保险支出的增长幅度高于经济的增长水平，医疗保险费用的增长尤为明显。经济危机的爆发，经济发展的衰退、萧条和滞胀，迫使各国政府调整政策，放慢社会保险发展的步伐并采取一系列的紧缩措施，对包括医疗保险制度在内的社会保障制度进行改革。

审视医疗保险的发展历程，无论是最初建立社会医疗保险制度的德国，还是后来的其他国家，其制度建立的背景大体是相同的，都是在本国的政治经济面临困境时希望通过社会保障制度的建立来稳定社会，促进经济的增长。事实证明，包括医疗保险在内的社会保障制度确实起到了“减震器”和“安全网”的作用。同时，各国医疗保险制度的创立与发展也都有其深刻的社会、经济、政治和文化根源。

第四节 医疗保险学的研究内容和方法

一、医疗保险学的研究内容

医疗保险学是研究医疗保险活动及其发展规律的学科。它是一门综合的交叉性学科与应用性学科，涉及社会学、经济学、管理学与法学等学科，涵盖的内容非常广泛。本书重点讲述的是社会医疗保险的理论与实践问题。根据学科特点，可将医疗保险学研究内容分为理论研究和应用研究。

1. 医疗保险理论研究

（1）医疗保险的内涵包括医疗保险的概念、属性、分类、基本特征和社会作用等。研究这些内容的目的主要是界定医疗保险研究范畴、确定医疗保险的地位和作用，这是其他研究的前提。

（2）医疗保险的发展史和模式。通过历史研究，借鉴国外医疗保险发展经验，梳理我国医改历程，认识医疗保险发展规律，探索符合我国国情的医疗保险模式。

（3）医疗保险的基本原理。它是指由医疗保险性质和特征所决定的，对医疗保险活动有普遍指导意义的理论（如疾病风险理论、医疗保险需求与供给理论）及基本指导思想和原则（如公平与效益原则、保障基本医疗原则等）。

（4）医疗保险的基本方法。这主要指对医疗保险运行有着普遍指导意义的方法，包括医疗保险的规划和决策方法、医疗保险基金的基本测算方法、医疗保险费用的控制方法、医疗服务日常行为监督方法以及医疗保险的评价方法等。

2. 医疗保险应用研究

（1）医疗保险系统。研究内容主要包括医疗保险系统的构成要素，各构成要素之间的权利和义务关系，各构成要素在医疗保险系统中的地位、性质、作用及职能，政府在医疗保险系统中的职能和作用等。

（2）医疗保险范围。医疗保险不同于一般保险，它有特定的承保人群和保障责任范围，它所承担的风险不仅是对疾病经济损失的补偿，而且要向被保险人提供医疗服务的保障。研究内容主要包括医疗保险的覆盖人群范围，即覆盖面，以及医疗保险保障的医疗服务范围，即基本医疗范围。

（3）医疗保险基金的筹集。基金筹集是医疗保险基金运行的第一步。研究内容主要包括两部分：一是运用统计学、保险经济学及保险精算的知识和技术手段，确定医疗保险费率；二是研究医疗保险基金的筹集渠道、筹集方式及筹集程序，如何建立合理的筹资与待遇调整机制等。

（4）医疗保险费用的支付。医疗保险费用的支付不同于一般商业保险的理赔，它有着“第三方付费”“复杂性”和“多发性”等特殊性，因而是医疗保险基金运行过程最复杂的一个环节。如何完善医保支付方式，动态调整支付标准，做到既保护被保险人获得必需的医疗卫生服务，又控制医疗服务的合理消费，这是医疗保险费用支付研究中的核心问题。

（5）医疗保险基金的管理。管好医疗保险基金是医疗保险运行的基础。研究内容主要包括：医疗保险基金的管理形式、医疗保险基金的分配、医疗保险基金的使用范围、医疗保险基金的投资运营及医疗保险基金的安全监督等。由于医疗保险的复杂性和现代信息科学的发展，以计算机技术为基础的医疗保险管理信息系统，已经成为现代医疗保险运行中不可分割的重要部分。

（6）医疗保险法律制度和监督管理。研究内容主要包括：医疗保险法律法规的制定、执行、监督和完善；参保单位和参保人的参保行为监管；定点医疗服务机构的施医行为监管；被保险人的就医行为监管等。

（7）医疗保险政策实践。我国医疗保险发展很快，已步入全民医保时代。实际工作中出现许多新的问题，如城乡居民医保整合、重特大疾病保障机制、医疗保障精准脱贫、长期护理保险、医疗保险谈判、“互联网+”医疗保险的应用等需要从政策层面进行研究。

二、医疗保险学的研究方法

如前所述，医疗保险学具有多学科综合交叉性，需要借鉴相关学科的研究方法，比如社会学、统计学、流行病学等学科的研究方法。在此，介绍医疗保险领域常用的五种研究方法。

1. 比较研究

比较研究是医疗保险学最常用、最基本的研究方法之一，操作直接、方便，效果明显，实用性强。在医疗保险研究中经常涉及以下一些比较内容：①与相关学科和事业的比较。这主要是同商业保险、社会保险及卫生管理学的比较，找出医疗保险和它们之间在理论研究方法上的异同，综合借鉴这些学科的理论和方法为医疗保险所用。②与不同类型的医疗保险制度进行比较。不同的历史、文化、经济水平、政治制度，以及由此而产生的不同的社会保障和医疗卫生政策，比较研究它们形成的背景及各自的优缺点，能够指导医疗保险的建立或调整。③医疗保险自身的比较，即医疗保险的纵向比较。比较研究医疗保险不同发展阶段的特点、历史的经验，这对发展和完善实践中的医疗保险具有参考价值。

2. 调查研究

调查研究既是一种传统的，也是应用最广泛的学习研究方法。由于医疗保险直接面向社会人群，涉及内容广泛，因此调查研究方法必然成为医疗保险研究的一种重要手段。例如，对人口学状况的调查、人口卫生服务利用的调查、医疗费用调查、人口意愿调查等都是医疗保险中经常涉及的研究内容。医疗保险中调查研究方法是多种学科调查方法的应用，包括流行病学调查方法、人口调查方法、卫生服务调查方法、社会学调查方法、市场调查方法等。

3. 现场试验研究

由于医疗保险的复杂性，尤其是与民众生活息息相关、涉及民生利益的特殊性，使得每一项新的医疗保险制度的建立及每一项具体政策的改革完善，都需要进行从点到面的试点，要经过实践的检验。比如，20世纪90年代我国在镇江市和九江市开展基本医疗保险的试点工作，以及在15个城市开展长期护理保险试点工作。现场试验研究主要是指社会科学中的社会试验研究，即通常所说的试点研究或典型试验追踪研究。开展医疗保险的现场试验研究，不仅可以验证经验或研究结果的正确性和可行性，而且可以对运作模式和管理措施等进行新的探索。

4. 定性研究

定性研究是运用特殊的技术（观察法、深入访谈、专题小组讨论等）

获得人们在思想、认识等方面的信息以了解目标人群有关态度、信念、动机和行为等。定性研究通过对少量样本深入、细致的分析可对研究问题进行更深层次的探索，在完整地把握社会现实、深入了解社会现象和行为等方面，有着定量研究无法替代的作用。定性研究的局限性在于：定性分析是依据典型的或少量个案的资料得出的结论，这种结论不一定具有普遍性。

5. 定量研究

定量研究指运用定量方法收集资料进行深入的定量分析，如计算统计量、进行统计检验等。定量研究的标准化和精确化程度较高，逻辑推理比较严谨，可检验性强；定量研究还能推进理论的抽象化和概括化，对现象之间普遍的因果关系进行精确分析。但是，定量研究也有一定的局限性：①它很难获得深入、广泛的信息，容易忽略事物深层次的问题；②有些现象或因素无法进行定量分析；③由于社会医疗保险问题的复杂性，有时难以用统计量确定事物之间的因果关系；④有些社会医疗保险问题具有独特性，不易得出普遍的经验概括。

由于定性研究方法和定量研究方法各具特点，具有一定的互补性，在研究工作中常常根据研究的目的和内容，将两种类型的研究方法结合运行，以提高研究方法的信度和效度。

【延伸阅读】

20 年中国医保改革的成就

20 年中国医保改革的成就之一是建立起全民医疗保险制度，这不仅使国人普遍认同，而且令世界瞩目，特别是国际社会保障协会（ISSA）给予了高度赞誉（其独立评审团的评语是中国“取得了举世无双的杰出成就”），并授予中国政府社会保障杰出成就奖。

20 年中国医保改革取得的成就是多方面的。但是，最根本的成就，则是建立起了世界上最大的、覆盖人数最多的全民基本医疗保障制度，让 13 亿多中国人民的基本医疗需要和健康权益有了比较稳定、持续、可靠的基本医疗保险制度保障。

正是因为建立起全民基本医疗保险制度，中国的医疗保障事业、中国人民的医疗保障状况和健康水平等，才发生了前所未有的历史性巨变：基本医疗保险参保人数迅速增加，由改革之初的几百万人增至 2017 年底的 13.5 亿人，占全国总人口的 95% 以上。各级财政对医保的投入逐年增加，对城乡居民的医保补助，由最初的年人均 40 元增加到目前的 490 元（增长 11.25 倍）。医保基金的规模不断扩大，由改革之初的 60 亿元/年增至现在的 1.6 万亿元/年（增长 200 多倍）。保障能力显著增强，保障水平不断提高（职工医保政策范围内的费用由医保统筹基金支付的比例平均在 80% 左右，居民医保也在 70% 左右）。个人医疗费用负担逐年下降（去年已降至 30% 以下，为 20 年来最低），“看病贵、看病难”的痼疾得到一定程度的缓解。人民群众有了基本医疗保障后，长期被压抑的医疗需求呈“井喷式”释放，就诊人数大大增长，去年全国已突破 80 亿人次。“病有所医”的千年梦想变成了现实。中国人民扔掉了“东亚病夫”这顶屈辱的帽子，健康水平大大提高（衡量一个国家和地区健康水平的主要指标，已达到或超过中等收入国家水平，去年全国人均预期寿命已达到 76.6 岁）。

因为建立起全民基本医疗保险制度，医疗机构才有雄厚的财力支持（医疗机构的收入中 70% 甚至 80% 都来自医保基金购买医疗服务），极大地支持和促进了医疗卫生事业的快速发展。全民医保制度的建立也为全面实施健康中国战略和全面建成小康社会奠定了可靠的制度基础，增强了底气和信心。

【节选自：王东进．中国医疗保障制度改革二十年纪略［J］．中国医疗保险，2018（12）：3－4.】

思考题：

1. 可保风险有哪些条件？

2. 什么是疾病风险？疾病风险有别于其他风险的特殊性表现在哪些方面？

3. 我国医疗保险的性质、特征及其建立的原则是什么？

4. 为什么说医疗保险是社会政治经济发展到一定阶段的产物？

第二章　医疗保险系统

【学习目的】

通过本章学习，掌握现代医疗保险系统的构成与各方关系；熟悉医疗保险组织机构的概念、地位、职能和设置；掌握医疗被保险方和医疗服务提供方的构成、分类和特点；了解政府管理医疗保险的方式、职责和作用。

【章前案例】

2018 年 5 月 31 日，国家医疗保障局挂牌成立。国家医疗保障局的主要职责是拟订医疗保险、生育保险、医疗救助等医疗保障制度的政策、规划、标准并组织实施，监督管理相关医疗保障基金，完善国家异地就医管理和费用结算平台，组织制定和调整药品、医疗服务价格和收费标准，制定药品和医用耗材的招标采购政策并监督实施，监督管理纳入医保范围内的医疗机构相关服务行为和医疗费用等。

组建国家医疗保障局是矫治现存弊端的治本之策。这一重大改革对医疗保障而言，具有划时代的意义。我国医疗保障改革与制度建设将自此由部门分割、政策分割、经办分割、资源分割、信息分割的旧格局，进入统筹规划、集权管理、资源整合、信息一体、统一实施的新时代。其最大特点就是尊重医疗保障制度的客观规律，彻底打破城乡分割、群体分割的体制性障碍，真正实行集权管理、集中问责，因此是矫治医疗保障制度现存弊端的治本之策。

对于医疗保障制度体系而言，统一的国家医疗保障局将因彻底化解部门之间推诿扯皮现象而使行政效能得到极大提升，将因可以统筹医疗保障体系建设并合理设定其结构功能而使制度碎片化现象加快得到解决，将因消除资源分割格局及其带来的浪费现象而使医疗保险基金使用效率得到提升，将因统一经办与信息系统而大幅度降低制度运行成本，将因作为参保人唯一的代理人而在控制医疗费用方面更具话语权，将因把发改委的药品与服务价格职能、原卫计委的药品与耗材招标职能全部划入而成为可以同时节制医保、医药、医疗服务三方的监管机构，还将因把医保与生育保险的征缴划归税务部门而增强财政与医疗保障制度间的联动。因此，新组建的国家医疗保障局将是一个相对强势的政府管理部门。

组建国家医疗保障局将对医疗医药市场产生深刻的影响。第一，将对医药市场产生重要影响。一是通过制定统一的医保药品目录和动态调整机制，加强对医保药品的准入管理；二是通过加大药品谈判力度，实现更大程度的战略性购买；三是通过市场竞争形成的价格机制，制定医保支付标准，压缩药品价格空间；四是通过医保监控，抑制“神药”市场；五是通过医保支付方式改革，促使医院合理用药。第二，将对医疗市场产生重要影响。一是将通过医保总额控制保持医疗费用的合理增长；二是将通过按病种付费、按人头付费、DGRs 等激励约束措施促使医院增强医疗成本控制意识；三是将通过医保政策调整促进基层医疗发展，通过按人头付费发挥基层医疗卫生机构“守门人”作用；四是将通过医保定点的公平竞争鼓励民营医院发展，实行一视同仁的医保政策；五是将通过调整医保支出结构促进公立医院改革，通过加强医保监管促使医院减少过度医疗。第三，将对医用耗材市场产生重要影响。一是将加强医用耗材的医保编码管理，实行医保准入制度，逐步解决医用耗材管理混乱状况；二是将通过招标定价等形式，逐步使医用耗材的价格趋于合理，并建立市场价格形成机制；三是将建立高值和低值易耗医用耗材的医保谈判机制，发挥医保的团购作用；四是将通过医保支付方式改革促使医院合理使用医用耗材。

【节选自：胡大洋．深刻领会组建国家医保局的科学决策［J］．中国医疗保险，2018（4）：8－10.】

思考题：四权归一，国家医疗保障局成为最大的医疗支付方有什么意义？

第一节 医疗保险系统概述

一、医疗保险系统的含义

系统是指由相互作用和相互依存的若干要素所组合而成的，具有某种特定功能并处于一定环境之中的有机集合体。医疗保险系统就是社会经济系统中一个极小的子系统。用系统的观点来分析影响医疗保险活动过程的各个方面及相互的联系，是认识、建立和发展医疗保险的基础和前提。

医疗保险系统是指一个以维持医疗保险的正常运转和科学管理为目的的，主要由医疗保险组织机构、参保人群、医疗服务提供方及有关政府部门构成，以规范医疗保险费用的筹集、医疗服务的提供、医疗费用的支付为功能的有机整体。

二、医疗保险系统的构成与各方关系

（一）医疗保险系统的构成

医疗保险系统的形成是一个由简单到复杂的过程。在医疗保险系统的形成过程中，医疗保险系统中的各方（医疗服务的需方与供方和医疗保险的需方与供方）相互影响、相互作用，使医疗保险系统中供需之间的关系由简单到复杂，医疗保险体系也逐渐趋于完善。

最初医疗保险的形成有两种动因，而在不同动因下所形成的医疗保险系统又具有自身的特点，成为目前各国不同医疗保险系统及各系统中相应医疗保险模式的基础。

1. 基于医疗服务提供者的医疗保险系统

20 世纪初，美国的经济大萧条导致医疗服务需求量明显下降，医疗服务提供者的经济利益受到了严重影响。一些医生或医疗机构为了保证自己的收入采取了预付方法，即向某些特定的人群预先收取一定的医疗费，被保险人患病后，可以获得免费或部分免费的医疗服务。这类保险的形成动因来自医疗服务提供者，经济利益促使他们采取这种具有医疗保险性质的行为。在这个系统中，医疗机构既是医疗服务的提供方，也是医疗保险的提供方，而医疗服务和医疗保险的需求方均为被保险人。保险人与被保险人之间是一种直接的双向经济关系，而保险人提供的是一种服务赔偿（见图2－1）。目前，美国的健康维护组织 Health Maintenance Organization（HMO）就是以这种系统模式为基础的。

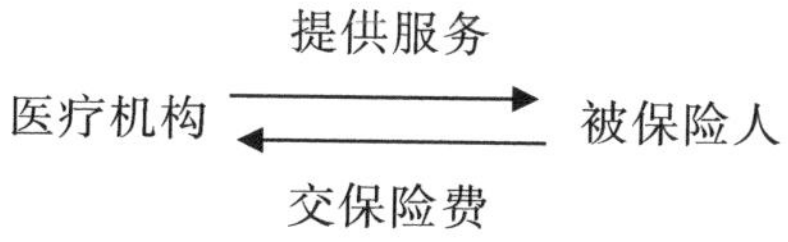

图2－1　早期医疗保险系统构成形式（一）

2. 基于医疗服务消费者的医疗保险系统

这类保险是由消费者（往往是一个行业的劳动者）组成的一种具有合作性质的组织。由参加该组织的成员出资建立基金，为患病的成员提供医疗费的帮助。在这个系统中，被保险人既是医疗服务的需求方，也是医疗保险的需求方，而医疗保险机构与医疗机构没有直接的经济关系，而是通过被保险人发生间接联系，即被保险人从医疗机构获得所需的医疗服务，并向医疗机构支付相应的费用，然后从其交保险费的医疗保险机构获得一定的补偿（见图2－2）。目前，在我国的商业医疗保险系统中各方之间就是这种关系。

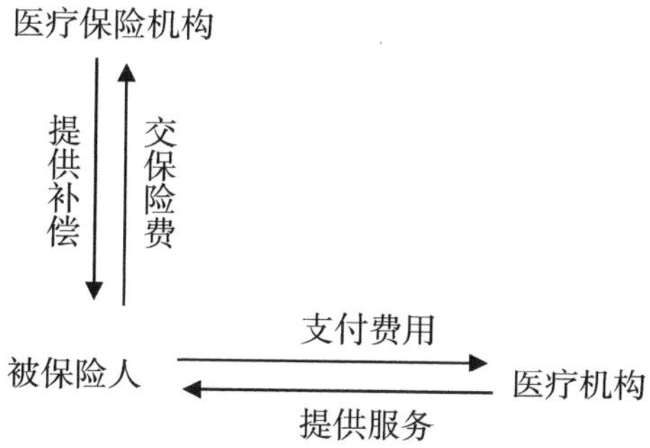

图2－2　早期医疗保险系统构成形式（二）

随着医学的发展和医疗活动的日益复杂，医疗费用不断上涨，这与医疗服务提供方（简称“供方”）有着密切的联系。由于医疗消费的特殊性和医疗信息的不对称性，供方能主导需方消费，医疗消费的质和量主要取决于供方，也就是供方的行为将直接影响医疗费用的高低。因此，单纯靠保险人和被保险人之间的联系来抵御疾病风险是很困难的，甚至是不可能的。解决问题的最简单办法就是把供方的行为纳入保险方的控制范围，使他们的利益全都联系在一起。这样就出现了由保险方向供方，通过一定形式，支付被保险人的医疗费用，而不是由被保险人直接向供方付费，即所谓第三方付费。由此形成了一种三角关系的医疗保险系统（见图2－3），这是当今各种主要医疗保险形式的基本结构。

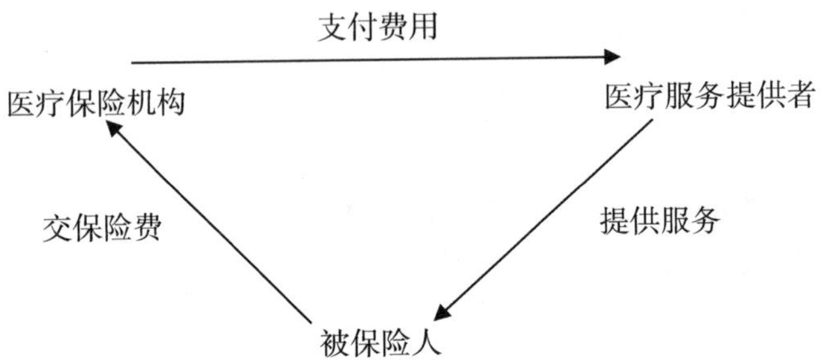

图2－3　医疗保险系统的基本结构

现代医疗保险系统的一个显著特点是实行政府干预。医疗保险作为医疗卫生事业正常运转的经费保障系统必然要受到政府更加直接和深入的干预。政府是以经济、法律、行政等手段介入医疗保险系统中的。在现代医疗保险系统中，政府处于医疗保险其他三方关系之上的领导地位，起着宏观调控的作用，形成了一种由保险方、被保险方、医疗服务提供方和政府组成的立体的三角四方关系（见图2－4）。

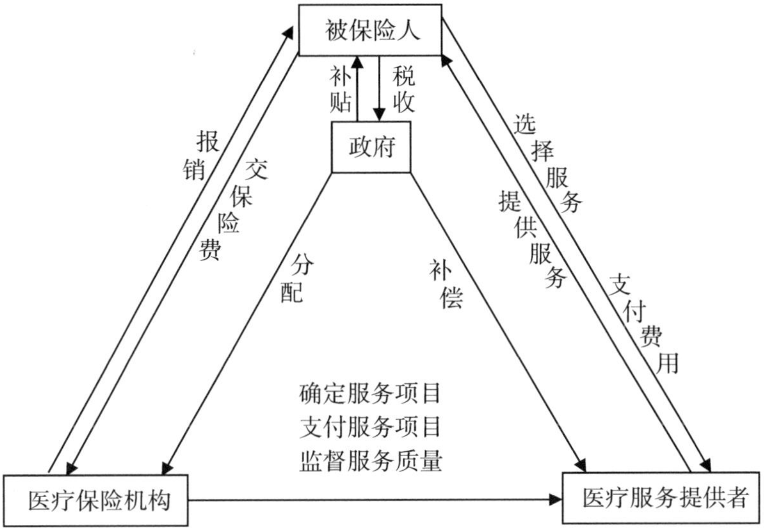

图 2－4　现代医疗保险系统构成的基本形式

（二）医疗保险系统中的各方关系

现代医疗保险系统中四个基本的构成要素，各有各的功能和特点，是密切关联、相辅相成的，任何一方的变化都会对整体产生影响。医疗费用的补偿问题是联系医疗保险系统的基本因素，因此，系统中各方关系实质上是一种经济关系，表现在四个方面：

1. 医疗保险机构与被保险人的关系

医疗保险机构与被保险人之间是一种医疗保险服务供给与消费的关系。两者的联系主要表现在保险费的收取、组织医疗服务、给付医疗费用等。影响这一关系的主要因素取决于被保险人的参保方式、保险费、医疗保险机构的费用补偿方式等。

2. 被保险人与医疗服务提供者的关系

被保险人与医疗服务提供者的关系主要表现为提供服务、选择服务与支付费用等。影响两者联系的主要因素是被保险人选择服务的自由度、需要支付的服务费用和医疗服务提供者的服务水平。

3. 医疗保险机构与医疗服务提供者的关系

医疗保险机构为了达到控制费用的目的，往往采取一些措施来约束医疗服务提供者的行为，并作为付款人通过一定的支付形式向医疗服务提供者支付被保险人的医疗费用。支付环节将医疗保险机构和医疗服务提供者直接联系起来，成为两者发生经济关系的纽带，它使医疗服务系统中原有的医患双方之间直接的经济关系消失或退居次要地位，而医疗保险机构和医疗服务提供者之间的经济关系上升到主导地位，因而医疗保险机构将医疗费用的支付作为调节医疗服务消费者和提供者之间经济关系的手段。适宜的支付方式，将会对医疗服务的合理提供及医疗资源的合理配置产生重大的影响。

因此，两者的关系主要表现为医疗保险机构确定医疗服务范围、支付医疗费用及监督医疗服务质量。影响两者联系的主要因素是医疗服务提供者的服务范围、项目的数量和医疗保险机构的支付方式。

4. 政府与医疗保险系统其他三方的关系

政府与医疗保险系统其他三方的关系主要表现为政府对医疗保险机构、被保险人、医疗服务提供者的管理与控制。影响这一关系的主要因素是政府管理和控制医疗保险的政策方式及程度等。

实行社会医疗保险的目的正是保障被保险人的基本医疗，同时通过第三方付费的方式，由医疗保险机构监督医疗服务提供者的行为，使其合理用药、合理施治，将医药费控制在合理的范围内。社会医疗保险“广覆盖、保基本”的原则注定了这是一项强制性的社会经济制度，要实行社会化管理，政府在其中的职责和作用是不言而喻的。明确各方的关系、责任和义务，规范各方的行为，对社会医疗保险的运行将起到重要的作用。

三、医疗保险系统与社会其他系统的关系

用系统的观点考察，医疗保险系统是社会经济系统中的子系统，它必然与其他社会系统发生一定的联系，其中与两个子系统的关系最为密切，一个是医疗卫生系统，另一个是社会保障系统。

（一）医疗保险系统与医疗卫生系统的关系

医疗卫生系统是为社会人群提供预防、保健、医疗、康复等卫生服务，保护人民健康的社会子系统。社会医疗保险的特点表现为第三方付费，也就是将医疗服务提供者和患者之间双向的经济关系转换成了有医

疗保险机构介入的三角关系，由医疗保险机构代替患者对医疗服务提供者进行费用补偿。因此，医疗保险可以看作医疗卫生系统的经费保障子系统，是医疗卫生工作中的一部分。特别是当社会医疗保险处于国家集中统一计划管理的情况下，卫生服务的提供和服务费用的补偿就完全融合于一个系统之中。因此，医疗保险系统与医疗卫生系统密切关联，医疗保险系统中不可缺少医疗服务的提供方，医疗卫生系统也不可没有医疗保险的财力支持、费用偿付。

医疗保险系统与医疗卫生系统虽互有重叠，但又有相对的独立性。一方面，两个系统在工作内容上有相互独立、不可替代的部分。在医疗保险系统中，除了和卫生服务打交道，还包括医疗保险资金的筹集、管理和运用等，这是医疗保险系统具有的金融保险行业的特点。在医疗卫生系统中，除了提供医疗服务外，还包括卫生防疫、妇幼保健等多方面内容，其经费来源除了医疗保险外，还包括国家财政投入、社会筹资和个人出资。另一方面，在实际运营过程中，为了形成一定的竞争态势，以提高医疗保险系统和医疗卫生系统的效率，起到相互监督、互相制衡的目的，从而维护医疗市场的效率和公平，也常常需要两个系统相对独立运行。这在实行社会医疗保险的大多数国家中是一种普遍的做法。因此，医疗保险系统与医疗卫生系统既有相互重叠的部分又有相对独立性，这同时是医疗保险运行中较难处理的一个问题。

（二）医疗保险系统与社会保障系统的关系

社会保障是解决特定社会问题的产物，它有以下目标：在国家层面，它进行国民收入再分配，保障人民群众的基本生活，实现社会公平与企业生产和劳动力再生产，推进经济体制改革，促进社会安定，是社会经济发展过程中的稳定机制。于个人而言，社会保障是维护个人生存、发展和安全的保障机制。社会保障系统包括社会保险、社会救济、社会福利与优抚安置四个子系统，每个子系统发挥着各自的功能，其中核心的是社会保险系统。社会保险系统又是由医疗保险、养老保险、失业保险等构成。因此，从这个角度出发，医疗保险系统可以看作社会保障系统中提供医疗服务、维护人民健康的社会子系统。

第二节　医疗保险组织机构

一、医疗保险组织机构的概念及地位

（一）医疗保险组织机构的概念

医疗保险组织机构是指在医疗保险工作中，具体负责承办医疗保险费用的筹集、管理和支付等医疗保险业务的机构，即医疗保险系统中的保险方。

（二）医疗保险组织机构的地位

医疗保险组织机构在医疗保险系统中处于主导地位，主要体现在：

1. 医疗保险组织机构是医疗保险资金的控制者

在医疗保险系统中，医疗保险组织机构负责资金的筹集、管理和支付，是资金流动的控制者。比较各国社会保障基金的管理机构，大体上可以分为两类：一类是通过各自国家的政府资金管理系统对社会保障基金进行财务管理；另一类是社会保障机构拥有自己的资金管理系统。前者的典型代表是美国，该国征收的社会保障税收收入先存放于全国各地商业银行的联邦财政部门的账户中，然后转入中央银行中财政部的主要经常账户中。所有的社会保障资金管理和投资活动均由财政部部长统一控制和管理。后者的典型代表是德国，该国的各基金管理委员会负责管理所收取的税金及需要支付的福利费。

2. 医疗保险组织机构是医疗保险活动的监督者和管理者

医疗保险组织机构对医疗服务的供需双方进行监督和管理，既要保证基本医疗，满足参保人的基本医疗服务的需求，也要对医疗保险资金的使用进行合理的规划和控制，尽可能减少违规行为的发生，保证医疗保险系统正常运转。

二、医疗保险组织机构的性质与分类

（一）医疗保险组织机构的性质

社会医疗保险组织机构在行政归属上是医疗保障部门所属的全民事业性机构，在业务上依据政府颁发的医疗保险法律、法规开展各项医疗保险活动。在我国，它们可以看作一种事业机构。医疗保险本身是一种社会经济活动，所以又带有经济性质，但它的运营又不同于一般的商业保险公司。医疗保险组织机构经办的医疗保险定位在社会医疗保险，不同于商业保险的营利性要讲求经济效益，社会医疗保险不以营利为目的，但在它的运营过程中也会产生节余，这种节余被限制在很小的范围内（如5%～15%），并且节余部分要投入医疗保险其他活动中，增强基金的实力。

由于医疗保险作为一种强制实行的社会保险，医疗保险组织机构就成了国家法规的一种执行机构，代理落实国家有关医疗保险的法规。因此，医疗保险组织机构不可能像商业保险公司那样有真正意义上的独立自主经营权，表现在经营策略、经营方法、规章制度等方面的自主权都是有限的。从性质上看，医疗保险组织机构是具有一定的独立自主经营权的非营利性医疗保险经办机构。

（二）医疗保险组织机构的分类

1. 政府主导型

这类医疗保险组织机构的运行，主要是保证政府保险政策目标的落实，基本上按照政府的有关计划和规定行事，没有独立经营的余地，可以看作政府的派出机构。经营的好坏主要由行政管理水平的高低决定。这在各国的医疗保险组织机构中占少数，如加拿大的医疗保险组织机构。

2. 独立经营型

这类医疗保险组织机构总体上按照国家有关医疗保险的法规办事，接受国家的监督，但在经营上基本独立，有经营决策权，对经营对象有选择权，自负盈亏，可以发展，也可以倒闭。商业性的医疗保险组织机构可以划在这一类。美国的医疗保险组织机构是这一类型的典型代表。

3. 中间型

这在各国的医疗保险组织机构中占大多数。一方面，它要接受政府的统一规划；另一方面，也有相对的经营自主权，表现在保险范围、保险费率和经营方式方面有一定的自行决策权。居民可以自行选择医疗保险组织机构，医疗保险组织机构之间也存在着竞争。这类医疗保险组织机构既能保持社会公益性，又能体现公平和效率，是一种较合理的形式。

三、医疗保险组织机构的职能

（一）参与制定有关医疗保险的法规、政策和计划

医疗保险组织机构是医疗保险的直接实行部门，最了解情况，掌握第一手信息。因此，当国家要制定有关医疗保险的法规政策时，需要医疗保险组织机构的参与，甚至是首先由医疗保险组织机构拿出方案。当国家和地区的总体方案确定后，还需要根据所在地的实际情况进行调整和补充，制订具体的实施计划，这是一种更直接的参与。如 1994 年国务院确定“两江”试点后，镇江市和九江市医疗保险制度改革积累的经验及遇到的问题就成为下一阶段调整和完善医疗保险制度改革的借鉴。

（二）筹集医疗保险资金

医疗保险组织机构要组织符合条件的劳动者积极参加医疗保险，对相关指标要进行预算和测算，对医疗保险市场还要进行调查研究等。

（三）保证医疗服务的提供

医疗保险组织机构一般不直接提供医疗服务，但是有责任组织提供医疗服务。医疗保险组织机构要对医疗服务提供者进行选择，选择既能满足参保人基本医疗服务需求、保证医疗服务质量，医疗服务的价格又相对合理的医疗服务提供者。另外还要对基本医疗的服务范围进行选择和界定，也要组织一些直接卫生服务，如疾病的预防、健康体检、健康教育和健康促进等。

（四）支付被保险人的医疗费用

随着医疗技术的发展，对同一种疾病的治疗有越来越多的治疗方案，

它们费用的差别也越来越大。所以迫切需要通过技术经济分析方法测算出合理诊断、合理治疗、合理用药的费用，在众多的治疗方案中，选择适当的治疗方案，作为医疗保险组织机构费用偿付的依据。在医疗保险系统中采取的是第三方付费方式，所以医疗保险组织机构日常工作量最大的基本工作就是对被保险人发生的医疗费用进行审核，采取合适的费用支付方式对医疗服务提供者进行费用补偿。

（五）对医疗服务提供者和被保险人进行监督和控制

医疗保险活动中信息不对称的现象是普遍存在的，参与人的行动将直接影响损失概率。在医疗保险中，参与人包括保险人、投保人和医疗服务机构。在医疗保险运行过程中，各种违反法规、制度的行为，即所谓的“道德风险”是不可避免的。在医疗服务中存在着严重的信息不对称，包括保险机构和投保人信息不对称，由此产生投保人因为医疗保险而过度使用医疗服务的道德风险，以及高风险人群倾向于选择保险和多保险，而低风险人群可能不保险的逆向选择问题；还包括医生和患者之间的信息不对称，医生对疾病和治疗过程比患者掌握更多的信息，很容易导致医生从自己的利益而不是从患者利益出发诱导需求。因此，医疗保险组织机构对医疗服务提供方的服务范围、种类、价格、水平等要进行监控，对被保险人主要是防止违反医疗保险规定的行为进行监控。

在社会医疗保险组织机构执行政策过程中，应合理赋予医疗保险组织机构相应的权限。比如，在医疗服务的价格制定上，加强医疗保险方的参与权，代表参保人群与医疗机构谈判服务价格，可以避免医保机构在控制医疗费用支付方面的被动状态。对于违规定点医疗机构的处理，医疗保险组织机构应加大处罚力度。医疗保险组织机构代表政府执行政策，在政策执行过程中要能够达到应有的效果，需要合理赋予其相应的权限，配备具有专业知识的人员，使之更好地发挥作用，有效地保障患者的利益。

（六）对医疗保险基金的管理

医疗保险基金是广大参保人的“保命钱”，由于国家经济发展水平的制约，社会基本医疗保险只能是“广覆盖，保基本”，是否具有有效健全的基金管理、监督机制是医疗保险制度改革能否顺利运行并取得成功的关键。如何管好、用好医疗保险基金，应该把好三关：医疗保险基金收入关，医疗保险基金支付关，基金保值增值关。要使基金保值增值必须立法放宽投资方式，其中，通过对医疗卫生事业的投入来取得收益的方法是较为安全有效的方法，同时，可以引导卫生资源合理配置，促进卫生事业的发展，收到双赢的效果。

四、医疗保险组织机构的设置

医疗保险组织机构的宏观组织

1. 医疗保险组织机构的设置与分布

根据保险理论中的大数法则，当保险组织机构承保的人数越多，其抵御风险的能力就越强，若被保险人数不能达到一定的规模时，保险组织机构就会面临亏损甚至倒闭的风险，所以保险理论中要求集中的风险单位要足够大。因此，医疗保险组织机构的设置必须考虑被保险人数的问题。在设置医疗保险组织机构时，通常有这样几种情况：

（1）以地区为单位设置医疗保险组织机构，即以一个行政区域中所有人群（或大部分人群）作为保险对象设置医疗保险组织机构。一般在采取计划型医疗保险方案的情况下多采用这种方式，我国目前的城镇职工基本医疗保险制度就是按照这种方式设置的。

（2）以行业为单位设置医疗保险组织机构，即以一个行业的职工（也可包括职工家属）为对象设置医疗保险组织机构，在行业内进行统筹管理。这种形式多出现在自发产生医疗保险的地方，或国家还缺乏统一的医疗保险政策的情况下。

（3）倾向市场需求设置医疗保险组织机构。这种形式多见于医疗保险起源于民间的国家，如德国、荷兰和美国等。在这种情况下，医疗保险组织机构的设置还是以地区为基础，但被保险人群并不一定仅限于本地区人群，医疗保险组织机构的发展不受行政区域划分的限制，而是根据市场需求自行调整，地区内与地区间的保险组织机构都存在竞争关系。

2. 医疗保险组织机构的组织系统

医疗保险组织机构并不是一个个单独的组织，必须形成组织系统才能承担参保人群的医疗保险任务。一个统筹区域的医疗保险组织机构，按照覆盖人群的多少，规模可大可小。大的医疗保险组织机构可以由一个总部和若干个分支机构构成，每个分支机构负责一个特定区域和人群的医疗保险业务。

各个统筹区域医疗保险组织机构在一个更大的范围内，比如一个市、一个省内形成一个联合机构，可以称为医疗保险中心，其作用是统筹协调各地的医疗保险业务，实现医疗保险基金的地区间调剂，提高基金的抗风险能力。

在医疗保险的联合机构之上，通常还有政府有关部门的管理和调控，这样就形成了医疗保险组织机构的组织网络（见图2－5）。

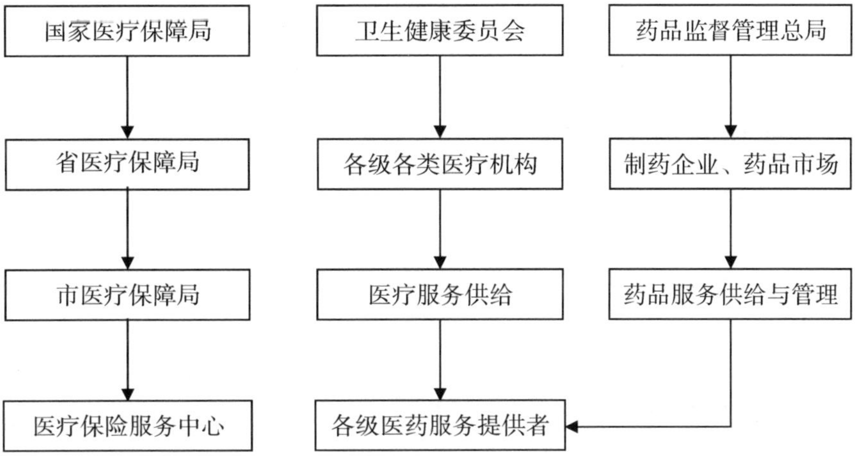

图2－5　医疗保险组织机构的组织网络

【知识链接】

表2－1　国家医疗保障局机构设置

名称	主要职能	备注
办公厅	承担行政办公等职能	
基本医疗保险司	负责基本医疗保险包括城镇职工、居民、新农合以及生育保险的政策制定、监督指导、目录管理等工作	同时承担医疗救助职能

（续上表）

名称	主要职能	备注
协议及法规司	负责定点医药机构协议管理、政策合法合规检查以及药品器材招投标等工作	共同拟定医保支付价值有关事项
内控监督司	负责内部工作质量控制及基金安全相关工作	
信息中心	负责制定医疗保险相关技术标准、信息网络建设等工作	
清算中心	负责对全国医保基金的预决算、清算以及精算等工作	
经办中心	负责对中央部门等机构的基本医疗保险经办服务指导、异地结算以及宣传教育培训工作	预设
医疗保险研究室	对医疗保险工作的研究以及远景规划、药物经济学评价等工作	

表2－2　省级机构设置

名称	主要职能	备注
办公室	承担行政办公等职能	
基本医疗保险处	负责基本医疗保险包括城镇职工、居民、新农合以及生育保险的政策制定、监督指导、目录管理等工作	同时承担医疗救助职能
协议及法规处	负责定点医药机构协议管理、政策合法合规检查以及药品器材招投标等工作	共同拟定医保支付价值有关事项
内控监督处	负责内部工作质量控制及基金安全相关工作	
信息中心	负责制定医疗保险相关技术标准、信息网络建设等工作	
清算中心	负责对省级医保基金的预决算、清算以及精算等工作	
经办管理中心	负责对省级及省以下各地基本医疗保险经办服务指导、监督工作、异地结算及宣传教育培训工作	

表 2-3　省以下机构设置

名称	主要职能	备注
经办机构	具体经办基本医疗保险服务工作，承担被授权的管理职能	同时承担医疗救助职能
机构设置	受理服务部门、内控监督部门、定点医药机构管理部门、信息部门、清算部门、宣传部门	

【资料来源：根据《中国医疗保险》《经济参考报》《E 药经理人》等文献整理。】

第三节　医疗被保险方

一、医疗被保险方的概念和地位

在医疗保险系统中，被保险方就是被保险人、参保人，也可称为投保人，他们同时是医疗保险制度的受益人。在强制性医疗保险的情况下，被保险方就是一个地方的全体或大部分居民。

在医疗保险系统中，被保险人处于主体地位。目前，正在推进的医疗保险制度改革、医疗卫生体制改革和药品流通体制改革的目的是以人为本，造福于民。“三医”联动改革关系到全社会每一个参保人员的利益，最具有发言权的也是被保险人群。在费用一定的情况下，参保人抵御疾病的情况、健康状况及他们对保险方案、医疗服务质量和服务水平的满意度是衡量和评价一种医疗保险制度或方案的最根本的标准。在医疗保险市场中，被保险人是医疗保险资金的主要来源，也是资金的使用者，他们在医疗保险资金的筹集和支付过程中的行为对保险的效果和效益等会产生重大影响。

二、医疗被保险方的构成和分类

被保险方在医疗保险系统中虽然被作为一个整体来看待，但在实际的操作中，他们被划分为不同的人群，并且对应于不同的保险政策，即使在相对统一性保险计划下，这种差别也是存在的。

被保险方是一个社会人群，但这里的构成和分类不是指社会学或人口学等方面的划分，而是为适应医疗保险的需要所进行的划分。综合世界上多个国家的医疗保险政策，被保险方可以从以下四种不同的角度进行分类。

（一）按经济收入分类

由于经济收入的高低不同而享有不同的保险政策。医疗保险政策往往是针对中等收入人群而制定的，他们主要是工薪劳动者，医疗保险费常常是由雇主和他们自己共同负担。对于低收入人群，往往采用由政府资助保险费的办法来参加保险。而高收入阶层，按照收入的比例支出保险费，因此相应缴费也越多，他们可以参加高费用高保障的医疗保险项目，或者不强制他们参加医疗保险。

（二）按职业分类

不同职业的人群享有不同的保险政策。常见的职业人群主要有以下五种：

（1）各类企业、事业单位、社会团体的职工和雇员。他们是医疗保险的主要对象，一般医疗保险政策是针对他们而制定的。

（2）政府公务员。他们在参加基本医疗保险的基础上可以享受医疗补助政策。

（3）独立职业人群，包括企业主、各类独立开业者、自由职业者等。他们往往自己出全部的医疗保险金，在保险范围、支付方式等保险政策上有较大的自由度。

（4）农民。农民主要参加新型农村合作医疗制度。

（5）部分特殊人群。具体包括：①农村进城务工人员，可以参加“农村进城工人员医疗保险”。“新医改”方案提出以城乡流动的农村进城务工人员为重点，积极做好基本医疗保险关系转移接续，妥善解决农村进城务工人员基本医疗保险问题。②离休人员、老红军和二等乙级以上革命伤残军人等，往往由政府负担保险金。③高校学生，2008 年国务院办公厅出台《关于将大学生纳入城镇居民基本医疗保险试点范围的指导意见》文件，明确规定将大学生纳入城镇居民基本医疗保险试点范围。

（三）按年龄分类

许多国家将65岁以上的老年人作为特殊保护对象，由国家负担保险费，个人不负担或只负担很少的医疗费用。如医疗照顾制度是美国联邦政府的健康保险计划，2010年覆盖4 660万美国人，覆盖人群约占美国总人口的1/7。对于社会医疗保险基本项目以外的保险或商业保险，往往按不同年龄段收取不同的保险费。

（四）按健康状况分类

对患有一些特殊疾病的人群（如残疾人、癌症患者、艾滋病患者等）由国家出资负担保险费、医疗费。对社会医疗保险基本项目以外的医疗保险或商业健康保险，常常按照人群的健康状况分类，分别收取不同的保险金额。对一些高危人群，如吸烟、酗酒、严重肥胖症患者，须收取较高的保险费。保险公司有时还需要根据实际情况要求被保险人进行体检，以便更好地掌握被保险人的健康状况，并以此为依据判断是接受其投保，还是增加保费或拒绝承保，即保险公司对被保险人进行的“风险选择”。

三、医疗被保险方的特点

与参加医疗保险前或未参加医疗保险的人相比，医疗保险的被保险方对医疗服务的消费有以下四个特点：

（一）服务地点受到限制

参加医疗保险前及未参加医疗保险的人可以自由选择医疗服务机构，而参保人员必须到与医疗保险经办机构有合同关系的医院就诊或药店配药，在非定点医疗机构就医、配药所发生的医疗费用，只能由患者自负，统筹资金和个人账户不予以支付。

（二）服务范围、服务标准有明确的规定

参保人就医或配药时必须按照基本医疗保险的诊疗项目、用药范围和支付标准，对于超范围、超标准的医疗费用，统筹基金和个人账户不予以支付。

（三）第三方付费

在医疗保险系统中，被保险方接受医疗服务后，由医疗保险机构对医疗服务提供者进行费用补偿，但是医疗保险机构作为第三方只对医疗保险合同范围内的服务项目、病种的医疗费用按规定支付给医疗服务提供者。

（四）需要医疗保险政策的引导

医疗保险费用补偿采用的方式和标准体现了医疗保险不同的政策取向，如果医疗保险政策不论风险大小、费用高低都予以补偿，被保险人很少负担医疗费用，那么参保人的医疗消费的费用将成为难以控制的问题。因此，在保证医疗保险政策稳定性、连续性的基础上进一步完善医疗保险政策，在引导参保人合理进行医疗消费的同时抑制不合理的消费，从而使医疗消费的增长保持在一个适当的水平上。

第四节　医疗服务提供方

一、医疗服务提供方的概念

医疗服务提供方的概念有狭义和广义之分。狭义的医疗服务提供方是指医疗保险组织机构需要支付其提供的各类与治疗疾病有关的医疗、护理、药剂等服务费用；广义的医疗服务提供方是按照健康保险概念来解释的。除了上述人员和部门外，还包括提供各种卫生保健等服务的卫生部门人员和机构，如防疫、妇幼、健康教育等。这里主要涉及狭义的医疗服务提供方。

二、医疗服务提供方的性质

医疗卫生业在各国都被认为是非常特殊的行业和产业，其特殊性表现在其既具有公益性，又具有商品性。

医疗服务业具有公益性，按照公认的道德准则，人人有权获得最基本的医疗服务以确保生存权的实现，即使无力支付必要的费用。医疗卫生机构应该以社会效益为主，所以，国家有必要设立国有医疗卫生机构，也可以制定法律和政策鼓励设立其他形式的公有制医疗卫生机构。这类医疗机构的行为特征是不以营利为目的的，但是，不以营利为目的不等于不存在盈利的可能性。在我国，由于政府对医疗卫生机构的收费标准实行严格的管制，医疗机构的可盈利性被抑制了，但可以其他方式进行补偿，也就是以商业化方式达到盈利和满足社会需要的目的。因此，医疗服务提供者又具有经营性。如患者必须按市场要求去购买自己需要的医疗消费品，在获得服务后必须支付相应的医疗费用。医疗机构完全有可能从市场获得自我发展的资源，即主要通过向医疗消费者或者第三方收费而获得主要收入，维持自身的生存和发展，其实质是一种经营行为。

三、医疗服务提供方的构成与分类

医疗服务提供方可以按照狭义和广义的概念区别，其构成和分类也可以从两种角度来看。广义而言，是指整个医疗卫生服务系统的构成和分类；狭义而言，主要指的是与医疗服务直接相关的部门、人员的构成和分类。这里主要讨论后一种情况。

（一）按经济性质分类

《关于城镇医药卫生体制改革的指导意见》（国办发〔2000〕16号）中提出建立新的医疗机构分类管理制度，将医疗机构分为营利性与非营利性两类进行管理。政府根据医疗机构的经营目的、社会功能及其承担的任务，划分现有医疗机构性质，核定新办医疗机构性质，制定并实施不同的财政税收、价格政策。实施医疗机构分类管理的政策，是医疗卫生体制改革中的重要环节，对我国非营利性医疗机构的体制改革有着直接或间接的影响。

1. 营利性医疗机构

利润最大化是营利性医疗机构生存与发展的主要目标，其提供的医疗服务只是达到这一目标的手段，现阶段主要包括中外合资合作医疗机构、股份制医院、民营医院和私营医院。

2. 非营利性医疗机构

对非营利性医疗机构生存与发展而言，营利不应成为其最终目标，它们的目标必须和社会服务联系在一起，提供基本医疗服务，完成社会福利是其存在的主要使命，其主要包括公立医疗机构和慈善团体、港澳同胞、海外侨胞捐资和社会筹资兴建的医疗机构。

“新医改方案”中提出要坚持以非营利性医疗机构为主体、营利性医疗机构为补充、公立医疗机为主导、非公立医疗机构共同发展的办医原则，建设结构合理、覆盖城乡的医疗服务体系。

（二）按举办主体分类

按照医疗机构的举办主体，可将其分为两类：

1. 公立医疗机构

这类机构主要由代表社会公共利益的政府直接举办，一般把社会效益放在首位，而不追求利润。

2. 私立或民办医疗机构

这类医疗机构主要由个人、企业、社会团体举办，一般是营利性的。当然也有非营利性的，如民营资本进入后不求回报，其投资所得仍将用于医疗事业再发展的，即为非营利性医疗机构（如慈善基金会、教会所办的医疗机构等），享受政府给予的免税政策、价格指导政策及其他国有医疗机构所享有的相应政策。

（三）按主要功能分类

按照医疗机构的主要功能，可将其分为三类：

1. 以诊疗疾病为中心的机构

如医院、门诊部、诊所、医务室等。

2. 以预防疾病为主体的机构

如妇幼保健院、结核病防治所等。

3. 以康复疗养为重点的机构

如疗养院等。

医疗保险所指的医疗机构一般是医院、诊所、医务室等。

（四）按功能、任务分类

医院按照功能、任务分类，可以划分为三级：一级医院是指直接为一定人口的社区提供预防、治疗、保健、康复、健康教育、计划生育技术指导服务的基层医院、卫生院、社区卫生服务站；二级医院是指向多个社区提供综合医疗服务和承担一定教学、科研任务的地区性医院；三级医院是指向几个区提供高水平专科性医疗卫生服务和承担高等医学教育与科研任务的区域性以上的医院。

以社区卫生服务机构为主体的基层医疗机构与基本医疗保险具有相同的日标，将社区卫生服务纳入医保，既可使卫生资源得到更加合理的利用，又可增强医保资金利用率，使之良性循环。这不但可以解决城镇职工与居民的基本医疗保障，而且对控制医疗费用过快增长有着重要的现实意义。

需要说明的是，我国基本医疗保险实行定点医疗制度，即为参保人提供医疗服务的医疗机构分为定点医疗机构和定点零售药店。实现定点医疗和定点零售药店制度是医疗保险制度改革的一项重要举措。定点医疗机构的行为直接关系到医疗保险成功与否，并成为控制医疗保险费用的关键。同时，医疗保险制度也极大地推动了定点医疗机构内部运行机制的创新和卫生资源的有效利用。

四、医疗服务提供方的特点

建立城镇职工基本医疗保险制度，目的是保障城镇职工的基本医疗需求，有效控制医疗费用不合理的增长，减少卫生资源浪费。医院在医疗保险中担负着提供基本医疗和控制费用的双重任务。实行医疗保险制度后，医院将成为独立核算、费用补偿的经济运行主体，各级医院面临着许多新的挑战。医疗保险中的医疗服务提供方不同于其他医疗机构，具有以下特点：

（一）医疗保险机构与医院之间的费用结算方式对医院有较大影响

实行医疗保险改革后，医疗保险机构与医院之间所采用的费用结算方式与标准是建立医、患、保三方制约机制，保证医疗保险基金平衡和参保人的基本医疗，这是医疗保险管理与费用控制的关键。我国的社会医疗保险起步晚，但在借鉴国际经验的基础上，起点较高。我国多数地区逐步探索出适应当地实际情况的总额控制下的复合式支付方式。各地的医疗保险部门需要科学制订总额的测算与分配方案，在保障基金收支平衡的同时提高医院工作的积极性，促进医院的发展。因此，完善费用结算办法，对医院进行合理补偿，可以使医院和医疗保险管理部门成为既做到控制医疗费用，又能保证医疗服务质量的联合体。

（二）医院受到卫生行政部门和医疗保险管理部门的双重监管

医院除受到卫生行政部门的主管外，还受到医疗保险管理部门的监督。医疗保险制度要求医院的医疗行为更加规范，对城镇职工基本医疗保险的保障病种、用药范围和诊疗项目都做了明确规定。更为重要的是医疗保险管理部门和定点医院没有任何隶属关系，所以在监管中可以做到严格、公正，对有不规范医疗行为的医院可以拒付医疗费或对其罚款，甚至取消其定点医院的资格，这对定点医院的不良行为具有震慑力。医院的医疗行为既不能超范围，也不能超标准；既要符合医疗保险的要求，又要满足患者的需要，这使得医院的经营难度加大。

（三）医院需要及时把握医疗服务的需求

医疗保险实施后，医院应该了解保险对卫生服务需要和需求的影响，在调查研究基础上，确定人、财、物投资的重点，使医疗服务的提供和需求保持在均衡状态。基本医疗服务的范围也不是固定不变的，而是随着经济发展和人民生活水平及技术进步而调整。

（四）定点医疗机构的服务对象较宽

由于取得了定点资格，定点医疗机构可以为参保人及非参保人提供所有的医疗服务。与此相反，非定点医疗机构不能为参保人提供医疗保险合同范围内的医疗服务，它们只能为非参保人或参保人提供医疗保险合同范围外的医疗服务。

第五节　政府与医疗保险

一、政府管理医疗保险的方式

医疗保险服务是个特殊的市场，一般都有政府不同程度的干预。政府的干预程度与医疗服务中效率和公平问题的权衡有关，与医疗市场存在的垄断、外部性和公共品这些市场失灵因素有关。政府介入医疗保险市场，目的是保证医疗资源的有效配置，实现社会的公平和经济的高效率。但政府并非万能的，回顾社会医疗保险发展的历史轨迹可以看到，一方面政府的介入对于克服各种市场缺陷、协调公平与效率的关系确实发挥了重要的作用；但另一方面社会医疗保险公共支出急剧膨胀，社会医疗保险运行机制效率低下也成了一个通病。

考察各国的医疗保险制度不难发现，各国政府对医疗保险市场的介入程度是不同的。一些国家政府对医疗保险市场介入得比较深，承担了大部分医疗费用；另一些国家却介入得比较浅，市场和个人承担了大部分医疗费用。一般而言，政府介入医疗保险体系的程度，是各国经济、人文及社会保障制度等背景的结果，并直接决定其医疗保险体系的整体框架，最终影响其医疗保险体制的运行效果。

一般说来，政府对医疗保险管理方式有以下三种：

（一）政府对医疗保险计划的管理

在偏向于集中计划型医疗保险模式的情况下，政府参与医疗保险。从宏观到微观，从总体规划到具体制度，都有政府的干预，甚至政府会处于直接领导的地位。国家的公共医疗支出占 GDP 的比重很高，且以超乎寻常的速度增长，如果政府未能有效控制社会医疗保险等社会福利项目支出的扩张趋势和抑制继续膨胀的费用支出，财政势必难以支撑，必然给经济与社会的协调发展带来不容忽视的影响。

（二）政府对医疗保险市场化的管理

在偏向于市场型医疗保险模式的情况下，政府往往只进行宏观规划，尽可能不直接参与或干预医疗保险的运转，医疗保险基本上是由市场调节，政府的责任大大减少，如美国政府。美国的医疗保障制度是一种典型的私人健康保险制度，即主要通过私人筹资、私立医疗机构提供服务的医疗保障体制，其资金筹集和医疗服务的提供都以市场为准则，政府则主要通过建立覆盖贫困人口、老年人和残疾人的医疗照顾与医疗救助制度作为对私人医疗保险的补充，并通过举办少量的公立医疗机构弥补市场的不足。与此同时，美国卫生总费用占 GDP 的 17% 以上，是世界上最高的，可以说这样的医疗保障制度不仅欠缺公平，而且很难谈得上效率。与其他发达国家相比，美国有着低效和代价高的卫生保健系统，并且许多人被这种体系拒之门外。正是由于缺乏一种一体化的最佳的个人保障和全民保障方案，使得该体制的低效愈益显著。所以有美国学者倡导建立卫生信托机构为每一个公民提供核心的医疗服务，提高效率。这个计划的主要创新之处在于将已经存在的私人健康保险方案合并入全民保障系统，在个人保健和全民保健卫生服务投入中求得重新平衡，并引导向有最大的长期回报的方向投入。

（三）政府对医疗保险采取计划和市场相结合方式的管理

针对上述两种方式的弊端，许多西方发达国家在总结多年的经验教训后，都在逐步向中间型的医疗保险模式靠拢，即实行“市场 + 计划”或“计划 + 市场”的管理方式。医疗服务和医疗保险市场的失灵及健康公平的必要性，为政府提供社会医疗保障确立了理论基础。政府与市场的关系是互相补充的关系。在医疗保障领域中公平是前提，效率是保证。所以在政府发挥作用的前提下，应将政府行为目标定位在公平、效率、稳定上，同时引入市场机制，发挥市场机制的效率优势。

我国长期以来在医疗卫生领域和医疗保障体制中实行的是计划管理模式。在计划经济体制向市场经济体制转型的过程中，这种模式和管理方式的不适应性和缺陷就更加明显了。因此，中国的医疗保险模式和政府的管理方式需要引入市场机制。但医疗服务、医疗保险市场是特殊的市场，也是不成熟、不完善的市场，因此，我国政府在选择对医疗保险的管理方式时，应该借鉴国内外的经验，采用“计划 + 市场”型，甚至在一定时期内，要偏重于计划的手段。

二、政府在医疗保险中的职责和作用

（一）对医疗保险进行立法

在医疗保障“多元化”“多层次”的发展趋势下，政府逐渐退居后台，放弃某些责任，如直接供款和全权管理，但应强化监管责任。立法先行是医疗保险制度的一项基本原则，这不仅是市场经济的客观要求，也是医疗保险制度自身的需要。首先，医疗保险实质上属于社会再分配，具体的制度安排必然牵涉政府、企业与个人之间的责任分担和不同社会群体或利益集团的利益调整；其次，根据权利与义务对等的关系，国家在保障每个劳动者享有基本医疗保险服务的权利的同时，用人单位和个人也必须为社会尽同等的义务，即按规定缴纳相应的医疗保险费用。2011 年 7 月 1 日起开始施行的《中华人民共和国社会保险法》，是为规范社会保险关系，维护公民参加社会保险和享受社会保险待遇的合法权益，使公民共享发展成果，促进社会和谐稳定而制定的。

（二）对医疗保险制度承担经济责任

进行医疗制度改革，建立城镇职工基本医疗保险制度，并不意味着国家财政对卫生事业经济责任的减少。

首先，医疗保险改革之初需要财政投入启动资金。从长远看，医疗保险制度改革会改变原先公费劳保医疗将医疗费用大包大揽的状况，实行国家、单位、个人共同负担，会逐渐减轻财政负担，但在改革之初反而会增加财政支出和减少财政收入。据对医疗保险试点城市的调查，医疗保险改革后比改革前一年财政负担平均增加了 10% ~30%，因此，医疗保险制度改革初期需要财政加大投入。

其次，即使医疗保险制度改革完成，政府仍对职工基本医疗保险负有经济责任。即使医疗保险改革完成了，国家仍要通过以下渠道承担医疗费用：一是财政拨付公费医疗经费；二是企业缴纳的医疗费用在税前列支，国家以少征所得税的形式负担费用；三是当基本医疗保险基金入不敷出时，国家财政给予补贴。具体说来有以下七个方面：①为公务员缴纳基本医疗保险费；②对公务员给予医疗补助；③国家财政拨付社会保险经办机构的经费；④对特殊人群给予医疗补助；⑤对职工医疗保险基金免征税费；⑥企业缴纳职工基本医疗保险基金允许在所得税前列支；⑦特殊情况下对医疗保险基金的补助。

最后，国家仍然要对卫生事业的发展承担责任。如在医疗机构的建设上：一是医疗机构应由当地政府规划建设；二是公立医疗机构的基本建设及大型医疗设备的购置、维修，要纳入同级政府的基本建设计划和财政预算，统筹安排；三是各级政府应该随着财政收入的增长，增加对公办医疗机构的投入。

（三）对医疗保险加强宏观管理

在医疗保险制度改革中，明确政府职责无疑是重要的。政府以相应的财政投入保障公民的基本医疗需求，是现代政府不可推卸的责任。政府的宏观管理要体现在财政资金投入效率上，而不是体现在政府举办全部医疗机构。无论市场主导的“美国模式”，还是政府主导的“英国模式”，都没有忽略政府在医疗保险和服务体系中的重要作用。

具体来说，政府在宏观管理中的职责与作用有以下四个方面：

1. 设计和规范医疗保险市场

在医疗保险市场，医疗服务的“公共产品”属性及其所具有的“外部性”，医疗服务的专业性、市场信息障碍，加之第三方付费等特征，使得完全竞争市场上的价格机制很难充分发挥有效调节资源分配的功能，以致市场失灵，出现了医疗服务利用的不平等性等问题。这些特殊性往往是政府设计和规范医疗保险市场的主要原因。

2. 促进和协调医疗保险市场的发展

政府干预医疗保险市场通常有经济、法律、行政三种手段，要促进和协调医疗保险市场的发展，解决医疗卫生领域中的突出问题，必须综合运用多种手段。如加强公共卫生规划，根据区域卫生规划的原则调整卫生资源配置，通过行政手段向医疗消费者提供信息，减少其消费的盲目性。法律手段和行政手段可以有效改善卫生服务公平性。此外，政府还可以通过宣传健康教育和卫生知识，提高全民的保健意识。

3. 监控医疗保险市场的运转

保险业是逆向选择和道德风险的多发领域，而医疗保险则是典型代表。医疗保险市场涉及多方利益主体，其中，最基本的参与者是医疗服务提供方、被保险方和保险方，彼此之间因费用支付而形成了契约关系。

由于契约双方所掌握信息的不对称性，而引致医疗保险市场的逆向选择和道德风险行为。这时需要政府监督控制，引导医疗保险市场健康发展。

4. 参与和弥补医疗保险市场的不足

医疗保险市场是一个不充分的市场，存在着市场失灵的现象。另外，居民中有些医疗问题，如某些疾病的预防，是不能以保险的方式解决的，某些人群（如贫困人群）要借助于政府加大对其卫生投入的力度，使其能够获得基本医疗服务。政府行为使医疗保险市场的不足得以部分弥补，促进了保险市场的发展。

（四）做好医疗保险制度改革的相关配套改革

医疗保险制度改革与医疗卫生体制改革、药品生产流通体制改革紧密相关，牵涉多方利益体。在进行医疗保险制度改革的同时，必须解决医药卫生领域中的诸多问题，理顺各方关系，实现“三医联动”，否则医疗保险制度改革难以顺利推进。

1. 实施医、药分离经营

将药品经营从医疗机构中分离出去，实行外部化经营管理。有两种选择模式：一是实行医院开处方、药店售药、患者直接购药的制度。二是在不断提高社会医疗保险机构管理水平的基础上，由社会医疗保险机构将药品经营内部化；同时加速药品流通体制的改革，实行药品招标采购、增加药品价格透明度、地区药品最高限价等政策措施。

2. 对医疗服务机构进行合理补偿

在彻底实行医药分开之前，必须重新设计，完善医院的收入补偿机制。改“以药养医”为“以医养医”，发挥市场收费对卫生机构的补偿作用。财政资金主要支持非营利性医疗机构、公共预防保健、医学科研、卫生监督执法及群众的基本医疗需求。

3. 改革医院现行的经济运行模式

医疗机构分类管理制度的确立，标志着卫生改革从微观搞活转向宏观调控、医院管理体制从服务计划经济向适应市场经济转变。实行医院分类管理以后，政府出资者的功能会逐步弱化，对医院进行直接行政干预的空间将逐渐缩小。医疗机构必须在产权、机制、组织结构等方面做出适应性调整，逐步淡化医院的所有制形式、行政级别、隶属关系等，改革现行的经济运行模式，提高医院的经济运作效率。

4. 推进医疗机构的人事制度和分配制度改革

鼓励医疗机构通过竞聘上岗、优化组合、后勤社会化等手段减员增效，切实降低医疗成本，控制医疗费用的不合理上涨。

5. 推动区域卫生规划，合理配置卫生资源，提高卫生资源的利用率

区域卫生规划以满足区域内全体居民的基本服务需求、保护与增进健康为目的，对卫生资源进行统筹规划，合理配置，促进卫生资源布局调整，提高利用率。

（五）提高医疗保险的公平性

扩大社会医疗保险的覆盖面，提高全民抵御疾病风险的能力。减少人们利用卫生服务的经济障碍，缩小社会在享有经济财富、医疗保障上的差异，以利于提高人民健康，维持社会的公平性。

【延伸阅读】

以健康价值为导向的“三医”联动，实现价值医疗

在医保、医疗和医药“三医”中，医保方作为参保者的利益代理人，为参保患者的医疗消费买单，从这一付费角度看，医保方通过大数法则为参保患者化解了医疗风险，承担起了保险的责任；从补偿医疗服务提供方的角度看，合理的医保支付制度又发挥着引领医药行业有效提供服务的作用。

清华大学医院管理研究院杨燕绥教授将医保第三方付费的发展分为三个阶段：从注重数量的按项目付费（Fee for Service，FFS）阶段，到注重质量的诊断相关分组（Diagnosis Related Groups，DRGs）阶段，再到未来注重价值的价值支付（Value - based Payment，VBP）阶段。医保支付方式改革表面是在改进支付制度，实际上是在寻求一种机制，使得医疗机构既能让患者得到最大限度的满足，又能充分调动自身的积极性，也就是让医疗机构的利益与患者的利益统一，而不是互相矛盾，这是全世界的难题。目前，我国正在试点推行按诊断相关分组收付费改革，而价值支付是医保支付发展到更高阶段的形式，也是价值医疗理念在医保支付制度的体现。价值医疗就是在单位成本内，实现医疗健康价值最大化，以患者价值为中心，同时注重医疗机构价值与社会价值。为保证价值支付真正落地，需要多方面配合，其中很重要一点是利用价值绩效考

核制度正向鼓励医生提供价值医疗服务。比如美国加利福尼亚州针对全科医生制定的以价值为本的按绩效付费项目（Value - based Pay for Performance，VBPFP），简单来说，如果全科医生组织为投保人提供了良好的初级卫生保健和疾病预防服务，那么投保人能节省一笔医保资金，这笔资金会被根据项目方案奖励给全科医生组织。

实现价值医疗不能仅靠改革医保支付方式，在“三医”这一有机交互整体中，联动方能保证科学发展。除医保支付制度外，价值医疗理念亦贯穿于医药创新全过程。基于疾病特点与社会发展，癌症成为人类面临的最大健康挑战之一，2018 年诺贝尔生理或医学奖获得者 James P. Allison 和本庶佑发现负性免疫调节的癌症疗法。创新的免疫肿瘤治疗方案不仅使癌症患者长期生存成为可能，更能帮助有效控制总体治疗成本，节省医疗资源，提高医疗价值。此外，依据卫生技术评估进行医保目录动态调整，将医保谈判机制设为不定期举行的长效机制，保证进入医保药品目录的药物都是经过价格谈判、价值医疗方法评估的，这一系列措施不仅可以最大限度地确保高值创新药物可及性，也有助于保证医保基金安全、可持续运行。

“三医”联动也应结合不同参保人群自身特点“对症下药”。我国人口老龄化形势的严峻性不仅表现在老龄人口基数大、增速快，而且失能、半失能、慢性病老年人数量迅速增加，养老需求日趋多元化。对于老年群体，颐养是常态与根本，照护是基础，医疗是保障。鉴于此，从健康老龄化视角进行我国医养整合性体系优化，提高医保基金绩效成为重点实践方向。青岛市于 2012 年在国内首创并建立了长期护理保险制度，将医疗保障与护理保障适当分开，妥善安置医院治疗效果甚微、健康状况不可逆、需要临终关怀的失能老人，为其提供专门的护理保障。同时配合推行“医养结合”服务模式，并细分为三种：养老机构开设医疗机构的“养中有医”模式；医疗机构开设养老机构的“医中有养”模式；医疗机构与养老机构合作互助的“医养并重”模式。以期通过遵从“养护医”的内在逻辑，调节医疗资源的分配和利用，实现整个医疗服务产业的优化配置。

【资料来源：

［1］王伟．以价值医疗为导向　实现医改高效共赢［N］．中国劳动保障报，2018 - 12 - 15（6）．

[2] 阳义南，肖建华，岑敏华．养老金与照护支出“以养节医”的经济绩效研究［J］．金融经济学研究，2019，34（3）：109－119.

[3] 于新亮，刘慧敏，杨文生．长期护理保险对医疗费用的影响——基于青岛模式的合成控制研究［J］．保险研究，2019（2）：114－127.

[4] 蒋曼，罗力，戴瑞明，等．上海市长期护理保险中医疗护理供给现状分析［J］．医学与社会，2019，32（2）：5－8.】

思考题：

1. 现代医疗保险系统构成的基本形式是什么？
2. 试述医疗保险组织机构在医疗保险系统中的地位和职能。
3. 试述医疗被保险方的概念及其消费特点。
4. 阐述医疗服务提供方的性质与特点。
5. 试述政府在医疗保险中的职责和作用。

第三章　医疗保险市场

【学习目的】

通过本章学习，掌握医疗保险的需求与供给，了解医疗保险需求与供给的概念、理论及影响因素；掌握医疗保险市场失灵产生的原因，重点理解医疗保险市场中的逆向选择和道德风险的表现和规避控制。

【章前案例】

统计公报显示，2018 年参加全国基本医疗保险（全国基本医疗保险包含职工基本医疗保险、城乡居民基本医疗保险以及新型农村合作医疗保险）有 134 459 万人，参保率稳定在 95% 以上，基本实现人员全覆盖。2018 年，全国基本医保基金总收入 21 384 亿元，比上年增长 19.3%，占当年 GDP 比重约为 2.4%；全国基本医保基金总支出 17 822 亿元，比上年增长 23.6%，占当年 GDP 比重约为 2.0%；全国基本医保基金累计结存 23 440 亿元，其中基本医保统筹基金累计结存 16 156 亿元，职工基本医疗保险个人账户累计结存 7 284 亿元。

国际经验表明，人均 GDP 在 5 000 ~ 10 000 美元是保险业快速增长的时期。中国目前正处于这一快速发展的时期。随着经济持续增长，收入和财富不断增加，人们对于健康和安全的需求越来越高，城市化进程加快，人口老龄化加速，刺激了人们对保险的需求。国际上在分析保险市场的发展潜力时，普遍采用两个指标，一个是保险深度，即某一年度某地的保费收入占当年该地国内生产总值的比例，这是一个衡量保险业发展程度的指标；另一个是保险密度，即某一年度统计区域内的保费收入除以区域内常住人口数，这是人均保险费的数额。

数据显示，2010—2017 年，我国商业健康保险原保费收入从 691.72 亿元迅速增长至 4 389.46 亿元；年均复合增长率近 37%。我国健康险深度由 2010 年的 0.17% 增长至 2017 年的 0.53%；健康险密度由 2010 年的 50.5 元/人增长至 2017 年的 315.8 元/人。尽管我国保险业的增长速度很快，但无论是深度还是密度都与发达国家有一定差距，2015 年世界保险深度平均水平是6.23%，中国是3.57%，居世界第40位；中国保险密度全球排名第63位，未达世界平均水平。

《中国保险业发展“十三五”规划纲要》提出：努力由保险大国向保险强国转变。到2020年，全国保险保费收入争取达到4.5万亿元左右，保险深度达到5%，保险密度达到3 500元/人，保险业总资产争取达到25万亿元左右，各项指标大概都比2015年翻一番，增长率为100%。目前，健康保险市场政策利好频现，比如允许“带病投保”等强制性政策的个人税收优惠型健康保险的推出，健康保险参与大病保险，参与长期护理保险试点探索等，为健康险的发展带来新的生机，作为基本医疗保障补充的商业健康保险快速发展的大时代必将来临。

【节选自：国家医保局“全国基本医疗保障事业发展统计公报”（原中国保监会官网）。】

思考题：医疗保险需求、供给的影响因素有哪些？

第一节　医疗保险需求

一、医疗保险需求的含义

由于疾病的发生和治疗具有不确定性，疾病造成的损失无法预先估计和判断，为了减少由疾病引起的潜在经济风险，人们产生了医疗保险需求。随着医疗技术的发展和疾病谱的变化，疾病经济风险上升，推动医疗保险的需求在逐渐上升。按照一般的经济学理论，需求的存在导致供给的发生，进而形成市场。在医疗保险领域同样如此，人们对医疗保险的需求导致医疗保险机构的出现和医疗保险市场的形成。

（一）医疗保险需求的概念

需求是指在一定时期的某一市场上，在某一价格水平下，消费者愿意并且能够购买的商品或服务的数量。按照这一定义，需求与需要的区别在于：一是消费者对该商品或服务有购买欲望，二是消费者必须有支付能力。欲望和支付能力缺一不可，这是需求形成的两个条件，即使消费者对某种商品或服务有欲望，但如果没有能力来支付就不能算作需求。因此，需求是一个市场范畴，是既有购买欲望又有支付能力的有效需求。

医疗保险需求是指医疗保险需方在一定的时期内，在一定的医疗保险费（价格）条件下，愿意并且能够购买的医疗保险数量。医疗保险需求主要有两种表现形式：

1. 物质经济保障形式

在人们患病和遭遇意外伤害时，医疗保险机构按照医疗保险合同规定的偿付范围和方式，对发生医疗费用的被保险人给予部分或全部的补偿，或者通过医疗保险机构与医疗机构签订合同，直接向参保人提供免费或低价的医疗服务。

2. 心理安全保障形式

心理安全保障形式强调的是医疗保险发挥的心理安全功能，其表现在通过参加医疗保险，人们能够转嫁疾病风险，获得医疗保障，从而减轻经济损失，解除人们因病致贫的后顾之忧，获得心理上的安全和保障。

（二）医疗保险需求的形成条件

经济学中的需求主要是指有效需求，这里所讲的需求也是指消费者对医疗保险的有效需求，必须具备三个基本条件：

1. 医疗保险的消费意愿

医疗保险需求是由健康需求派生的，源于人们对生命安全和健康保障的需要。一旦遇到无法预料的风险，如突发疾病和重大事故等，不仅对人们的身心造成伤害，也带来经济方面的损失，影响人们的正常生活。出于规避或分散风险的考虑，人们会采取一些措施力求将损失减小，而保险恰好可以在更大的人群范围内分散个体遇到的各种风险。因此，大多数人会有购买医疗保险的愿望，这种消费意愿成为医疗保险需求形成的首要因素。

2. 医疗保险的支付能力

在市场经济条件下，保险机构和参保人之间是一种交换商品关系。如果人们想要获得医疗保险，必须支付一定的保险费，而人们医疗保险需要的满足受到其货币支付能力的限制。如果不具备一定的货币支付能力，医疗保险需要是无法转化为医疗保险需求的。因此，医疗保险支付能力是医疗保险需求形成的必要条件，就是在一定的保险费率（premium rate）下，由货币支付能力决定的医疗保险需求的数量。

3. 医疗保险需求者所投保的标的物符合医疗保险机构的经济技术要求

医疗保险需求的必备的条件之一是参保人想投保的医疗保险险种和保险机构设计的险种相吻合。如果医疗保险需求者所投保的标的物在技术上是不可及的、难以做到的，那么医疗保险有效需求就无法真正形成，如投保艾滋病。

总之，上述三个条件都是构成医疗保险有效需求的重要条件，缺一不可，否则人们对医疗保险的需要就难以或不能转化成真正的医疗保险需求。

二、医疗保险需求的经济理论

针对消费者购买医疗保险的原因，经济学家对医疗保险需求提出了两个基本假设：消费者效用最大化和财富的边际效用递减原则。

（一）消费者效用最大化

疾病的发生是一个随机事件，具有不确定性，个人是无法预测疾病发生的时间、种类和严重程度的。疾病带来的经济损失与疾病的严重程度有直接联系，消费者无法预料自己是否患病和患病后的费用。作为理性人的消费者追求效用最大化，为了确保疾病或意外发生时效用仍最大化，消费者必须在以下两种办法中做出选择：

1. 自我保险

自我保险是指消费者自己承担风险后果的形式。在这种选择下，消费者面临两种可能性：一是因患病而蒙受大笔损失的可能性很小，二是不患病而不产生任何损失的可能性更大。

假定消费者拥有财富 W_2，这笔财富给消费者带来的相应效用为 U_2。消费者一旦生病，又没有购买医疗保险，则需要自己承担治疗疾病所发生的一切医疗费用，其拥有的财富将会由 W_2 减少到 W_1，所对应的效用值也将由 U_2 减少到 U_1。

消费者患病与否是个随机事件，疾病发生的概率 P_i 在 0 ~ 1 之间。因为这是一个概率事件，不能用效用表示，只能计算患者的预期效用，该患者的预期效用的计算公式为：

$$E_u = P_i U_1 + (1 - P_i) U_2$$

公式中，E_u 为预期效用，P_i 为患病概率，U_1 为患病造成经济损失后的效用，U_2 为消费者原始财富带来的效用。

预期效用的图形可表示为一条连接 A（W_1，U_1）和 B（W_2，U_2）两点的线段 AB（见图 3－1）。

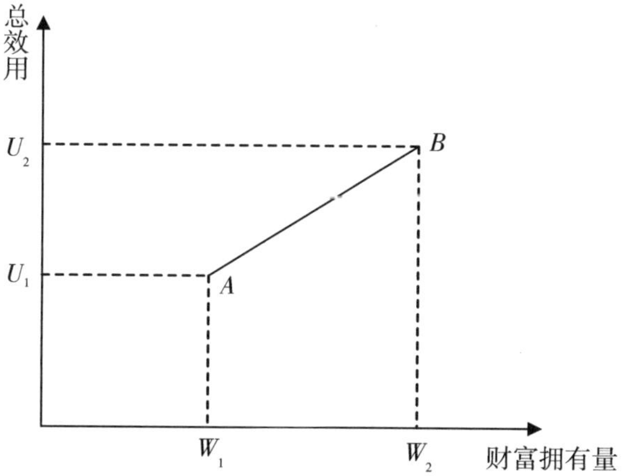

图 3－1　预期效用曲线

2. 购买医疗保险

购买医疗保险可以使消费者对风险的支出相对减少，只蒙受一笔小额的经济损失，即支付保险金。保险金是在消费者患病之前就需预付的，因此这笔经济损失是确定事件。如果消费者在支付了医疗保险金之后的财富拥有量是 W_2，那么相应的效用就是 U_2。

消费者要购买医疗保险还是选择自我保险，主要取决于这两种选择为消费者带来的效用大小，即比较 U_2 和 E_u 的大小。如果自我保险的预期效用大于购买医疗保险的效用，根据消费者选择效用最大化的理论，消费者会选择自我保险，反之亦然。

（二）财富的边际效用递减原则

财富是衡量个体在社会所拥有资源的重要指标，一般而言，人们对财富的偏好存在共性。随着人们财富的增加，财富带来的总效用也在增加，但是因为财富的额外增加所获得的满足程度与个人的财富拥有量有关，财富增加带给人们的边际效用将会递减。根据这一假设，可以用一条曲线来表示总效用、边际效用和财富拥有量之间的关系（见图3－2）。

从图3－2中可以看出，随着个人财富拥有量的增加，其效用在增加，财富给个人带来的总效用也在不断增加，但是增加的速度会逐渐减慢，边际效用的增加幅度逐渐减小，这条曲线即为财富的效用函数。假设消费者的效用函数是 $U=f(w)$，其财富拥有量为 W_3，W_3 对应的效用则是 $U_3=f(w)$。

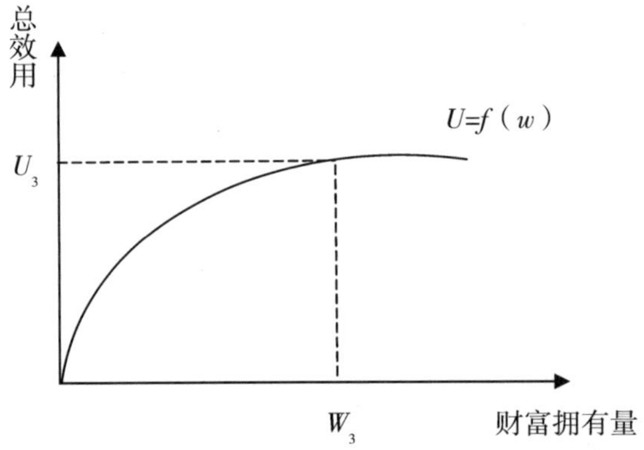

图3－2　总效用曲线

如果将总效用曲线和预期效用曲线合并在同一示意图中，可以得到图3－3。从图3－3中可以看出，预期效用曲线上的两个点 $A(W_1, U_1)$、$B(W_2, U_2)$ 是总效用曲线上的两个点，而且预期效用曲线总是在总效用曲线之下。

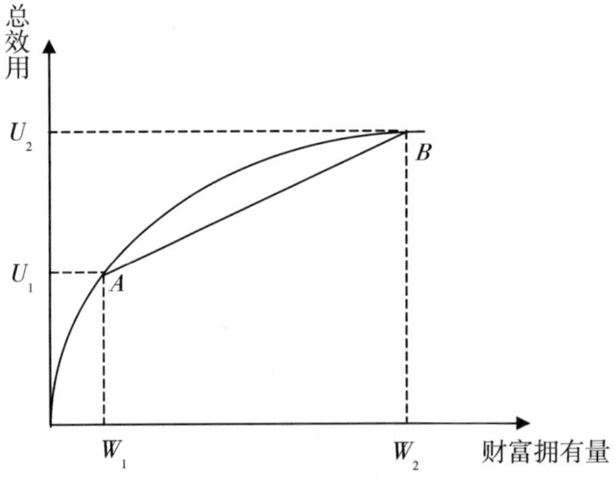

图3－3　总效用与预期效用曲线

（三）理论应用分析

假定消费者总财富 $W_0=50\ 000$ 元，期望效用函数是消费者财富的平方根，此时的总效用为 $U_0=224$ 单位；不参加医疗保险患病后的财富 $W_1=20\ 000$ 元，医疗费用为 $W_0-W_1=30\ 000$ 元，不参加医疗保险的消费者患病后的效用 $U_1=141$ 单位；消费者患病的概率 $P_i=0.25$。

如果保险公司按纯保险费来收取，即保险公司收取的保险费等于损失的期望值，那么保险公司收取的保险费为：

$$(W_0-W_1)\times P_i=30\ 000\times 0.25=7\ 500(\text{元})$$

在收取 7 500 元保险费的情况下，消费者是否愿意投保呢？面对保险，消费者有两种选择：花 7 500 元投保，把风险转移给保险公司；不投保，自己承担全部损失的风险。如果选择投保（假设年初投保），无论该年是否发生疾病，年底时的财富都是 50 000 − 7 500 = 42 500 元。

（1）如果消费者购买医疗保险，缴纳 7 500 元保险费，那么，预期效用为：

$$\begin{aligned}E_{u2}&=P_iU(42\ 500)+(1-P_i)U(42\ 500)\\&=0.25\times U(42\ 500)+0.75\times U(42\ 500)\\&=U(42\ 500)\\&=206\end{aligned}$$

消费者的预期效用就是财富值 42 500 元的效用，按期望效用函数是消费者财富的平方根计算，则消费者购买医疗保险的预期效用 E_{u2} 约为 206 单位。

（2）如果消费者不购买医疗保险，不缴纳 7 500 元保险费，那么，预期效用为：

$$\begin{aligned}E_{u3}&=P_iU(20\ 000)+(1-P_i)U(50\ 000)\\&=0.25\times U(20\ 000)+0.75\times U(50\ 000)\\&=0.25\times 141+0.75\times 223\\&=203\end{aligned}$$

按期望效用函数是消费者财富的平方根计算，则消费者不购买医疗保险的预期效用 E_{u3} 为 203 单位。

消费者如果不买医疗保险，其预期效用为 203 单位（E_{u3}），而购买医疗保险后的预期效用为 206 单位（E_{u2}），$E_{u2}>E_{u3}$，此时消费者显然愿意参加医疗保险。

实际上，消费者愿意支付的保险费要更多些，除了纯保险费外，还包括行政管理费用等，即愿意支付从 W_0 到 W_3 的金额作为实际保险费，这时的效用 U 刚好等于不购买医疗保险时的预期效用。但如果购买医疗保险后的效用 $E_{u2} < E_{u3}$，人们会采取自我保险的办法而不愿意去参加医疗保险。

总之，只有当消费者购买医疗保险后的实际效用大于或者等于未参加医疗保险时的预期效用，才会购买医疗保险，否则就不愿意参加。这也与最初的假设相符合，即消费者有追求财富最大效用的愿望。一般而言，当消费者预计自己患病的可能性比较大，因而预期损失程度较大时，就愿意支出医疗保费以减少更大的损失，这是理性的选择。

三、医疗保险需求的特点及影响因素

（一）医疗保险需求的特点

从市场观点来看，医疗保险需方在医疗保险系统中处于买方地位，他们的需求和消费行为，如为什么购买、购买什么、购买多少等对医疗保险机构和医疗服务供方的行为起着引导作用。但是现实中的医疗保险市场往往并不是真正意义上的完全竞争市场，尤其在实行社会医疗保险的情况下，某些保险项目的购买是强制性的，第三方付费的方式大大改变了常规的消费心理和行为，医疗保险需方对保险的需求和消费特点表现不明显，只有当他们对社会医疗保险以外的项目进行选择的时候，或者在商业性医疗保险和比较市场化的医疗保险的情况下，他们可以自由选择保险项目时，这些保险需求特点才可以表现出来。但从理论上说，这些需求特点还是客观存在的。

1. 需求的不确定性

医疗保险和医疗服务是紧密联系的，医疗保险支付是基于医疗服务事件而发生的，只在购买医疗服务时才支付，而且仅仅支付医疗保险范围内的服务费用。个人对自己的疾病风险难以预测，而且健康损害的价格又难以估算，因此不可能像购买其他商品一样在时间、地点、品种上做仔细的计划、安排，疾病风险发生的不确定性造成了消费者对医疗保险需求的随机性和被动性。

2. 需求的多元性

人群的健康需求有多种类型和层次，因此消费者对医疗保险产品的需求也是多元化的，单一的险种难以满足他们的需求。各个国家和地区在拓展保险市场的同时，也在大力开发人们所需要的医疗保险产品。在我国，除了国家强制性地保障全民基本健康需求的社会医疗保险外，商业保险公司还推出了其他各种健康保险，涵盖医疗保险、疾病保险、护理保险和失能收入损失保险等。

3. 需求的差异性

无论收入多少，健康保障对每个人都是需要的，但由于收入的不同，消费者对医疗保险产品的选择也会有所不同。高收入人群自我保障能力比较强，他们购买健康保险不仅是为了满足医疗保障的需要，而且希望得到专业的服务，所以高收入人群往往选择纯粹的、专业的商业健康保险；中等收入人群收入相对较少，因此以购买社会医疗保险为主，只要能够保证基本医疗就可以了；而低收入人群的收入仅能满足基本生活，他们往往会选择风险自留，或接受医疗救助。

4. 需求的发展性

随着社会与经济的不断发展，人们对医疗服务的需求已经不仅仅满足于有病治病。健康的概念是指身体、心理、社会适应方面的完好状态，卫生服务的产出除包括传统的疾病诊疗、预防保健、卫生防疫、医教科研、健康教育外，还扩展到康复、护理、急救等多个领域。随着卫生服务范围的拓展，医疗保险支付的范围也相应拓宽。

（二）医疗保险需求的影响因素

1. 疾病发生的概率和损失程度

医疗保险承保的是疾病和健康风险，疾病风险的存在是医疗保险需求存在的前提和基础。人们购买医疗保险的主要原因是疾病的发生具有不确定性，因此疾病发生的概率对医疗保险需求有重要影响。这种情况可以用图 3－4 来说明。E 点表示预期效用水平，在这点上的纯保险金为 $W_3 - W_4$，由于其蒙受损失的概率很高，所以这是一笔相当可观的金额。人们会愿意支付等于 EF 这一段的附加费，因为 E 点所示的预期效用和 F 点所示的实际效用相同。任何大于 EF 的金额都将使人们处于实际效用曲线更低的点上，这样投保的实际效用比不投保的预期效用要低。而在 C

点上，人们愿付相当于 *CD* 的附加费，这笔金额使 *D* 点所示的实际效用水平和 *C* 点所示的预期效用水平相等。*CD* 比 *EF* 大，因为在 *E* 点上蒙受损失的概率更高。

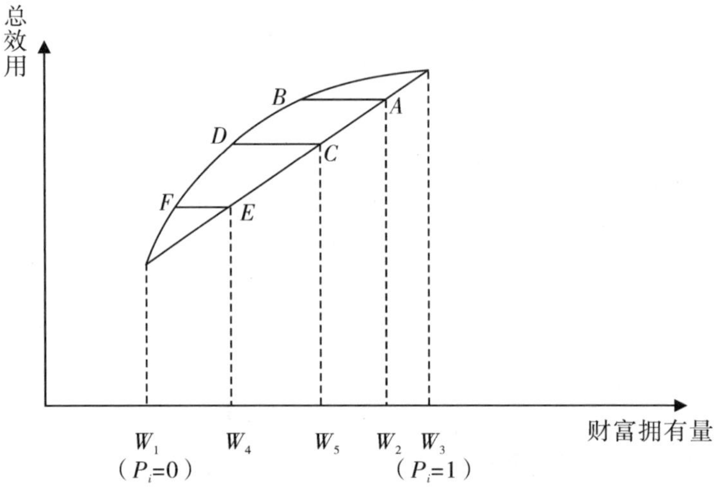

图 3－4　不同疾病发生概率下消费者愿意支付的附加费水平

因此，当疾病发生的概率接近于 0 或 1 时，消费者愿意支付的附加费越来越少。当疾病风险发生的概率接近于 1（即 $P_i=1$）时，说明疾病的发生是几乎确定的，由疾病风险带来的经济损失也是确定的，因此消费者更倾向于将所拥有的财富用在疾病的治疗、康复上，而不是用于购买保险。同样，当疾病发生的概率接近于 0（即 $P_i=0$）时，说明疾病发生的概率很小，因此消费者更愿意自我保险。当疾病发生的概率接近于 0.5 时，人们愿意支付更多的附加费，对医疗保险的需求也就越来越多。这说明，对于相对确定的事，消费者不愿意参加医疗保险，不愿支付附加费给保险公司，消费者更有意愿将钱支付在不确定的事件上。

医疗保险的需求强度是与疾病发生带来的损失成正比的，疾病发生带来的经济损失越大，人们购买医疗保险的意愿越高，愿意支付的医疗保险费也就相应增加，对医疗保险的需求也越大；反之，医疗保险的需求就越小。如图 3－5 所示，当预期损失相当大时，人们在未投保而患病时就会损失 W_3-W_1；对于相对小的损失，如补牙等，就由 W_3-W_2 表示。大损失的预期效用线是 *AC*，小损失的预期效用线是 *AB*。W_3-W_1 之间的距离（预期效用线 AC）和 $W_3 - W_2$ 之间的距离（预期效用线 AB）代表相同发生概率的不同程度损失。实际效用曲线和预期效用曲线之间的面积在较大预期损失的情况下要比较小预期损失情况下大得多。当消费者面临大小预期损失概率相等时，他们更倾向于支付更多的附加费来降低大笔损失的风险。所以，疾病的预期损失越大，消费者对医疗保险的需求也越大。

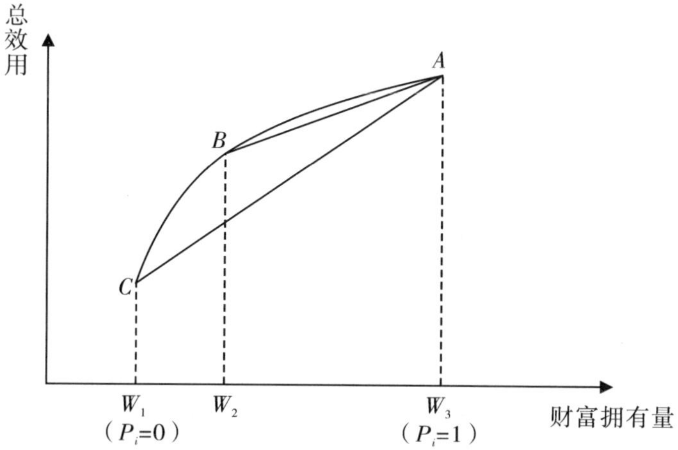

图 3－5　不同预期损失下消费者愿意支付的附加费水平

因此，疾病发生的概率和损失程度是影响医疗保险需求的重要因素。随着人口老龄化问题的加剧、疾病治疗模式和疾病谱的变化，医疗费用持续增长，人们对医疗保险的需求也越来越大。

2. 医疗保险价格

对于一般的商品或服务，价格和需求量成反比例关系。价格越高，需求则会相应减少。在医疗保险领域中同样可以应用这个原理，医疗保险的需求和价格是反向变化的。当医疗保险的价格较低时，消费者的财富拥有量足以支付保险费用，会刺激医疗保险需求量的增加；当医疗保险的价格较高时，消费者可能会由于经济收入和持有的财富有限，无力或不愿支付昂贵的保险费用而削减自己的医疗保险需求。因此，制定更合理的医疗保险价格，不仅能使医疗保险机构趋于收支平衡，维持机构的有效运营，还可以吸引大量的消费者参与到医疗保险市场。

3. 消费者的收入

收入水平是影响消费者购买医疗保险的重要因素。一般情况下，收入水平越高，说明消费者的购买能力越强，相应的需求也会相对较高。但是，在医疗保险领域中，收入较高和收入较低的消费者对医疗保险的需求量并不大，而中等收入消费者的保险需求比二者更大一些。对高收入的消费者来说，疾病所带来的经济损失和财富总量的减少对其影响都不大，所以购买医疗保险对高收入群体的吸引力不大。对低收入消费者来说，财富的总效用曲线和预期效用曲线基本重合，消费者不可能支出更多的附加费来购买医疗保险，所以低收入群体对医疗保险的需求也不大。对中等收入者来说，他们不仅具有支付医疗保险费用的能力，而且愿意支付一部分附加费用来减少疾病带来的经济损失。因此，中等收入者对医疗保险的需求相对较高。由于医疗保险的需求量具有收入层面上的差异性，对医疗保险机构来说，能否提供多层次的医疗保险服务、满足不同收入水平消费者的保障要求，将成为能否扩大医疗保险需求的关键。

4. 消费者的避险心态

对于风险，不同消费者的态度和行为是不同的，也会因为事物的性质不同而有差异。一般而言，人们对于风险的心态主要有三种：避险心态、对风险持中立态度和喜欢冒险的心态。对于疾病而言，人们大部分是持避险心态的。并且，有避险行为消费者的财富效用会呈现边际递减的现象。消费者对风险回避心态越重，边际效用的递减速度就会越快，对医疗保险的需求也越大。反之，有些消费者的避险心态不重，甚至喜欢冒险，他们的财富总效用曲线是在预期效用曲线之下，并且边际效用递减趋势不明显，具有这样心态的消费者购买医疗保险的意愿则偏低。

5. 医疗保险范围

医疗保险与医疗服务虽然是不可分割的，但并不是所有的医疗服务项目都包含在医疗保险范围内。纳入医疗保险所提供的医疗保险项目是否能满足消费者的需求，也是影响医疗保险需求的因素之一。如果医疗保险机构提供的医疗保险服务项目不是投保人所希望得到的，消费者将不会购买医疗保险机构所提供的险种，从而影响医疗保险的需求。

6. 医疗费用的分担方式

采用不同的医疗费用分担方式将对医疗保险的需求产生不同程度的

影响。在不同的医疗保险制度下，患者参与医疗费用的分担方式包括起付线、按比例共同偿付、封顶线等。通常情况下，需自付的医疗费用比例越高，消费者参加保险的积极性就越低；反之，需自付的医疗费用比例越低，消费者参加保险的积极性就越高。实际上，即使医疗保险的价格不高，但如果消费者患病的医疗费用需自付的比例较高，会给消费者带来较大的经济负担，使消费者特别是广大的低收入群体产生较大的心理压力，认为医疗保险并不能减轻其患病以后的经济负担，结果将会抑制消费者对医疗保险的需求。

7. 医疗服务提供

医疗保险的需求还受医疗服务的价格、种类、医疗费用水平以及医疗服务提供者的服务态度和质量的影响。随着医疗服务价格及医疗消费水平的提高，尤其是相对消费者的收入而言，医疗支出在收入中所占的比重不断增大，消费者对医疗保险的需求就会更加迫切。如果所提供的医疗服务种类及质量等不能满足消费者对医疗服务的需要，即使参加到医疗保险中来，也无法获得满意的医疗服务，那么就会影响消费者对医疗保险的需求。

8. 医疗保险的实施方式

医疗保险是以强制方式还是以自愿方式实施，也将影响到医疗保险需求数量。强制保险是国家和政府以法律或行政手段强制实施的保险保障方式。凡是在规定的范围内，不论被保险人是否愿意，都必须参加保险。因此，强制保险的实施人为地扩大了保险需求。

9. 其他

除上述因素外，还有很多其他因素也会影响医疗保险的需求，如人口、年龄、性别、职业、文化、保险意识、习惯和社会环境等。其中，人口因素包括人口总量和人口结构。一个国家的人口总量是医疗保险的潜在需求市场，它与医疗保险的需求成正比，在其他因素一定的条件下，人口总量越大，对医疗保险需求总量也就越多；反之，对医疗保险需求总量就越少。人口结构主要包括年龄结构、职业结构、文化结构等，均对医疗保险需求产生不同程度的影响。年龄、性别、职业、文化等因素，不仅是疾病风险和消费者收入的直接影响因素，而且在很大程度上影响着人们的保险意识和保险习惯。只有对疾病风险、对医疗保险有足够的认识，才能产生参加医疗保险的主观愿望，形成对医疗保险的需求。

第二节　医疗保险供给

一、医疗保险供给的含义

经济学上的供给指的是生产者在一定时期的某一市场内，在一定的价格水平下，愿意并且能够提供的商品或服务的数量。与需求一样，供给也是一个市场范畴，是既有提供愿望又有提供能力的有效供给。

医疗保险供给是指医疗保险机构在一定时期内，在一定的医疗保险费（价格）条件下，愿意并且能够提供的医疗保险产品的总量。从其含义来看，形成医疗保险的供给需要两个基本条件：一是医疗保险机构有提供医疗保险产品的愿望；二是医疗保险机构有提供医疗保险产品的能力。其内容用医疗保险的“保障能力”或“承保能力”表示，即参保人可保疾患风险的保险总金额。

二、医疗保险供给的形式

医疗保险供给行为的主体是各类医疗保险机构，医疗保险机构实现供给的主要方式是通过医疗机构提供医疗服务，主要有以下三种形式：

（一）补供方

补供方即医疗保险机构直接与医疗服务机构发生财务关系，与医疗服务机构签订定点协议，将医疗费用直接支付给提供医疗服务的医院、诊所、医师、药品供应商，而与被保险人本身不发生经济和医疗费用的结算关系。

（二）补需方

补需方即当被保险人发生医疗行为时，由被保险的患者先行支付在医疗服务过程中的所有费用，然后再由医疗保险机构对被保险人的医疗费用进行偿付。医疗保险机构一般会按照先前合同规定进行偿付，偿付的范围主要是疾病治疗的医疗费用，或者按照协议规定对疾病造成的损失进行经济补偿。在协议的规定中，保险机构一般设有补偿的最高限额，或者根据保险机构专业人员制定的各项医疗服务费用表中的标准，对被保险人进行赔偿，以保证医疗保险机构的运营成本和持续经营。

（三）医疗机构直接为被保险人提供医疗服务

除了上述两种供给方式外，医疗保险机构还可以自行设立医疗服务机构，直接为被保险人提供医疗服务，或者医疗保险机构与各类医疗组织签订契约，将其作为附属的医疗机构来提供医疗服务。在美国，管理型保健组织提供的管理型保健计划采用的主要是此种供给方式。自 20 世纪 80 年代以后，管理型保健组织出现在卫生服务领域，它是将筹资和提供医疗服务融为一体的组织，通过直接雇用医师、成立医疗机构或者与独立的医疗组织签订契约来为被保险人提供医疗服务。

三、医疗保险供给的理论

一般而言，产品供给者的目标都是追求利润最大化，在医疗保险领域同样如此。在市场经济条件下，商业性医疗保险机构向被保险人提供医疗保险的最终目的同样是追求经济利润。

对一般产品来说，产品总收入与总成本之间的差额即为供给者的利润，总收入主要取决于产品的销售量和产品的销售价格，总成本取决于投入的各生产要素的数量和要素的价格。因此，供给者的经济行为就是在既定条件下，为达到利润最大化而采取的行动。保险产品与一般的产品有所不同，供给者在追求利润最大化过程中会表现出一些特有的经济行为。

首先，在保险生产成本中，除了用于生产要素的支出成本外，很大一部分是用于补偿被保险人的医疗服务费用。医疗保险供给者可以通过“风险选择”的方式，尽量将年轻、身体质量好、收入水平高和购买、支付能力强的人群吸纳到保险范围之内，而将身体状况较差、收入较低的那部分人群排除在保险范围之外，从而扩大保险费收入和对被保险人医疗费用补偿之间的差距，使利润达到最大化。

其次，医疗保险市场和医疗服务市场是医疗保健系统中两个重要的主体，二者不可分割。在保险成本中，保险机构对被保险人所需医疗费用的补偿金支出的多少对保险机构的经营有重要影响，且补偿金的赔付主要取决于医疗服务供给的运作情况。在医疗服务市场介入之后，医疗保险市场由原来的“两角”关系变为“三角”关系，即医疗保险机构、医疗服务提供者和被保险人三方主体。在这种模式下，医疗服务提供者和被保险人的成本意识与保险机构的经营成本有直接联系，医疗服务供需双方成本意识下降将会导致保险机构偿付金的增加。因此，医疗保险机构会采取多种方式来增强医疗服务供需双方的节约意识。比如，对医疗服务供方采取多种费用支付方式，对医疗保险需方采用共付费用偿付方式或设定费用的最高支付金额等，用以控制医疗费用的上升和机构成本的增加。

再次，随着经济的发展，医疗技术水平和服务手段不断进步，人们的医疗保障需求日益增长，现有资源无法满足人们所有的医疗服务需求。因此，保险机构一般会对其承保范围和内容加以限制，保证保险机构的正常运作。

最后，除了具有经济补偿的功能之外，保险机构还有融资的金融职能。保险机构可能将已经积累的、暂时不需要的保险基金用于短期存款、流动性较强的投资和一部分较稳定的长期投资中，以此降低保险机构积累保险基金的机会成本，增加机构盈利，获得更多的保险成本。同时，也可以为降低保险费尤其是纯保费以外的附加费提供条件，增强医疗保险的经济可行性。这种行为体现了金融机构所具有的行为规范。

四、医疗保险供给的影响因素

医疗保险供给的产生是为了满足人们对医疗保险的需求，没有医疗保险的需求，也就不会存在医疗保险供给，因此，医疗保险需求水平是影响医疗保险供给的根本因素。除此之外，医疗保险供给还有很多影响因素，归纳起来有以下几类：

（一）医疗保险价格

与需求在市场中一样，价格（内生变量）总是最敏感的因素。医疗保险的价格受到医疗保险供给和需求的影响，同时它也反过来影响医疗保险的供给。在社会医疗保险中，保险的价格体现为筹资比例或人均筹资额。在同一个统筹地区内，根据社会医疗保险基金的收支平衡原则，价格越高，所能提供的保险待遇就越好；反之，则会影响参保人的支付水平。

（二）保障能力

保障能力是指某一时期内，某一统筹地区的医疗保险机构能够提供医疗保险保障的能力，衡量的是该医疗保险基金能够在多大程度上承接由所有参保人转移而来的疾病风险，是决定保险供给的主要因素之一。保障能力要素包括：①经济发展水平。由于医疗保险属于社会生产的二次分配，影响社会财富总量的经济发展水平对医疗保险筹资起着基础性作用，我国医疗保险事业的飞速发展与国民经济的快速发展是不可分割的。②医疗保险筹资。医疗保险的筹资主要来自企业缴费、个人缴费，有些制度下还包括国家补贴，是医疗保险基金收入和所有者权益的主要来源。根据社会医疗保险基金的收支平衡原则，筹资工作也是医疗保险支付环节顺利进行的最重要保障。③医疗保险经办管理人员的数量和质量。经办管理人员的数量和质量可以直接影响医疗保险机构的管理水平及医疗保险服务提供的数量和质量。④医疗保险的经办管理效率。高水平的经办管理，可以带来服务的高效率，从而提高保障能力。⑤医疗保险统筹层次。统筹层次影响着同时参保的人数多少，依据大数法则，医疗保险的统筹层次越高，那么其基金的抵御疾病风险能力就会越强，制度的保障能力也就越强。

（三）医疗保险成本

医疗保险成本是指在承保过程中的一切货币费用支出，包括医疗费用的偿付、医疗保险经办管理机构人员的工资福利、房屋租金、设备成本及管理费用等。在社会医疗保险基金管理中，基于专款专用原则和收支平衡的原则，医疗保险成本主要由医疗费用偿付额决定，与医疗保险供给有直接的关系。一般情况下，医疗保险成本高，其保险费率就高，对需方来说，会影响其对医疗保险的需求，主要体现在影响参保热情或缴费积极性；对医疗保险经办管理机构来说，成本高就意味着偿付额高，如果筹资额不能满足支付需要，医疗保险基金就会发生亏空。影响偿付额的主要因素则是由政策规定的一系列针对医疗机构的支付方式和针对参保人的分担方式。

（四）缴费能力

医疗保险机构运用从全体参保人手中集中起来的医疗保险基金，向参保人提供经济补偿。根据大数法则，参保人缴纳医疗保险费的能力直接影响着医疗保险供给的规模，参保人缴纳的医疗保险费是衡量医疗保险供给量的主要指标。参保人缴费能力强，医疗保险供给就充足；反之，医疗保险供给就匮乏。

（五）管理因素

医疗保险的经营和管理是一种政策性、技术性、专业性很强的业务活动，要求其从业人员在医疗保险政策分析、执行，医疗服务供需双方行为监督，医疗保险基金管理、信息管理、精算等方面具有一定的专业水平。合理的机构配置、良好的专业素质、丰富的经办经验、有条不紊的管理及较高的工作效率等，都会降低管理成本，提高保险运行效益，从而增加医疗保险供给。

（六）政府行为因素

政府行为因素包括政府的政策、法规和法制建设等，在很大程度上指引着医疗保险的发展方向。政府制定的公共服务均等化、发展社会保障事业与医疗卫生事业等宏观政策对社会医疗保险供给有重要影响，制定的“健康保险走专业化道路，增加险种开发”“全面实施城乡居民大病保险制度”等政策又给商业医疗保险（健康保险）的发展指明了道路。

第三节　医疗保险市场

一、医疗保险市场的概述

（一）医疗保险市场的含义

在经济学中，市场是指任何商品或劳务进行交换的场所或接洽点。医疗保险市场是进行医疗保险商品交易的场所和领域的总称，是保险经济活动和市场机制的有机结合体。市场中商品的交易反映的是买卖双方，即供求双方经济利益的关系，这种经济利益关系的变化必然会调节买卖双方的经济行为。

市场机制，是指供求机制、价格机制、竞争机制、风险机制、利益驱使机制等要素间相互作用、相互制约所构成的经济运行的内在关系。一般认为，市场机制的循环运动和自我调节，能够自主满足需求，自动实现每一个市场参与者的利益，并自发取得有效配置资源、提升总体福利的效果。但在医疗保险市场，市场机制的各个要素在这里并不能完美地发挥作用，会出现“市场失灵”的情况。

（二）医疗保险市场的构成

具体来看，医疗保险市场的构成要素可以分为主体与客体两部分。医疗保险市场的主体是指与保险供给、需求有关的各类组织和人员，包括医疗保险产品的供方、需方、医疗保险市场的监管者以及充当供需双方媒介的中介方。医疗保险产品的供方可表述为医疗保险产品的生产者，即提供医疗保险产品的保险公司；医疗保险产品的需方，即医疗保险消费者，包括投保人、被保险人和受益人；医疗保险市场的监管者，即依法设立的保险监管机构；中介方，包括保险代理人（或公司）、保险经纪人（或公司）、保险律师、保险精算师等。医疗保险市场就是由这些参与者缔结的各种交换关系的总和。医疗保险市场的客体是医疗保险产品。医疗保险产品通常被认为是一种无形商品，一种服务产品。从供给的角度来看，医疗保险产品以合同形式提供，是一种承诺。承诺在投保人履行如实告知、缴纳保费以及必要时的通知义务的前提下，如发生疾病等事故时，保险公司就必须及时如约向被保险人或受益人赔偿损失或给付保险金。从需求的角度来看，医疗保险产品是有效用的，能够规避风险和转移风险。投保人购买医疗保险后，虽然拿到的是契约合同，其实是购买了一种期望，期望在发生约定事件时，能从保险公司获得经济补偿。从中介的角度看，医疗保险产品被视为“非寻求性产品”（unsought product），需要保险中介的沟通和服务。非寻求性产品是指消费者不知道，或者即使知道通常也不会主动购买的产品。人们往往不愿意正视或者倾向于避免谈及死亡、伤残、疾病等事故，一般不愿意像主动购买其他日常用品一样购买医疗保险，除非有一些突发事故促使人们正视这些风险，在事发后短时间内产生主动购买动机。在大多数情况下，医疗保险产品都需要保险代理人员去推介。

二、医疗保险市场的特点

医疗保险市场具有一般保险市场的特点：

（一）契约性

一般而言，商品的交换过程是商品与货币的直接交换，也存在契约票据等信用方式的交换。但是，在医疗保险市场中，保险人和参保人之间的交换关系主要是契约关系，保险机构出售的商品是保险单而不是单纯意义上的商品，消费者通过货币获取的是一种协议、契约关系，在被保险人发生医疗费用时，按规定比例进行费用偿付。

（二）期限性

在一般商品的交易过程中，都遵循着货币和商品两清的原则，一旦交易成功，就同时完成了商品交易的过程。而医疗险市场不同，在保单销售之后，保险产品的交易过程并没有完结。因为在参保人购买保单之后，一方面，被保险人会从心理上减轻压力，产生安全感，从观念上消费保险的使用价值；另一方面，参保人在缴纳保费后作为保险契约关系的“债权人”，与保险机构的契约关系直至保险单自然终止。保险的契约关系是一个有期限的商品交易的过程，如果在被保险人参保的有效期内，被保险人由于疾病等因素发生了医疗费用，保险机构有责任偿付被保险人的医疗费用，实现保险产品的使用价值。

医疗保险市场除了具有一般保险市场所具有的契约性和期限性等特点之外，还具有由于医疗保险商品的特殊性而带来的自身特点。

（三）信息不对称

信息经济学认为，市场交易双方拥有的市场信息是不对称的。医疗保险市场存在着许多特殊性和不确定性，信息不对称（information asymmetry）在医疗保险市场上表现得尤为典型。医疗保险经营活动中交易双方各自所处的地位、信息交流的愿望、拥有的资源和医疗保险知识等方面的差异，造成双方希望了解或本来能够了解的信息不能为彼此所了解，从而形成医疗保险信息的不对称。

在医疗保险市场中存在信息不对称的现象有：

（1）医疗保险供方（医疗保险机构、保险人）和医疗保险需方（被保险人、受益人、投保人）存在信息不对称的现象。

在保险标的、保险利益及有关风险方面，投保人比保险公司更有信息优势。在投保时，保险人无法清楚了解投保人的健康状况，而且在签订保险合同以后，投保人是否会维护自己的生命健康、是否有不良生活习性等信息，保险人都不能完全掌握。在保险经营信息方面，如条款设计、费率厘定、承保、理赔等环节，保险公司则比投保人更有信息优势。

（2）卫生服务市场也存在信息不对称的现象。

这种情况主要表现为卫生服务供方（医生）与卫生服务需方（患者）之间信息的不均衡：①由于卫生服务的专业性，普通患者很难知晓自己所患病种和严重程度；②由于疾病的不确定性，患者不能根据自己经验重复使用治疗方法；③由于医生在治疗方面的权威性，患者很难根据自己偏好选择治疗方案。患者在信息方面的劣势地位，决定了其在消费医疗产品的时候，难以做出理性的选择，只能单纯依靠价格的高低判断治疗效果的好坏。而处于信息优势地位的医生，在追求自身利益最大化的内在驱动下，诱导患者进行过度消费，造成医疗费用的急剧上升和社会资源的浪费。正是医疗保险市场中存在的信息不对称，导致了医疗保险市场的不完善，自由市场经济难以使它达到高效率。

（四）三角关系

传统市场的交易具备两个特点：交易在商品供需双方之间直接进行，以及价值交换的同时性。与传统市场不同的是，医疗保险市场由医疗保险机构、参保单位或个人、医疗服务机构共同构成。在医疗保险市场中，参保人向医疗保险的供方（医疗保险机构）缴纳保费，由医疗卫生机构提供医疗卫生服务，医疗保险的供方再对参保人或医疗卫生机构提供经济补偿，医疗保险商品的消费过程才能真正完成。医疗服务提供方（医方）与医疗保险提供方（保方）和参保人（患方）是委托—代理关系，医疗保险市场与医疗服务市场是紧密地结合在一起的。这种三角供需关系和医疗保险产品的事后补偿性，导致参保者和医方容易各自行动或进行合谋，将收益内化、成本外化，出现逃避经济责任的机会主义倾向，引发道德风险。

三、医疗保险市场失灵的表现和应对

在信息不对称和三角关系的情况下，医疗保险市场容易产生逆向选择（adverse selection）与道德风险（moral hazard）问题，这些市场失灵现象对医疗保险市场的运行效率造成了损害。

（一）逆向选择

1. 逆向选择的概念和表现

逆向选择是一种事前的机会主义行为，即在达成契约前，一方利用信息优势诱使另一方签订不利的契约。医疗保险市场的特殊性和信息的不对称，导致逆向选择现象发生，即所谓的“劣品逐良品”，造成了医疗保险供给不足的现象。

就保险双方而言，被保险人比保险人更了解自身的健康状况，保险人处于信息劣势地位。从理论上讲，体弱者只能支付较高的保险费才能买到医疗保险，但是，逆向选择的结果是高风险的人隐瞒其真实的风险状况，积极投保的人很可能是体弱的人，购买保险的人恰恰是那些更加需要保险的人，所以购买保险的人的风险高于平均风险。由于信息的不完善，保险公司假设所有消费者都面临着相同概率的疾病风险，根据平均预期损失和平均风险来计算保险费。而实际上，不同消费者面临的疾病风险和预期损失是不同的，在这种情况下，高风险人群更愿意购买保险，因为根据平均风险决定的保险费低于根据高风险所确定的保险费，相反，低风险人群将不愿意购买保险。于是，当被保险人具有较标准体稍高的风险水平，而保险人并未意识到这种风险，因而没有提高费率时，被保险人的逆向选择便会发生。逆向选择使得风险较低的被保险人最终会因其缴纳的保费水平过高而放弃投保或者退保，结果是高风险的被保险人比例提高了，从而加重了保险公司的医疗费用负担，增加了其经营风险。当这种情况发生后，保险公司就发生亏损，为了保证保险机构收支平衡，机构就会调高保险费，但当保险费上升后，更多低风险的消费者将会退出保险市场，这就是医疗保险市场中“病人”驱逐“健康人”的逆向选择现象。这种情况持续循环下去将会使退出市场的良性主体越来越多，最后，在其他假设条件不变的情况下，医疗保险市场就会出现供给不足的现象。

在自由市场上，医疗保险供方需要进行风险管理，减低风险事故发生的概率、损失程度，以追求更大的利润。由于保险市场的信息不对称，保险机构在提供医疗保险产品时，会倾向于对承保对象进行选择，吸纳年轻、收入高、风险事故发生概率低的人进行投保，而把年龄偏大的人、疾病发生较为频繁的人、残疾人等排除在外，这就是风险选择。风险选择对于老年人群体更加严重，因为生命中最后一年的医疗费用很可能要占人生总医疗费用的大部分。对保险供方来讲，“撇奶油”的行为倾向更为显著，即吸收良性风险的人，回避恶性风险或天生体弱的人。风险选择在一定程度上可以规避逆向选择，但它在医疗保险需求者之间划出界线，容易产生不公平现象。

2. 逆向选择的应对策略

从以上分析中可以看出，医疗保险中的逆向选择对医疗保险市场的健康发展和公民福利水平的提升有消极影响。因此，需要考虑逆向选择的应对策略。

（1）建立信息披露制度，传递或筛选信息。

逆向选择产生的根本原因是信息不对称，因此对被保险人的信息进行披露，是保险机构控制逆向选择的重要方法。首先，保险机构要尽可能多地搜集和掌握被保险人的信息，对被保险人做出判断，对高风险和低风险人群在缴费和偿付机制上制定不同的标准。其次，保险机构可以通过以收取低保险金的方式吸纳更多的低风险人群参保，以此来分散高风险人群的疾病风险，达到收支平衡，维持机构运转。最后，被保险人为了显示自己的风险类型，可以选择某种信号，使自己的类型能够被保险机构识别，实现信息的传递，增强保险机构和被保险人之间的信息公开程度，规避逆向选择的发生。

（2）财政补贴，大力推行社会医疗保险。

大力推行社会医疗保险是规避逆向选择的重要措施。社会医疗保险的典型特征是“社会化”和“强制性”，是指制定相关法律，强制要求每一个人都要参加社会医疗保险，社会医疗保险计划向所有不同风险的消费者提供相同标准的保险，低风险的消费者也被纳入其中，从而分散了风险，使社会福利损失降至最低。社会医疗保险可以有效地规避商业健康保险中的逆向选择问题，同时是在公民之间进行了一次收入再分配，保证每个人的基本医疗水平。政府强制推行社会医疗保险，对医疗机构和保险机构进行财政补贴，是政府干预、应对市场失灵的重要手段，也是对逆向选择的一种帕累托改进。但是，社会医疗保险的保障水平比较低，只能满足公民基本的医疗保险需求，随着人们生活水平的提高和疾病种类的增加，医疗保险需求也在上升。因此，政府应适当对商业健康保险机构进行财政补贴，给予税收上的优惠，发挥商业健康保险的专业优势和补充作用，促进我国医疗保险市场健康、全面发展。

（3）运用技术手段，研发设计新产品、新条款。

医疗保险机构是保险产品的研发和设计者，它可以使用专业的技术手段，在一些条款上运用“免赔”“共付”“保险限额”等设计，提高被保险人发生医疗费用后的自付比例，设定医疗费用报销的限额，增加投保人欺诈行为的成本，控制潜在的疾病风险。同时，保险机构也可以向被保险人提供选择医疗机构的权利，如果被保险人选择定点医疗机构或指定的诊所就诊，需缴纳的保险费用相对较低；如果被保险人选择保险公司定点网络外的医院就诊，则需缴纳更多的保费。此外，医疗保险机构也可以在保险政策的制定上规避逆向选择，如制定较高的起付线和共付比例来限制高风险者投机参保，减少给医疗保险机构带来的损失。

（二）道德风险

1. 道德风险的概念和表现

道德风险，一般指一种无形的人为损害或危险。它也可表述为从事经济活动的人，为最大限度地增进自身效用而做出不利于他人的行动。它还泛指市场交易中的一方难以观测或监督另一方的行动而导致的风险。

医疗保险中的道德风险是指在医疗保险市场，由于存在第三方付费机制、医方与保方的委托—代理关系以及信息不对称等因素，医疗服务的利益方可利用自身掌握的信息优势引致保险费用不合理增长和医疗资源过度消耗的机会主义行为。不管是医疗服务需方的过度消费还是医疗服务供方的诱导需求，均导致医疗保险市场低效率运作。

（1）医疗服务需方的过度消费。

医疗服务需方的过度消费是指需方掌握更多的信息而导致医疗费用成本意识下降，过度利用医疗服务资源而导致医疗保险费用不合理增长的行为。消费者的道德风险主要通过三种形式表现出来。第一，消费者参加医疗保险以后很可能较少努力地去避免风险，如不注意锻炼身体、不注意饮食、不戒烟等。个人减少了健康预防措施势必影响医疗保险的需求概率，导致资源配置效率低下。第二，在医疗保险市场第三方支付的制度下，消费者参加医疗保险后，无须为接受的服务付款，或者付出的费用远低于服务的实际成本，普遍存在着过度消费的心理倾向。一旦患病，消费者将比在未投保条件下消费更多的医疗服务、更长的住院时间、更加昂贵的药物及采用更先进的设备进行诊疗。医疗保险机构将为此支付更高的医疗费用，最终导致医疗总费用的过快增长，以及医疗服务资源的浪费。第三，存在着医疗服务消费的选择性问题。在某些情况下，几种医疗保险方案都可以使个人恢复健康，但是消费者个人倾向于选择获得较大精神收益的高成本方案，从而影响了保险机构的成本控制函数。类似事件对于投保人来说不是完全无法预料的“外生”事件，而属于投保人的一种故意选择。保险机构对这类道德风险很难精算保费，也很难计算损失。此外，保险机构与投保人间的信息不对称，投保人风险意识降低，甚至诈保、骗保，也往往会造成保险公司因为居高不下的赔付率而陷入困境。

（2）医疗服务供方的诱导需求。

医疗服务供方的诱导需求是指在医疗保险市场中，医疗服务的供方利用在信息方面的优势，出于经济利益的驱动，为了自身利益最大化所采取的导致医疗费用不合理增长的机会主义行为。这种情况具体表现为医疗服务供方利用其处方权和信息优势，开大处方，多用药（特别是贵重药品），做不必要的医疗设备检查和实验项目检测，偏向于选择高费用的治疗方案，过度提供服务；或者出于对总额费用指标的考虑，在费用不增加的情况下，医院或医生人为地超药品报销目录范围用药或降低服务标准与服务质量，甚至出现未做某种检查而虚假收费的现象；或者出于对每一门诊与住院人次偿付标准的考虑，人为分解门诊及住院次数，甚至收治可在门诊就诊的病人，小病大治，诱导病人进行过度的医疗消费。

努力程度不足是医疗服务供方道德风险问题的又一表现。医疗伤害发生时，患者、医疗保险机构都无法识别其发生的真正原因究竟是医疗服务供方努力程度不够，还是专业能力太差，或是自身运气不佳，以致形成医疗纠纷。为减少这种可能的医疗事故发生，避免不必要的医疗纠纷，医疗服务供方更倾向于采用防卫性治疗，向需方提供更多更昂贵的检测，经历更多的医疗程序，造成了医疗资源的浪费，导致医疗费用的不合理上涨。

2. 医疗保险中道德风险的防范控制

（1）建立合理的费用分担、偿付限额等机制，鼓励消费者参与成本管理，控制不合理的医疗服务需求。费用分担是指在被保险人患病时，其医疗费用由单位和个人分别负担一定的比例。由于患者需要自付一定的费用，与完全保险相比，患者会增强费用意识，降低道德风险的发生概率。

（2）通过合理的偿付制度约束医疗服务供方对医疗服务过度的、不合理的提供。在加强基金预算管理和完善谈判机制的基础上，推进社会医疗保险付费总额控制工作，实施融合按项目支付、按床日付费、按人头付费、按病种付费、按疾病诊断相关组（DRGs）付费等多种付费方式相结合的社会医疗保险复合付费方式改革，以提高医疗机构的节约意识，减少道德风险的发生。

（3）实施一体化的管理式医疗。保险资本和医疗资本合并重组，以企业方式代替市场方式，让医疗服务供方与医疗保险机构风险共担，减少来自“医患合谋”产生的道德风险。

（4）充分利用医疗保险信息系统，对医疗保险基金的运行状况实行动态监管，防患于未然，纠正偏差，规范多方的行为。医疗服务信息系统可对医疗费用进行实时监控，发现费用的异常变动，及时采取控制措施；可随时调用病例信息确保治疗的合理性；可利用该系统对被保险人和医生进行信用监测。

（5）加强医疗保险稽核检查专业队伍的建设，对医疗服务供方、参保人的行为进行监督与检查，对有违规行为的医疗服务供方与参保人实施处罚。建立信用档案，并对不同信用记录的医疗服务供方与参保人实行不同的激励约束机制。

【延伸阅读】

为有效控制参保者的道德风险，稳定基金支付，一个较为完善的医疗保险制度通常会设计一系列机制，这些机制包括：免赔额，即参保者的医药支出在达到一个特定下限前完全由参保者自付，超过这一下限的部分才进入医疗保险的报销责任范围，这一下限称为“起付线”；封顶线，即参保者的医药支出超过一个特定上限的部分完全由参保者自付；还有中段免赔，即在起付线和封顶线间再设定一段绝对免赔区间，参保者的医药支出发生在这一区间的部分完全由参保者自付。以美国医疗保险（Medicare）的D部分——处方药计划为例，从2008年开始，参保者花费在275美元以下的部分为个人完全自付；随后进入初步报销，在275美元至2 510美元的部分，由医疗保险支付75%，个人自付25%；紧接着2 511美元至5 726美元的一大部分全部为中段免赔，完全由个人自付；超过5 726美元的部分才由Medicare支付95%，个人自付5%。起付线、封顶线、报销比例和中段免赔四种机制共同作用于参保者对医药消费的预期，进而影响其医药消费行为。如果缺少一种机制，特别是中段免赔，报销机制对参保者进行理性医药消费的调节作用被大大削弱，参保者的消费预期和消费行为将可能出现道德风险和非必要消费。以天津市城镇职工基本医保门诊报销为例，起付线为800元，封顶线为5 500元，城镇职工门诊医药支出800元以下的部分由个人利用个人账户完全自付，超过5 500元的部分也由个人完全自付，而起付线（800元）和封顶线（5 500元）之间的部分由基本医保统筹账户支付一固定比例，在职参保者为50%，退休人员为60%，剩余部分由个人自付。在缺乏中段免赔机制，而起付线、封顶线和报销比例三种机制均采用固定值的报销机制下，参保者的实际报销比例随年度消费总额的增加而提高，消费价格随之下降，直至到达封顶线后才重新上升。而现行医保报销政策按年度执行，年初需要重新计算起付线，因此从利益最大化的角度出发，在年末达到一定消费金额的参保者趋向于用足政策，消费全部剩余报销额度，或为来年储备药品，规避来年起付线的限制，导致年底医药消费明显增多，这种由于报销机制设计缺陷诱导参保者增加年底医药消费的道德风险，被称为“年底效应”。

基于这一问题，王歆等学者利用天津市基本医保数据建立面板门槛模型，实证检验居民医药消费分别在起付线、封顶线和报销比例设计下产生了“年底效应”，得出的主要结论：

第一，前11个月的医药消费总额不足707.92元的参保者会逐渐收紧年底医药消费金额。而一旦前11个月的医药消费总额超过707.92元，由于仅需自付很少金额（不足100元）就可以跨过门诊报销起付线并享受到医药价格优惠，而且花费越高，享受到的补偿越高，再加上如果拖延到第二年初再进行消费，起付线将重新计算，这部分消费金额将完全由个人自付，这部分参保者增加年底医药消费的道德风险十分显著。

第二，前11个月的医药消费总额不足5 346.04元的参保者，由于还有一部分报销额度可供使用，仍会增加年底医药消费金额。但随着逼近封顶线、可用报销额度逐渐变小，年底医药消费增加幅度也逐渐变小，直到超过5 346.04元后不再增加。这说明逼近封顶线的参保者增加年底医药消费、用尽报销额度的道德风险十分显著。

在当前我国各地基本医疗保险门诊支付规模普遍超过住院医疗费用的情况下，年底效应使得居民年底突击看病、集中购药，加剧门诊费用的异常增长，从而威胁基金的安全运行。

【节选自：王歆，于新亮，程远．医药消费的“年底效应”——基本医保报销机制对参保者医药消费行为的影响［J］．保险研究，2015(8)：116－126.】

思考题：

1. 什么是医疗保险需求和供给？其影响因素有哪些？

2. 医疗保险市场道德风险和逆向选择的主要表现是什么？如何防范？

3. “让保险产品充分竞争，让消费者有选择，这对消费者有好处”，请判断这句话是否正确，为什么？

第四章　医疗保险基金的筹集与管理

【学习目的】

通过本章学习，掌握医疗保险基金的筹集原则、筹资渠道、构成；熟悉我国医疗保险基金的筹集方式；了解我国基本医疗保险基金征缴管理、支出管理、财务管理及投资运营管理的内容。

【章前案例】

筹资和待遇问题是社会保险最基本和最核心的问题。不同的医疗保险制度模式，其筹资机制和待遇水平的确定及调整机制均不同。我国职工医保采用社会医疗保险模式，其筹资机制包含五个方面的内容：

一是筹资标准。职工医保基金按比例筹集，这其中包含费率和费基两方面。单位和个人的缴费以职工平均工资（2008 年后改为在岗职工平均工资）为基准计算，单位缴费按单位在岗职工工资总额，个人一般按本人的工资收入。费率方面，根据人社部统计资料，2015 年职工医保平均费率为 9.07%，其中统账结合模式的单位缴费率为 7.78%，个人缴费率为 2.18%，并且呈现逐年上升的趋势。如 2015 年的平均费率比 2014 年提高了 0.13 百分点，统账结合单位缴费率比 2014 年（7.53%）提高了 0.25 百分点，个人缴费率比 2014 年（2.14%）提高了 0.04 百分点。

二是在筹资结构上，筹资责任在统筹地区政府，严格说是人社部门的医疗保险经办机构。职工医保采取统筹基金和个人账户相结合的方式。单位缴费中的大部分划入统筹基金，其中的一部分划入个人账户；个人缴费全部划入个人账户。2015 年，单位缴费划入个人账户的比例平均为 1.46%，单位缴费划入退休人员个人账户的比例平均为 1.58%。

三是筹资渠道和责任分担机制。职工医保基金主要来自单位和个人缴费。统筹地区财政部门承担公务员、参公管理的事业单位职工、公益一类事业单位职工的单位缴费，以及原国有企业下岗职工的基本医疗保险费（包括单位缴费和个人缴费）。

四是调整规则。国发〔1998〕44 号文件规定，随着经济发展，用人单位和职工缴费率可作相应调整。事实上，各地医保费率的调整主要根据当地的经济发展水平，单位、个人的承受能力和统筹地区医保基金的收支结余情况进行调整。

五是基金的管理模式。职工医保实行统筹基金加个人账户模式，属于部分积累制。在统筹地区内基金实行以收定支、收支基本平衡原则。

各地在医保筹资上进行了一系列探索和实践，总结起来大致有以下几个方面：一是普遍设立了缴费年限。筹资机制规定只有达到一定缴费年限的人员，达到退休年龄后才可以不缴费而享受医保待遇。缴费年限一般在20年至25年之间不等。二是有些地区要求退休人员要缴费或退休时一次性补缴一定费用。三是有的地区调整缴费基数，主要是扩大缴费基数，或者变相调高缴费比例下限（60%），以此提高费率水平。也有部分地区个人账户采取定额划拨办法，如北京市自2005年起改为定额划拨，上海市在2008年度也实行了定额划拨办法。2015年，单建统筹费率为3.81%。

筹资机制基本符合我国的国情和医疗保险制度目标，在医疗保险改革发展中发挥了基础性保障作用，为防范和化解职工疾病风险发挥了重要作用。

【节选自：谭中和．我国职工医保筹资和待遇水平现状及对有关问题的思考［J］．中国医疗保险，2017（6）：9－14.】

思考题：我国职工医保的筹资机制包括哪些内容？

第一节　医疗保险基金筹集概述

医疗保险基金筹集是指由医疗保险管理机构按照规定的征缴对象、缴费比例和标准，收缴医疗保险费用的行为过程。医疗保险基金筹集是医疗保险制度的基本内容和首要运行环节，它直接关系到能否建立稳定和持续发展的医疗保险基金。医疗保险基金筹集涉及以下基本要素：征缴对象、征缴方式、征缴基金的构成及其积累方式。

一、医疗保险基金的筹集原则

（一）多方分担原则

由国家、用人单位、个人等多方合理分担医疗保险基金，是我国基本医疗保险基金遵循的原则，也是大多数国家通常的做法。2018 年 12 月 29 日新通过的《关于修改〈中华人民共和国社会保险法〉的决定》规定：职工应当参加职工基本医疗保险，由用人单位和职工按照国家规定共同缴纳基本医疗保险费。2016 年 1 月 3 日《国务院关于整合城乡居民基本医疗保险制度的意见》规定：城乡居民医保坚持多渠道筹资，继续实行个人缴费与政府补贴相结合为主的筹资方式，鼓励集体、单位或其他社会经济组织给予扶持或资助。

多方分担的筹资原则，有利于拓宽医疗保险资金的筹资渠道，减轻国家、企事业单位的经济负担，又可增强参保人的责任感，提高个人自我保健意识，避免过度利用医疗资源，体现了医疗保险权利与义务的一致性。

（二）基本保障原则

医疗需求的无限性与医疗保险基金的有限性之间的矛盾长期存在，医疗保险制度的建立和发展须与社会经济发展水平相适应，必须坚持客观的需要性和现实的可能性相结合的原则，确定合理的筹资与待遇标准，实现基本保障功能。我国基本医疗保险所实现的基本保障是指让参保人享受基本诊疗服务、基本药物和基本医疗设施服务。

（三）以收定支，收支平衡，略有结余，合理增长原则

“以收定支”是指要根据当地群众的医疗需求和消费水平来确定医疗保险费用的收取标准；“收支平衡”是指医疗保险筹集的基金要与医疗保险费用支出相符合，确保医疗保险基金在一定时期内保持平衡；“略有结余”是指医疗保险基金在一定时期偿付参保人的医保待遇后有所结余，以应付重大医疗风险；“合理增长”是指医疗保险基金的筹集标准要与社会经济发展水平相适应，并随社会经济水平的发展合理增长。

二、医疗保险基金的筹集渠道

医疗保险基金的筹集，涉及征缴对象，即“向谁征缴”，主要包括政府财政资助、用人单位缴纳、个人缴纳、基金的投资收益等途径。

（一）政府财政资助

政府是社会保障责任的主体，承担着社会救助、社会优抚、社会福利等事业直接拨款的责任，并对基本医疗保险基金给予一定比例的资助或补贴。政府财政资助主要通过以下方式来实现：

1. 税收政策

政府按税前收入提取医疗保险费以资助医疗保险，国家财政减少了劳动者和企业收入中需缴纳所得税的部分费用，这部分收入相当于国家损失的财政收入。

2. 利率政策

政府通过制定高于居民储蓄利率标准来给予医疗保险基金较高的利率，高出的部分是国家的财政支出。

3. 财政政策

当基本医疗保险基金发生赤字时，政府将从国家财政进行拨款，弥补基金赤字。另外，国家还通过支付医疗保险基金机构人员工资和部分管理费用，资助医疗保险事业发展。

4. 国家财政直接拨款

我国国家机关、事业单位职工的基本医疗保险费用大部分是由国家财政直接拨款筹集的。我国现行的城乡居民医保、早期的新农合基金中的部分比例是由国家财政拨款筹集的。如 2019 年我国城乡居民基本医疗保险人均财政补助标准达到每人每年不低于 520 元，个人缴纳费达到每人每年 250 元。

（二）用人单位缴纳

从多数国家情况看，用人单位是承担职工医疗保险费用的责任主体之一。用人单位缴纳的社会保险费率取决于各个国家政策。目前部分国家采取等比制，即用人单位和个人的缴费费率是一样的；部分国家采取级差制，即个人和用人单位的缴费费率不一样。例如，德国的法律明文规定，雇员与其雇主须按所参保基金会规定的缴费率（2015 年的医疗保险缴费率为 14.6%）各自承担一半的保费，即雇主和雇员各缴纳 7.3%；对于月收入低于一定限度的雇员，其保险费用全部由雇主承担。

（三）个人缴纳

我国的城镇职工基本医疗保险、城乡居民基本医疗保险，个人均须缴纳一定比例的保险费用。在城镇职工基本医疗保险实践中，个人缴纳费用的多少取决于工资收入水平，而与劳动者个人的其他收入无关。在实践中，对职工个人工资筹集比例一般设有最低缴费线和最高缴费线。设定最低缴费线是为了保护低收入人群，体现了国家对弱势人群的关怀，如我国城镇职工基本医疗保险规定，对城镇下岗工人，其社会保险费的缴费比例为当地社会平均工资的 60%。设定最高缴费线是为了发挥激励机制的作用，体现社会的效率。为保护劳动者的积极性，社会保险基金在个人缴费部分设定个人缴费基数的上限，劳动报酬超过上限部分，就不再缴纳。

（四）基金的投资收益

医疗保险基金的投资运营收入是医疗保险基金的来源渠道之一，越来越多国家开始重视医疗保险基金的运营管理，促进医保基金的保值增值。目前，我国基本医疗保险基金的投资运营主要是购买国家债券或存入银行以获得利息收入。

三、医疗保险基金的筹集方式

医疗保险基金的筹集方式是指基金的征缴对象向医疗保险管理机构缴纳费用的方式。根据世界各国医疗保险实践，医疗保险基金的征缴方式主要包括国家税收式、强制缴费式、储蓄账户式、自由投保式。

（一）国家税收式

国家税收式的基金征缴方式是指通过国家税收形式征缴医疗保险资金，由中央政府和地方政府通过逐级预算拨款方式向医疗服务提供方提供资金，国民就医基本不需缴费。这种方式在全民医疗保险国家推行，如英国、加拿大等。

（二）强制缴费式

强制缴费式的基金征缴方式是指国家通过法律、法规强制性地让在一定收入水平范围内的居民及其单位按个人收入的一定比例缴纳保险费。有的国家以社会保障税的形式征收。这种方式主要见于社会保险型国家，如德国、中国、韩国等。

（三）储蓄账户式

储蓄账户式的基金征缴方式是指国家通过法律规定，强制要求每一个有工作的人（包括个体业主）储蓄医疗基金，建立个人医疗账户。这种方式与其他方式的区别在于它通过一代人或几代人的医疗储蓄来抵御疾病风险，即通过足够长的时间纵向分担风险，其他方式是通过大量人群横向分担风险。这种基金筹集方式见于储蓄型医疗保险国家，如新加坡。

（四）自由投保式

自由投保式的基金征缴方式是指社会人群可根据各自情况自愿参保，并缴纳一定的费用，所缴纳保费的量与所投保的项目和保障水平密切相关。医疗保险基金主要由医疗保险机构分散管理，政府很少干预，供需双方通过市场竞争机制进行调节。这种方式主要见于商业医疗保险国家，如美国。不同医疗保险基金征缴方式的比较如表 4－1 所示。

表 4－1　不同医疗保险基金征缴方式的比较

征缴方式	优点	缺点
国家税收式	资金来源稳定，筹资水平高；社会共济性好；社会公平性最高；对医疗费用的控制能力强；有利于政府宏观调控	政府参与过多，个人负担过低，费用意识较差，服务效率低；受税收政策及经济波动影响较大，灵活性低；形式单一，若保障水平较高，国家财政负担较重；若保障水平较低，难以满足多层次的服务需求

（续上表）

征缴方式	优点	缺点
强制缴费式	资金来源稳定，筹资灵活性较高；社会共济性好；社会公平性较高；保险效率较高；有一定的费用增长控制能力	存在一定的不公平性；代际矛盾日渐突出；不同社会保险组织之间存在负担水平和待遇水平的差异
储蓄账户式	较好解决了老龄人口的医疗保健筹资问题及代际矛盾；提高个人费用意识，利于需方的费用控制；政府负担较轻	社会公平性一般，医疗保险待遇与个人收入挂钩，低收入者保障程度较差；缺乏社会共济能力，仅在个人生命周期和家庭之间分担风险，低收入者较难承受大病风险
自由投保式	灵活性和多样性较好，能够满足社会的多层次需求；消费者对保险选择度较大，促进保险组织和医疗机构间的竞争；商保组织对医疗费用的控制能力强；权利与义务对等；国家财政负担较轻	资金来源不稳定；社会共济性差；社会公平性差，存在严重的逆向选择问题，高危人群和低收入者缺乏医疗保障；保险效率差，分散管理，管理成本高

第二节　医疗保险基金的构成与积累方式

一、医疗保险基金的构成

医疗保险基金的构成是征缴基金的划分方式，它是财务会计制度的要求，也是统筹使用医疗保险基金、实现“量入为出”和发挥医疗保险保障群众健康的要求。一般情况下，医疗保险基金的构成分为个人医疗账户基金、社会统筹基金、储备金或风险金以及管理费。

（一）个人医疗账户基金

我国城镇职工医疗保险基金的筹集，采取的是社会统筹基金和个人医疗账户相结合的模式。个人医疗账户基金主要来源于：个人缴纳的医疗保险费；用人单位缴纳的一定比例的医疗保险费；个人医疗账户基金运营的利息收入。我国城镇职工基本医疗保险所筹集的基金中，个人缴纳本人工资总额的2%及用人单位缴纳本人工资总额的6%中的30%左右划归个人账户，即个人医疗账户中的资金为本人工资的3.8%左右。个人账户的资金主要用于参保职工的门诊费用和住院费用中的个人支付部分。超支自理，可以结转和继承使用。

（二）社会统筹基金

社会统筹基金是指由社会医疗保险管理机构统一支配，用于偿付参保人患病就医的基金，具有互助共济和调剂作用，也称社会共济基金。社会统筹基金主要用于支付高额医疗费用，解决疾病风险问题，包括支付住院费用、门诊费用，具体支付范围与保险制度有关。目前，我国的城镇职工基本医疗保险、整合后的城乡居民基本医疗保险的统筹金主要支付住院费用、门诊大病费用（也称门诊特殊疾病治疗费用）、生育保险费用。

（三）储备金或风险金

医疗保险储备金主要用于偶然突发性传染病、流行病等超常风险及社会医疗保险基金出现赤字时用于调节的基金。储备金的提取比例可根据社会医疗保险基金的参保规模而定，依据大数法则，参保规模越大，保险系统的抗风险能力就越强，所需提取的储备金就少一些；反之，如果参保规模较小，储备金提取的比例就要大些。储备金提取的具体比例，可根据保险系统历年出现的风险情况而定。提取的方法是根据历年出现的赤字与参保人数总和之间的比值加上5%的安全系数。一些国外文献认为，风险储备金的提取比例通常占保险费的4%～8%。

（四）管理费

管理费是指用于医疗保险业务管理方面的费用，是为保障医疗保险事业正常运行的必要费用。它一般包括：医疗保险管理机构人员的薪水、奖金和福利费用；医疗卫生服务监督、出差、劳务支出；培训宣传、会务、资料印刷等公务支出；对先进单位和个人的奖励；考察调研费用；医疗保险基金资产折旧及维护费用等。

管理费用的高低取决于采用的保险模式和管理手段。我国目前医疗保险经办机构大多是财政全额预算管理单位，理论上管理费提取比例为保险费的2%～5%，最高可达8%。目前，我国基本医疗保险的管理费由国家财政支持，而不是从医疗保险基金中提取。

二、医疗保险基金的积累方式

医疗保险基金的积累是指将征缴基金按一定比例进行储备以供今后使用，按积累的程度分为现收现付式、完全积累式和部分积累式三种方式。

（一）现收现付式

现收现付式是一种以近期横向收支平衡原则为指导的基金积累方式，也称非现金式。它要求当年或近期内所有参加医疗保险的单位和劳动者按统一比例征缴的医疗保险基金总额在收支过程中基本平衡。这种方式的做法是：首先对当年或近期内医疗保险所需支付的费用进行测算，然后按需要分摊到参保单位和个人，按照一定的比例进行提取、缴纳，当年提取、当年支付，保持基金的基本平衡，不考虑医疗保险基金的储备。

该方式具有四个特点：一是实施期不长；二是以支定收，即收即付；三是筹资规模不大；四是仅留少量储备金供周转（一般供2～3个月即可）。

（二）完全积累式

完全积累式是一种以远期纵向收支平衡原则为指导的基金积累方式，也称为基金式。该方式要求劳动者在整个就业或投保期间，采取储蓄积累方式筹集医疗保险基金。这种方式的做法是：首先对社会经济发展水平、人口状况、退休比率、指数化工资比率、预期平均寿命、利率、卫生服务状况、社会人群患病率等进行测算，综合测算出参保人在投保期间享受医保待遇所需的医保基金总额，采取先提后用的方法，按一定比例分摊到参保单位和个人，然后由参保单位和个人从参保时间起按月和一定比例为未来相当长时期内的医疗保障逐月储存基金。此方式的关键是确定一个可以保证在相当长时期内收支平衡的总的平均缴费比率。实行完全积累式，为了筹集资金和预测未来的医疗保险待遇偿付标准，需预测和量化好社会人口死亡率、利息率、生活费用指数及生产增长率。

（三）部分积累式

部分积累式也称部分基金式，它是介于现收现付式与完全积累式之间的混合方式，是将近期横向收支平衡和远期纵向收支平衡相结合，在满足一定支出需要基础上，预留一定积累以应付未来需要的方式。此方式要求一部分基金采取现收现付方式，以保证当前开支需要，这部分的费率可以根据医疗保险基金支出的需求进行调整，费率具有一定的弹性；另一部分基金采取积累方式，以满足不断增长的医疗保险开支需求，基金积累的额度可根据经济发展状况而定。这种方式兼具了现收现付式、完全积累式的优点，又避免了两者的缺陷。

部分积累式的资金筹集，首先要准确测定预测期内对医疗保险基金的需求总额，包括现付基金及未来积累基金；其次要根据本期医疗保险基金的需求来准确确定医保费用缴费总额；最后要确定保险费缴纳比例，即职工个人缴费率及用人单位缴费率。

目前，我国城镇职工基本医疗保险采取社会统筹与个人账户相结合的模式，将现收现付式与完全积累式相结合，吸收了两种方式的优点，符合我国目前国情和未来一定发展时期的实际。

第三节　我国基本医疗保险基金筹集政策与实践

一、城镇职工基本医疗保险基金的筹集

（一）基金筹集的性质

1. 国家强制性

《中华人民共和国社会保险法》规定：职工应当参加职工基本医疗保

险，由用人单位和职工按照国家规定共同缴纳基本医疗保险费。这表明了我国城镇职工基本医疗保险缴费的强制性，体现了国家意志。

2. 互助共济性

城镇职工基本医疗保险保障的是参保人的基本医疗需求，它所实行的个人账户与社会统筹基金相结合的模式，能够实现参保人之间的互助共济，在代际人群之间、健康者与患病者之间实现互助共济。

3. 基本保障性

在我国现阶段经济状况下，城镇职工基本医疗保险仅能提供基本医疗保障。在医疗保险筹资上，尚不能要求过高的筹资比例，不能给用人单位和个人增加过重的经济负担。

（二）基金的筹集方式

我国城镇职工基本医疗保险基金的筹集，采取社会统筹基金和个人医疗账户相结合的模式，即用人单位和职工按照工资总额的一定比例缴纳基本医疗保险费，形成社会统筹基金和个人医疗账户基金。其中，个人缴纳的基本医保费用全部计入个人医疗账户，用人单位缴纳的基本医疗保险费按比例分别划入社会统筹基金和个人医疗账户，划入个人医疗账户的比例一般为用人单位缴费的30%左右，具体比例由统筹地区的政策情况决定。

（三）基金的筹集程序

我国城镇职工基本医疗保险主要以单位为参保对象，但也允许个人参保。单位集体参保的由单位办理相关参保和缴费手续，个人缴纳的部分由用人单位代扣代缴。以个人身份参保的需个人到医保经办机构办理参保手续。职工医疗保险基金的筹集程序包括缴费登记和缴费基数申报两个关键环节：

1. 缴费登记

用人单位应当自成立之日起三十日内凭营业执照、登记证书或者单位印章，向当地社会保险经办机构申请办理社会保险登记。社会保险经办机构应当自收到申请之日起十五日内予以审核，发给社会保险登记证件。

缴费单位在办理缴费登记时，应该认真填写并报送以下材料：《职工基本医疗保险单位登记表》《职工基本医疗保险花名册》以及本单位财务报表、职工工资表等材料。医疗保险经办机构要对申报材料进行严格审核，包括人员资格、相关手续是否真实完备等。

2. 缴费基数申报

因医疗保险缴费是以职工工资作为缴费基数，每一季度缴费单位需向社会保险经办机构申报单位职工工资总额，以及职工工资收入和退休人员退休金。职工工资总额，是指国家统计局规定的各单位在一定时期内直接支付给本单位全部职工的劳动报酬总和，包括：①计时工资；②计件工资；③奖金；④津贴和补贴；⑤加班加点工资；⑥特殊情况下的工资。

医保经办机构要对申报工资情况进行核实，检查是否有少报、漏报和多报情况。在缴费基数上实行“保底封顶”限制，如职工工资收入高于当地职工平均工资300%的，以当地职工平均工资的300%作为缴费基数；低于当地职工平均工资60%的，以当地职工平均工资的60%作为缴费基数；下岗人员的基本医疗保险由当地下岗再就业中心缴纳。以个人身份参保的，缴费基数为统筹地区的职工平均工资。

医疗保险基金筹集一般包括以下程序：①缴费单位报审相关材料；②社会保险经办机构审核相关材料；③建立参保单位台账；④收款；⑤打印并递交医疗保险费缴纳单或催款单。

二、城乡居民基本医疗保险基金的筹集

（一）基金筹资的性质

1. 自愿参保

城乡居民基本医疗保险由城镇居民基本医疗保险和新型农村合作医疗制度整合而来，筹资方法沿用原制度的规定。2003年《关于建立新型农村合作医疗制度的意见》指出：农民以家庭为单位自愿参加新型农村合作医疗，遵守有关规章制度，按时足额缴纳合作医疗经费。2007年实施的《国务院关于开展城镇居民基本医疗保险试点的指导意见》指出：不属于城镇职工基本医疗保险制度覆盖范围的中小学阶段学生（包括职业高中、中专、技校学生）、少年儿童和其他非从业城镇居民可自愿参加

城镇居民基本医疗保险，2009 年将保障范围扩大到大学生。

2. 互助共济

城乡居民基本医疗保险覆盖了除职工基本医疗保险应参保人员以外的其他所有城乡居民，农民工和灵活就业人员依法参加职工基本医疗保险，有困难的可按照当地规定参加城乡居民医保。城乡居民医保实行市级统筹，待条件成熟逐步扩大到省级统筹，这在较大范围内，在代际人群之间、健康人群与患病人群之间实现了互助共济。

3. 保基本、促公平

城乡居民医保遵循保障适度、收支平衡的原则，均衡城乡保障待遇，逐步统一保障范围和支付标准，为参保人员提供公平的基本医疗保障。

（二）基金的筹集方式

城乡居民医保基金主要用于支付参保人员发生的住院和门诊医药费用。在实际操作中，基金的筹资方式不尽相同。在没有实行门诊统筹的地区，基金纳入社会统筹基金，用于参保人的住院和门诊大病医疗支出。在实行门诊统筹的地区，部分地区实行社会统筹与门诊统筹相结合的筹资方式，如上海、天津、湖南、宁夏等地；部分地区采用社会统筹、门诊统筹和门诊账户金相结合的方式，如济宁市。我国的城乡居民基本医疗保险的基金筹集模式，主要采用现收现付式，并兼顾了完全积累式的优点。筹集到的统筹基金实现了统筹地区参保人的互助共济，提取的风险储备金可应对人口老龄化及突发流行病等情况带来的风险。

（三）基金的筹集程序

自 2016 年《国务院关于整合城乡居民基本医疗保险制度的意见》实施以来，全国各地加快推进城镇居民基本医疗保险和新型农村合作医疗制度的整合，基金筹集程序如下所示：

1. 参保登记

城乡居民医保以每年 1 月 1 日至 12 月 31 日为医保年度，城乡居民医保费用按年度征缴，缴费时间一般为上年度的 9 月 1 日至 12 月 31 日，参保居民缴费次年 1 月 1 日至 12 月 31 日享受规定的医保待遇。新生儿不受参保缴费时间限制，随出生、随参保、随享受。在托幼机构和学校的参保人员，由托幼机构和学校办理参保手续；新生儿出生三个月内，由监护人为其办理参保手续；其他参保人员以家庭为单位，由村（居）委会为其办理参保登记手续。

2. 登记受理与审核

学校和托幼机构应依照城乡居民医保的参保条件，对参保登记人员提供的证件和材料进行审核。对不符合参保条件的人员，应当告知不符合参保条件的有关规定；对符合参保条件的人员，学校和托幼机构按规定将参保人员资料报送至所在地医保服务站点。

医保服务点对拟参保登记人员的证件、材料及登记表进行审核，并查询其参保情况。对不符合参保条件的人员，医保服务点不予受理，并退回相关材料；对初步符合参保条件的人员，工作人员审核后将参保人信息录入医保管理系统，并将汇总表上报上级医保经办机构。

3. 个人缴费的征收

医保服务点的征收：参保登记人员应当在约定时间内，到办理登记手续的医保服务点办理个人缴费手续。医保服务点应按个人缴费标准收取参保登记人员缴纳的费用。学校和托幼机构的征收：学校和托幼机构在完成参保登记人员登记审核后，应向符合参保条件的人员收取个人缴费，并开具收据交给参保人员。最后，由医保中心汇总辖区医保服务点、学校和托幼机构收缴的个人缴费款项后，在规定时间内划转到上级医保管理部门规定的银行账户中。

第四节　医疗保险基金管理概述

医疗保险基金管理，是指根据国家社会保险方针政策、法律法规、规章制度，按照医疗保险基金运行的客观规律，对基金筹集、支付、使用与补偿以及运营进行计划、组织、协调、控制、监督等工作的总称，是整个医疗保险管理的重要组成部分。开展医疗保险基金管理可保障医疗保险制度运行和可持续发展，有助于减轻政府的经济负担，有利于拉动内需及促进社会经济发展。

一、医疗保险基金管理的原则

医疗保险基金管理的第一目标是确保基金安全；第二是在基金支付过程要严格执行医疗保险相关规定，防止医疗保险欺诈；第三是实现基金保值增值。医疗保险基金管理原则主要包括以下四个方面：

（一）集中管理，控制风险

医疗保险基金应集中统一管理，由医保经办机构统一征缴、由各地财政部门统一管理及运营，保证基金不被挪用。集中管理符合大数法则的原则，还可增强基金的抗风险能力。

（二）协调分工，各司其职

医疗保险管理部门主要负责制定医疗保险法规、政策，并对医疗保险事业进行规划、调控、监督等。医疗保险经办机构执行医疗保险政策，保证医疗保险基金的正常运行。财政部门负责建立医疗保险基金账户，遵守医疗保险基金财务管理要求，保证基金安全，同时配合其他部门进行费用查账、对账等工作。各部门应相互协调，各司其职，确保医保基金的安全。

（三）专款专用，实行“收支两条线”管理

医疗保险基金要专款专用，收支分开，实行“收支两条线”管理。基金的银行账户应设立收入户和支出户，两个账户分开管理，分别作账，实行专款专用，专户专储。医保经办机构内部设立基金征缴部门，负责基金的征收；设立支出部门，负责医疗费用的审核支付。不得用于违规投资运营，不得用于平衡其他政府预算，不得用于兴建、改建办公场所和支付人员经费、运行费用、管理费用，或者违反法律、行政法规规定挪作其他用途。

（四）量入为出，收支平衡

要按照“以收定支、收支平衡、略有结余”的原则进行医疗保险基金管理，管好、用好医疗保险基金。医疗保险方案要根据基金筹资额度和历年基金支出规模进行设计。医疗保险基金管理的首要原则是收支平

衡，维护医保制度的持续发展。医疗保险的支出要保证收支平衡、略有结余，避免发生超支的风险。同时基金结余不能过多，以免降低参保人的保障待遇水平。

二、医疗保险基金管理的主要内容

医疗保险基金管理在业务方面包括征缴管理和偿付管理；在财务方面包括基金的预算、决算；在风险方面包括基金运行分析、基金预警和相关监督管理。

（一）基金征缴和稽核

我国城镇职工基本医疗保险费应实行统一征收，社会保险费征收机构应当依法按时足额征收社会保险费，并将缴费情况定期告知用人单位和个人。基金征收管理还涉及参保和缴费基数的稽核等内容。

（二）医疗费用的审核和支付

医保经办机构要按照各地医疗保险政策，审核参保人的医保费用支出情况，审核定点医疗机构、定点药品零售药店的服务行为是否遵守医疗保险法规。另外，医保经办机构还应按时足额支付医疗保险费用，确保参保人享受应有的医疗保障权益。

（三）财务管理

我国的城镇职工基本医疗保险、城乡居民基本医疗保险均要执行国家统一的基金财务制度、会计制度和基金预决算管理制度。

（四）风险管理

建立医保基金运行分析和风险预警制度。各地要利用医保信息系统，构建基金运行分析和风险预警系统，将统筹基金累计结余作为基金风险预警监测的关键性指标，加强对医保基金运行情况的分析。城镇职工医保统筹基金累计结余原则上应控制在6～9个月的平均支付水平。

（五）监督管理

建立医保基金管理内控制度，形成部门之间、岗位之间和业务之间相互制衡、相互监督的内控机制。加强行政监管，建立医保基金欺诈防范机制，杜绝骗保等欺诈行为的发生。建立和完善医保基金内部审计制度，及时整改审计发现的问题。定期向社会公布医保基金收支情况和参保人员医保待遇的享受情况，接受社会各界的监督。

第五节　医疗保险基金稽核管理

医疗保险基金稽核是指统筹地区医疗保险经办机构依据社会保险稽核管理的相关法规，对医疗保险缴费情况和医疗保险待遇领取情况进行检查和审核的过程。通过稽核管理，防止参保单位选择性参保，保证医疗保险费足额征收，切实维护参保人的合法权益。医疗保险基金稽核有助于提高医疗保险费应收率和征缴率，做到依法征收、应保尽保、应收尽收，从源头上防范和化解风险，确保医疗保险基金的安全。

我国的城镇职工医保是以职工工资收入作为缴费基数，在实际操作中，缴费基数一般以单位上报的统计部门年报工资数额为准，个人缴费基数原则上以上年度本人工资收入总额为准。这种政策容易使有些单位少报、漏报缴费基数和逆向选择参保，达到少缴医疗保险费的目的。因此，有必要开展医疗保险基金的稽核，防范医保基金征缴的错漏。

一、医疗保险基金稽核的内容

根据参保单位在缴费中可能存在的违规问题，对参保单位而言，医疗保险基金征缴稽核内容主要包括参保稽核和缴费稽核两方面。

（一）参保稽核

用人单位为了自身利益不按规定参加医疗保险，逃避缴纳医疗保险费，或将高风险人群转嫁给社会，损害了职工享受基本医疗保障的权利，增大医疗保险基金风险。参保稽核的内容如下：①单位参保行为，即该单位是否按照医疗保险的规定整体性参保，参保人数是否准确；②选择性参保行为，如是否存在隐瞒职工人数，多保年老参保人数，健康人不参保，年迈、体弱、多病人员参保等行为；③投机性参保行为，如单位出现有重病大病时才办理参保手续等；④核实有关参保信息和人员变更的真实性，如单位职工新增、调出、退休、停保、再次参保、死亡等信息是否准确等。

（二）缴费稽核

由于缴费是根据单位工资基数，一些单位为了节省用工成本，少报工资基数，以达到少缴纳医保费的目的。缴费稽核就是对单位申报的工资、退休金进行准确性核查。具体包括：①缴费单位和缴费个人申报的社会保险缴费人数、缴费基数是否符合国家规定；②稽核单位工资收入的真实性；③稽核退休人员资格和退休金的准确性；④稽核缴费单位和缴费个人是否按时足额缴费；⑤核实单位欠缴和补缴医疗保险费用情况；⑥欠缴社会保险费的单位和个人的补缴情况等。

（三）其他稽核内容

其他稽核内容包括：是否定期向职工公布本单位医疗保险缴费及个人账户明细情况；是否存在将非参保人员纳入医疗保险范围内，冒名享受待遇的情况；单位拖欠、截留医疗保险费，造成职工医疗保险待遇未落实等。

二、医疗保险基金稽核程序和方法

依据国家人力资源和社会保障部2003年实施的《社会保险稽核办法》规定，我国医疗保险征缴稽核程序如下：

（一）稽核通知

经办机构应提前三日将《医疗保险稽核通知书》送达被稽核单位，将稽核的内容、要求、方法和需要准备的资料等事项告知被稽核单位。特殊情况的稽核可以不提前告知。

（二）稽核工作实施

由社会保险经办机构及社会保险稽核人员开展稽核工作：①要求被稽核单位提供用人情况、工资收入情况、财务报表、统计报表、缴费数据和相关账册、会计凭证等与缴纳社会保险费有关的情况和资料；②可以记录、录音、录像、照相和复制与缴纳社会保险费有关的资料，对被稽核对象的参保情况和缴纳社会保险费等方面的情况进行调查、询问；③要求被稽核对象提供与稽核事项有关的资料。

（三）稽核审理

对稽核后未发现有违规现象的单位，在稽核结束后5个工作日内向其发出《稽核告知书》；对经稽核发现有违规现象的单位，在稽核结束后10个工作日内向其发出《稽核整改意见书》。在规定时间内若被稽核单位没有反馈送达回执，则视为对稽核审理结果无异议。

（四）稽核整改

对于有违规现象的被稽核对象，医疗保险经办机构将责令整改。对于在规定时限内不整改的单位，医保经办机构将报上级医疗保险行政部门进行行政处罚。处罚的内容包括：按照《社会保险费征缴暂行条例》规定，除按应补缴金额补缴医疗保险费外，从工资申报之日起到稽核完成时间计算，按日加收2‰的滞纳金；对单位主管人员和其他直接责任人处以1 000～5 000元的罚款，情况特别严重的，可处以5 000～10 000元的罚款。

三、医疗保险基金稽核方式

（一）按稽核形式分为日常稽核、重点稽核、举报稽核

1. 日常稽核

日常稽核指医疗保险经办机构根据工作需要，不定期对单位的参保、工资申报、缴费、待遇领取情况进行常规性稽核，该稽核已成为日常征缴工作的一部分。

2. 重点稽核

重点稽核指医疗保险经办机构根据征缴工作中发现的突出问题，对特定对象和特定内容进行重点专项稽核。

3. 举报稽核

对于不按规定缴纳社会保险费的行为，任何单位和个人有权举报，

社会保险经办机构应当及时受理举报并进行稽核。

(二)按实施地点分为实地稽核和书面稽核

1. 实地稽核

实地稽核指由稽核人员到被稽核对象所在地进行现场稽核。

2. 书面稽核(调档稽核)

书面稽核，又称调档稽核，指被稽核单位将与本次稽核有关的账簿、报表、凭证、人员档案等各类资料及数据，送交医疗保险经办机构指定的场所进行稽核。

第六节　医疗保险基金财务管理

医疗保险基金财务管理是指对医疗保险基金的征缴、医疗费用支付、投资运营等资金活动进行操作和控制的行为。为了规范社会保险基金财务管理行为，加强基金收支的监督管理，维护公民依法参加社会保险和享受社会保险待遇的合法权益，2017 年 8 月，国家财政部、人力资源和社会保障部、国家卫生计生委联合颁布实施了《社会保险基金财务制度》(财社〔2017〕144 号)，提出了基金财务管理的目的、任务、部门职责分工等内容。医疗保险基金财务管理主要包括预算管理、账户管理、收支管理、投资运营管理等内容。

一、医疗保险基金的预算管理

基金预算是指根据国家预算管理和社会保险相关法律法规编制，经法定程序审批、具有法律效力的年度基金财务收支计划。基金预算由基金收入预算和基金支出预算组成，包括预算的编制、审批、执行和调整几个步骤。

(一)预算的编制

要按险种、不同制度和统筹地区分别编制，并按照规定表式、时间、编制要求、本年度预算执行情况及下年度计划等因素，编制下年度预算。

（二）预算的审批

财政部门负责审核并汇总编制社会保险年度基金预算草案，会同社会保险行政部门上报同级人民政府，经同级人大批准后，批复经办机构具体执行，并报上级财政部门和社会保险行政部门备案。

（三）预算的执行

经办机构严格按照批复预算执行，定期向同级财政部门和社会保险行政部门报告预算执行情况。财政部门和社会保险行政部门应逐级汇总上报预算执行情况，并加强基金运行监控，发现问题及时处置。

（四）预算的调整

基金预算不得随意调整。执行中基金预算因特殊原因需要调整时，统筹地区经办机构应当编制预算调整方案，报同级社会保险行政部门审核汇总，并按程序报批。

二、医疗保险基金的账户管理

医疗保险基金的账户管理包括财务账户的设定和具体管理办法。基金账户包括基金收入户、基金支出户、财政专户。

（一）基金收入户

医疗保险基金筹资总额需存入基金收入户。基金收入户的主要用途是：暂存由经办机构征收的社会保险费收入；暂存上级经办机构下拨或下级经办机构上解的基金收入；暂存该账户利息收入；暂存社会保险基金转移收入以及其他收入等。

（二）基金支出户

医疗保险基金的拨付通过基金支出户来实现。基金支出户的主要用途是：接受财政专户拨入基金；暂存社会保险支付费用及该账户利息收入；支付基金支出款项；向财政专户缴入该账户利息收入；上解上级经办机构基金或下拨下级经办机构基金。

（三）财政专户

财政部门按照国家有关财政专户管理的规定设立财政专户。财政专户的主要用途是：接收税务机关或经办机构缴入的社会保险费收入；接收税务机关或收入户缴入的利息收入；根据委托投资合同或有关计划接收和拨付投资运营基金；接收基金投资收益及支出户缴入的利息收入；接收财政补贴收入；接收转移收入；接收上级财政专户划拨或下级财政专户上解基金；向上级或下级财政专户上缴或划拨基金；根据经办机构用款计划和预算向支出户拨付基金或按国家规定直接与有关机构办理基金结算；办理跨省异地就医结算业务；其他国家规定的用途。

三、医疗保险基金的收支管理

（一）医疗保险基金的收入来源

医疗保险基金的收入包括医疗保险统筹基金收入和医疗保险个人账户收入两部分。

职工基本医疗保险统筹基金收入包括按规定计入统筹基金账户的医疗保险费收入、财政补贴收入、利息收入、上级补助收入、下级上解收入、其他收入。职工基本医疗保险个人账户收入包括按规定计入个人账户的医疗保险费收入、利息收入、转移收入、上级补助收入、下级上解收入、其他收入。

城乡居民基本医疗保险基金收入包括城乡居民基本医疗保险费收入、财政补贴收入、利息收入、上级补助收入、下级上解收入、其他收入。

（二）医疗保险基金的收入管理

（1）我国新修订的《中华人民共和国社会保险法》规定，医疗保险基金应按照有关规定，按时、足额筹集，任何地区、部门、单位和个人不得截留和减免。

（2）医疗保险征收机构要依照法律、法规的规定，按时足额征收医疗保险基金收入，不得违规多征或减征医疗保险基金收入，不得侵占或挪用医疗保险基金。

（3）缴费单位和缴费个人要以货币形式缴纳社会保险费，严禁以物抵费。

（4）医疗保险费征收机构要按时足额将征收的基金收入缴入财政专户。

（5）基金要专款专用，不得违规投资运营，不得用于平衡其他政府预算，不得用于兴建、改建办公场所和支付人员经费、运行费用、管理费用，或者违反法律、行政法规规定挪作其他用途。

（三）医疗保险基金的支出管理

基金支出包括社会保险待遇支出、转移支出、补助下级支出、上解上级支出、其他支出等。

（1）社会保险待遇支出指按规定支付给社会保险对象的待遇支出，包括为特定人群缴纳社会保险费形成的支出。

（2）转移支出指参保对象跨统筹地区或跨制度流动转出的基金支出。

（3）补助下级支出指上级拨付下级的支出。

（4）上解上级支出指下级上解上级的支出。

（5）其他支出指经国务院批准或国务院授权省级人民政府批准开支的其他非社会保险待遇性质的支出。

（四）医疗保险基金的结余管理

医疗保险基金结余指基金收支相抵后的期末余额。职工基本医疗保险基金和城乡居民基本医疗保险基金遵循以收定支、收支平衡、略有结余的原则。医疗保险基金的结余管理包括以下内容：

（1）基金结余分类，包括统筹基金结余和个人账户基金结余，实行分账核算、统一管理。

（2）基金结余，除预留一定的支付费用外，应在保证安全的前提下，按照国务院相关规定开展投资运营实现保值增值。

（3）结余处理方法。基金当年入不敷出时，应按以下顺序保障基金支付：①动用历年滚存结余中的存款；②建立基金调剂金的地区由上级调剂安排；③转让或提前变现基金投资产品；④同级财政部门给予补贴；⑤在财政给予支持的同时，按照国务院有关规定报批后调整社会保险缴费比例或待遇支付政策。

（五）医疗保险基金的决算管理

年度终了，统筹地区经办机构应按照规定编制年度社会保险基金决算草案，报同级社会保险行政部门审核汇总。基金财务决算报告包括资产负债表、收支表、有关附表及财务情况说明书。编制年度基金财务报告必须做到数据真实、计算准确、内容完整、手续完备、报送及时。基金财务决算报告的内容包括：基金收入情况；基金支出情况；基金结余情况；基金预算执行情况；基金管理主要工作；基金管理存在的问题与建议；基金的监督与检查。

四、医疗保险基金的投资运营管理

医疗保险基金投资运营管理是指医疗保险经办机构或受其委托机构，用医疗保险基金购买特定的金融产品或实际资产，获得适当预期收益的基金运营行为，其实质是使医疗保险基金保值增值。《中华人民共和国社会保险法》第六十九条规定：“社会保险基金在保证安全的前提下，按照国务院规定投资运营实现保值增值。”

对医疗保险基金进行投资可补充医疗保险基金来源，降低物价上涨带来的基金贬值风险，增大基金安全系数。医疗保险基金投资要遵循以下原则：安全性原则、营利性原则、流动性原则、分散投资原则、合法性原则、社会效益和经济效益相结合原则。

医疗保险基金的主要投资运营方式包括：储蓄存款、购买政府债券、购买股票、委托专业银行短期贷款、建立专业托管公司托管投资、采取证券组合方式进行投资。

【延伸阅读】

法国去年社保欺诈偷逃规模达70亿欧元至90亿欧元

据法国媒体最新报道，2018年，法国社保欺诈偷逃涉案金额高达70亿欧元至90亿欧元，在每年企业和个人社保缴费总额中占比2%至3%。其中，社保账号造假、挪用社保资金、瞒报黑工等欺诈行为是造成社保基金流失的主因。

据法国《回声报》22日报道，法国社会保障局（ACOSS）报告显示，社保账号造假、挪用社保资金、瞒报黑工等欺诈行为涉案总额达到70亿欧元至90亿欧元，其中多数为企业非法用工所涉的偷逃缴费金额。

应向社会分摊金联合征收机构（URSSAF）缴纳的偷逃资金高达68亿欧元至84亿欧元。与此相比，2016年，企业偷逃应缴社保资金总额为

60 亿欧元至 75 亿欧元，其中非法用工占比达到四分之三，仅仅两年时间就增长了 8 亿欧元。

此外，涉及农业和乡村社保合作机制的偷逃资金也攀升至 5.18 亿欧元，占缴费总额的 4.3%，农业生产领域的偷漏缴费主因同样为非法用工，占比高达 2/3。

虽然法国社会保障局强调，社保欺诈行为可能没有统计数据显示得那么严重，但上述数字仍然远远低于法国审计法院的评估结果。2014 年，审计法院的报告认为，法国每年社保欺诈规模高达 200 亿欧元至 250 亿欧元。

报道指出，法国社会保障局 2018 年集中清理整顿非法用工等企业社保欺诈现象，执行有针对性的稽查超过 5 000 次，共追缴社保逃漏金额约 6.41 亿欧元，比上一年增长了 1 亿欧元。

【节选自：法国去年社保欺诈偷逃规模达 70 亿欧元至 90 亿欧元［EB/OL］. http：// news. eastday. com/s/20190723/u1ai12694740. html，2019－07－23.】

思考题：

1. 医疗保险基金筹集的渠道有哪些？
2. 医疗保险基金管理的原则是什么？
3. 试述医疗保险基金稽核管理、财务管理。

第五章　医疗保险费用支付方式

【学习目的】

通过本章学习，掌握医疗保险费用支付的概念、分类和作用；熟悉医疗保险需方和供方各种费用支付方式的特点；了解我国医疗保险费用支付制度的发展历程、存在问题及改革趋势。

【章前案例】

医保支付改革的“淮安模式”

2000年1月，江苏省淮安市实施医保支付改革的“淮安模式”“按项目付费”的结算办法，至2003年9月，该市参保人员次均住院医疗费用年均增幅达到了39.6%，医保基金当年赤字300多万元，收不抵支明显。与此同时，按项目付费的办法，容易出现不管患者是否需要，每个项目都要检查的情况，过度医疗的案例层出不穷，医患矛盾日益尖锐。

在此情况下，淮安市通过与各医院反复沟通协商，经过精密测算、专家论证和政府决策，在借鉴“总额预付”“按病种付费”等支付方式的基础上，参照“工分制”的劳动计量和分配原则，在国内首创了“总额控制下的病种分值结算办法”。

自2003年淮安实施总额控制下的病种分值结算办法以来，参保人次均医疗费用增幅仅为2.54%，远低于全国和江苏省统计平均增幅。在参保住院人次增加、门特项目费用占比提高以及报销限额从原来的15万元调整为不设封顶线的情况下，医保统筹基金从赤字300多万元到略有结余，当期结余率维持在2%~3%的合理水平。

为避免医院将费用转嫁给参保病人，该结算办法明确将不同等级医院的个人负担比例约定在适当的范围内，如三级医院控制在20%以内，二级医院控制在25%以内，并在结算时对个人支付超过比例的费用直接从医院月结算费用中扣除。

2012年淮安市的“医疗保险总额控制下病种分值付费方式”入选由人社部社保中心编制的《医疗保险付费方式改革经办管理城市实例》。

2014 年“总额控制下的病种分值结算办法”获得中国管理科学学会第四届管理科学奖。

2016 年底“总额控制下的病种分值结算办法”被纳入由国务院医改领导小组正式印发的《深化医药卫生体制改革典型案例》中力推的 15 个地方典型做法之一。

2016 年淮安市所有统筹区均推广实施该结算办法，同时全国有先后几十个省市县区来淮安学习，江苏宿迁、广东中山、安徽芜湖、江西南昌、山东东营等 10 多个地区成功借鉴及推广。

目前，这一结算办法已被全国 10 多个城市借鉴运用。江苏省淮安市按病种分值结算办法的实施促进了“医保基金可持续、医院竞争有秩序、患者治疗更合理”的良心局面。

【资料来源：

［1］郭潇雅．医保支付改革的“淮安模式”［J］．中国医院院长，2018（6）：73 -75.

［2］部分内容转自 2018 年 7 月 16 日凤凰网江苏综合报道。医保结算“淮安模式”全国首创叫响全国［EB/OL］．http：//js. ifeng. com/a/20180716/6729060_0. shtml. 】

思考题：淮安市实施按病种分值付费方式的原因是什么？

第一节　医疗保险费用支付概述

一、医疗保险费用支付的概念

医疗保险支付制度是指为了规范医疗服务购买方（政府、医疗保险机构和参保人）与医疗服务提供方（医疗服务机构和医务人员）以达成相关政策目标和合理补偿而共同遵守的一系列行为准则。它包括支付方式、支付标准及一系列配套措施。

医疗保险费用支付是医疗保险制度运行的重要环节，它主要是指参保人在获得医疗服务后，由医疗保险机构向医疗服务机构补偿医疗费用的行为，这种医疗保险费用支付的途径和方法统称为医疗保险支付方式。

二、医疗保险费用支付的分类

（一）按支付时间分类

按支付时间可把医疗保险费用支付方式分为后付制和预付制。

（1）后付制指在医疗服务发生之后，医疗保险机构根据参保人实际发生的医疗费用，向医疗机构结算支付医疗费用的方式。按项目付费是一种传统的、使用最广泛的支付方式，它是最典型的后付制。它可充分调动医疗机构提供医疗服务的积极性，有利于新技术、新项目的发展，但容易产生医疗服务供方“诱导需求”的道德风险，过度利用医疗服务，无法控制医疗费用的不合理增长。

（2）预付制指在医疗服务发生之前，医疗保险机构与医疗机构协商确定支付给医疗机构的费用预算额度。预付制包括总额预付制、按人头付费、按服务单元付费（床日、人次）、按病种付费、按 DRGs 付费等。它可促进医疗机构降低医疗服务成本，提高医疗资源利用效率，有助于控制医疗费用的过快增长；但由于医疗费用的影响因素较多，事先难以制定出精准的预付标准额度，在支付标准制定不合理情况下，容易影响医疗机构的积极性，减少医疗服务的数量，使其不能完全满足参保人的医疗服务需求。

（二）按支付对象分类

按支付对象可把医疗保险费用支付方式分为对医生支付和对医疗服务机构支付。

（1）对医生支付包括按服务付费（包括实际支付、价格表支付、相关价值支付、基于资源的相关价值支付、特殊价格或按相关价值乘数支付等）、按人头付费、按病例支付和总额支付等方式。

（2）对医疗服务机构支付包括按服务项目付费、按服务单元（床日、人次）付费、按人头付费、按病种付费、按病种分值付费、总额预付制、按绩效付费等方式。

（三）按支付主体分类

按不同支付主体可把医疗保险费用的支付方式分为分离式和一体化式。

（1）分离式指医疗保险机构和医疗服务机构相互独立，前者负责医疗保险基金的筹集与支付，后者负责向参保人提供医疗服务。

（2）一体化式指集医疗保险机构和医疗服务机构两者功能于一体，负责医疗保险基金的筹集与支付，同时为参保人提供医疗服务，如美国的健康维护组织（HMO）。

（四）按支付流程分类

按支付流程可把医疗保险费用支付方式分为直接支付和间接支付。

（1）直接支付指参保人在接受医疗服务后，按医疗保险规定支付应由个人负担的医疗费用，其余医疗费用由医疗保险机构直接支付给医疗服务机构。直接支付法操作简单，管理成本较低，有利于制约医疗机构的服务行为，合理控制医疗费用。

在我国的基本医疗保险制度下，参保人个人负担的费用主要包括：①自费部分，即“三个目录”（药品、诊疗项目、服务设施）范围以外的费用。②政策性负担部分，如起付线、超出封顶线部分、乙类药品和部分支付诊疗项目中首先由个人负担部分、共付段个人按比例分担部分。

（2）间接支付指参保人在接受医疗服务后，先向医疗机构支付部分医疗费用，然后医疗机构向医疗保险机构申报应该由医保基金支付的费用。间接支付方式操作复杂、审核管理成本高。这种支付方式可制约参保人过度服务需求，但难以约束医疗服务供方的诱导需求行为，不利于医疗费用的控制。

（五）按支付水平分类

按支付水平可把医疗保险费用支付方式分为全额支付和部分支付。

（1）全额支付指参保人在接受医疗服务后，所发生的医疗费用全部由医疗保险机构支付，参保人享受免费医疗，如我国劳保时期建立的公费医疗制度。这种方式有利于体现医疗保险的公平性，但由于参保人存在费用意识差及道德风险等问题，全额支付方式难以控制参保人的服务需求行为，不利于有效控制医疗费用。

（2）部分支付指参保人接受医疗服务后，医疗保险机构承担一部分医疗费用，参保人须按医保政策规定支付应由个人支付的部分费用。部分支付方式包括起付线、按比例付费、封顶线、混合支付等。

三、医疗保险费用支付的作用

医疗保险费用支付的目的是对参保人和医疗机构进行经济补偿，不同的费用支付方式可对医疗服务供需双方产生不同的激励效应，进而对各方行为产生不同的调控作用。下面从医疗费用控制、医疗资源配置、医疗服务效率和公平性等方面来分析支付方式的作用。

（一）医保支付方式对医疗费用控制的作用

医保支付方式对医疗费用的控制，主要是通过支付手段、支付标准和支付水平的合理设计，发挥其对医疗服务供需双方的激励约束机制，以降低供方诱导需求风险和需方的道德风险，达到控制医疗费用、防范医保基金超支风险的目标。例如，设置合理的共付比例，增强参保人的费用控制意识，减少需方的过度服务需求，避免造成卫生资源的浪费。

（二）医保支付方式对优化医疗资源配置的作用

医保费用支付方式主要是通过差异化的支付标准和医疗服务内容，来引导医疗资源的流向，实现卫生费用、医疗技术人才、医疗设备等卫生资源向基层和偏远地区流动，以提升基层和偏远地区医疗服务能力和服务可及性，促进医疗服务的社会公平性。例如，对基层医疗机构就诊患者设置更高的医保费用报销比例，医保费用预算总额指标向基层医疗机构倾斜，以此引导优质医疗资源下沉，逐步形成合理的分级诊疗格局。

（三）医保支付方式对提升医疗服务效率的作用

不同医保支付方式对医疗机构的激励约束机制不同，通过支付方式的科学组合使用，进而影响医疗服务的数量和价格，并采取基于医疗服务监控和服务结果的考核机制，促进医疗机构之间的竞争，提高医疗服务质量和患者满意度，达到医疗服务效率和医保基金使用效率提升的效果。例如，实施按绩效评价的支付方式，促进医疗机构改善服务和运营来提升服务效率。

（四）医保支付方式对促进医疗服务公平性的作用

医保费用支付方式对促进医疗服务公平性的影响，主要通过建立兼顾收入水平、年龄区间、健康状况和地理位置的医疗保险基金风险分担机制，促进患者对医疗服务利用的垂直公平、水平公平、经济可及性和地理可及性。例如，给予偏远地区和贫困人口密集区域的医疗机构较高的支付额度，保障患者不会因经济能力和地理环境条件等问题而无法接受医疗服务。

第二节　医疗保险需方费用支付方式

医疗保险需方费用支付方式是指需方在医疗保险过程中分担一部分医疗费用的方法。世界大多数国家在医疗保险制度中采用费用分担的方法，以避免需方过度利用医疗服务、控制医疗费用不合理增长、维持医保基金收支平衡。从被保险方角度看，医疗保险需方费用支付方式主要包括起付线、共同付费或按比例分担支付、封顶线等。在具体实践中，一般是采用三种方式的组合使用，形成优势互补，以保障参保人对医疗服务的合理利用及控制医疗费用的过快上涨。

一、起付线

起付线又称为扣除保险，是指参保人发生医疗服务后，先自付一定额度的医疗费用，超过这个额度标准的费用由医疗保险机构支付，这个额度标准称为“起付线”。起付线是为参保人医疗费用报销设定的一个门槛，在起付线以上的医疗费用由医保统筹基金与参保人按一定比例共同支付。

设置起付线的主要意义在于：一是起付线以下的费用由参保人自付，增强了参保人的费用意识，有利于减少医疗资源浪费，控制医疗费用；二是将大量小额费用剔除在医保偿付范围之外，可减少医保结算工作量，降低管理成本；三是可减少对低住院费用段的补助，将资金补助重点用于大病患者，有利于保障高额费用疾病风险，即保大病；四是可引导参保患者选择医疗机构，促进分级诊疗，形成合理的诊疗格局；五是促进了医保基金使用的公平性和医疗服务的可及性，以提高卫生资源的利用率。

起付线的设置要合理科学，其高低直接影响医疗服务的利用效率和参保人的就医行为。起付线过低，可能导致参保人过度利用医疗服务，浪费医疗资源，发生参保人道德风险和“小病大医”现象，增加医保基金超支风险，不利于医疗费用的控制；起付线过高，可能会超过贫困人群的承受能力，抑制其正常的医疗服务需求，降低医疗保险的可及性。

二、共同付费

共同付费又称为按比例分担支付，即参保人和医疗保险机构按一定的比例共同支付医疗费用。共付率是指参保人支付的比例，若共付率为20%，即参保人支付医疗费用的20%，医疗保险机构支付医疗费用的80%。

共同付费方式的特点有：第一，简单直观，易于操作，参保人可根据自身支付能力适当选择医疗服务，有利于调节医疗服务行为，控制医疗费用；第二，由于需求价格弹性的影响，参保人偏向于选择价格相对较低的服务，有利于降低医疗服务的价格。

与起付线类似，设置适当的自付比例，由参保人承担一定比例的住院费用，可增强其医疗费用控制意识，起到一定的费用约束效果。自付比例过高，可能高于参保人的承受能力，抑制其正常医疗需求；自付比例过低，对参保人的制约作用小，不能有效增强参保人的费用控制意识。

三、封顶线

封顶线即最高支付限额，指在一定时间内，医疗保险机构对参保人偿付的医疗费用限定在一定额度内，只支付该限额以下的费用，超出这个额度的费用由参保人承担或通过其他途径解决。

封顶线的优势表现在：第一，充分考虑医保基金的承受能力，将参保人的医疗保障限定在一定范围内，避免医保基金超支；第二，设置简单，容易实施操作；第三，增强参保人的费用意识，有效节约卫生资源；第四，有助于增强参保人的健康意识和预防保健意识，提高身体素质，将疾病“防患于未然”。

封顶线的缺陷表现在：第一，不能满足部分参保人的就医需求，尤其是危重症患者，发生的医疗费用额度较高，高于封顶线部分费用不能报销，因此会限制这部分参保人群的平等就医权；第二，无法化解大病风险，降低参保人参保积极性；第三，不利于降低医疗保险的管理成本。因此，封顶线的设置要综合考虑参保人的收入水平、医保基金的风险分担能力、医疗救助政策等因素，另外需建立大病补充医疗保险、商业保险等途径化解封顶线之上的疾病风险。

四、混合支付方式

上述三种需方费用支付方式各有其优缺点，在实际操作中，往往把两种以上的支付方式结合起来使用，形成优势互补，以更有效地满足参保人的合理需求，控制医疗费用的过快增长。例如，对低额医疗费用采取起付线方式；对高额医疗费用采取最高限额支付方式；对中间段医疗费用实行共同付费方式，共同付费的比例可固定，也可按参保人不同年龄段以及不同的费用段采取按变动比例共同分担的方式。

第三节　医疗保险供方费用支付方式

医疗保险供方费用支付方式是指医疗保险机构作为第三方代替参保人向医疗服务提供方支付医疗费用的方法。更直接地说，即保方对医方支付医疗费用的方法，它主要包括以下九种：

一、按服务项目付费

按服务项目付费是指医疗保险机构按参保人接受医疗服务项目的数

量及物价部门制定的医疗服务项目价格对医疗机构进行费用支付。这种付费方式可激励医疗机构改善服务质量，较好满足参保人的服务需求；但难以约束医疗服务行为，容易产生医疗机构产生过度医疗及参保人的不合理服务需求，导致医疗费用的过快上涨。我国长期实行的公费医疗和劳保医疗制度均采用这种支付方式，也称为实报实销。目前，很多国家逐渐摒弃这种支付方式，但部分国家仍在沿用，如德国对妇幼保健等公共卫生服务采用按服务项目付费，英国对部分预防保健项目也采用这种支付方式。

二、按人次定额付费

按人次定额付费是指医疗保险机构按服务人次（住院、门诊）和人次定额标准对医疗机构进行费用支付。在此支付方式下，每服务人次定额标准是固定的，每人次的服务成本越高，医疗机构获得的差额收益就越低，因此它可促进医疗机构降低服务成本，减少过度用药、过度检查等行为；同时可提高医疗服务效率，缩短患者住院时间。其缺陷是医疗机构的收入与服务次数相关，容易诱导医疗机构分解服务人次、选择患者等行为，从而影响服务质量；另外由于医疗机构发展程度、患者疾病情况及病种存在较大差异，难以制定出科学合理的人次定额支付标准。广州、深圳、东莞、武汉、济宁等地区曾广泛使用这种支付方式。

三、按住院床日付费

按住院床日付费指医疗保险机构按照协议制定的每住院床日付费标准及医疗机构为参保人提供的实际总床日服务数量来对医疗机构进行费用补偿。这种付费方式可促进医院降低每床日服务成本，提高服务效率，方便结算管理。但它容易诱导医院增加住院人数和延长患者住院时间，不利于医疗费用的控制；并可能使医院减少每床日的服务量，难以保证服务质量；另外，较难制定出合理的床日付费标准。目前，希腊、以色列、克罗地亚等国家将按住院床日付费作为住院服务的主要付费方式。

四、按病种付费

按病种付费是指依据统一的疾病诊断分类制定各病种的医保定额（或限额）支付标准并以此为据进行医疗费用支付。医疗保险机构按确定的病种支付标准与医院实际的医疗服务人次，向医院支付参保人的医疗费用。它有助于评价医院诊疗成本，有效避免过度医疗行为，控制药品、耗材的不合理使用，有利于控制医疗成本支出，有助于体现医务人员的劳务价值。其缺点在于：医院有可能通过减少合理诊疗或降低医疗服务强度的方式来保障经济利益，从而出现推诿患者的现象；束缚新技术、新材料和新药物的临床应用；较难制定科学、合理的病种支付标准；未能充分考虑疾病并发症因素，可能发生推诿重症患者的现象。

五、按病种分值付费

按病种分值付费是指在基本医疗保险统筹基金支付本统筹地区内住院医疗费的总额预算内，根据各病种均次费用与某固定值（或基准病种）的比例关系确定相应的病种分值，按照医疗机构服务能力和水平确定医院系数，年终医保经办机构根据医院得到的总分值和系数，按约定规则进行住院费用结算的付费方式。它是我国地方根据本地区特殊情况创造的吻合 DRGs 基本逻辑的住院病人分类系统和费用支付方式，体现了不同病种诊疗所消耗资源的相对差异。按病种分值付费有机地结合了区域总额预算和病种付费，可有效控制医保基金的超支，同时激励医疗机构主动完善医保管理，加强成本控制，控制医疗费用的过快增长。

这种支付方式起源于 2003 年的江苏淮安，称为“淮安模式”；2010 年中山市引入并发展按病种分值付费方式，发展成为新的“中山模式”；全国已有南昌、银川、东营、长沙等 50 多个统筹地区相继引入按病种分值付费。广东省在中山市试点基础上，于 2018 年 1 月起在全省实施按病种分值付费。

六、按 DRGs 付费

按 DRGs（Diagnosis Related Groups，疾病诊断相关分组）付费即根据国际疾病分类法将住院病人按诊断分为若干组，每组又依据疾病的轻重程度以及有无并发症、合并症分为若干组，分别对每一组的不同级别定价，按这种价格向医院支付费用。按 DRGs 付费方式平衡了医保机构、医疗机构、患者三方的利益，它可激励医院加强内部协作，提高服务效率与质量，降低医疗服务成本。按 DRGs 付费方式的实施有助于促进医疗机构加强内部管理，促进临床路径、战略成本管理、数字化医院等方法的推广。目前，按 DRGs 付费方式是美国、德国、澳大利亚、法国、荷兰等国家的主流支付方式。近年我国在试点实施按 DRGs 付费方式。

七、按人头付费

按人头付费是指医保经办机构按照服务协议规定的时间，根据医疗机构提供服务的人头数及其定额标准，预先支付一笔固定额度的费用给医疗机构。按人头付费的特点是结算简便，有利于医院加强成本控制，可促进医院主动开展预防保健服务，降低服务人群的发病率；但管理成本较高，容易使医院为削减服务成本而选择患者，影响服务质量。按人头付费较多应用于对全科医生或家庭医生的服务补偿上，如丹麦、荷兰、意大利、英国的全科医生（GP），美国的健康维护组织（HMO）等。值得关注的是，泰国的“30 铢计划”对门诊服务也采用按人头付费的方式，它较好地体现了卫生预算的公平性。

八、总额预付制

总额预付制指医保经办机构和医疗机构通过协商，根据医疗机构近年的费用情况，并考虑物价变动、服务量增长等因素，确定该医疗机构在一定时期的付费总额。这种方式将费用超支风险转移给医院，可促进医院加强费用控制，规范其服务行为。但在实践中，在费用补偿额度的“硬约束”下，如果缺乏医疗质量的监督机制，医院无法获得合理的费用补偿，可能使医院为节省成本而削减服务，降低服务质量。由于变动因素较多，制定科学合理的预付额度较为困难，预算过高会导致医保基金支出增长过快；预算过低会影响医疗机构的积极性，容易导致医疗机构减少医疗服务供给，影响患者的利益。目前，英国、法国、德国、以色列、西班牙以及我国台湾等公共保险模式的国家和地区普遍实行总额预付制，近年来广东省等地区也在推行使用。

九、按绩效付费

按绩效付费是指医疗保险机构根据医疗服务机构的绩效考核结果进行支付。一般与其他支付方式结合实施使用，主要目的是激励医疗机构提高医疗服务质量。实施按绩效付费方式的关键在于如何确定科学合理的绩效标准，因为不同的绩效标准会对整个医疗服务和医疗费用控制产生不同的激励效果。作为一种新兴医保支付方式，近年来英国、美国、澳大利亚、法国、坦桑尼亚、卢旺达、巴西等国家都在使用，多国实践表明，按绩效付费方式的实施是一项复杂的系统工程，公共卫生系统、医疗服务系统、医疗管理信息系统、医疗服务反馈和监督系统等的发展程度会影响其实施效果。

医疗保险支付方式决定医疗保险基金的“流向”和“流量”，它直接影响到医疗机构的费用补偿和经济效益，并调控着医疗机构的服务效率、服务质量和可及性。不同支付方式通过其激励机制，对医疗服务行为产生不同的激励效果（见表 5－1），对医疗费用控制、提升医疗服务质量和合理配置医疗资源各有其优势和不足。在实践中，应根据卫生体制、医疗服务提供条件、卫生筹资情况、卫生体制改革目标等因素决定支付方式的使用。

表 5－1　主要医保支付方式的经济风险与激励

支付方式	医疗保险机构承担的风险	医疗机构承担的风险
按服务项目付费	所有经济风险	不承担风险
按人次定额付费	住院人次数量	每住院人次的服务量
按住院床日付费	住院天数	在既定时间内服务成本
按病种付费、按 DRGs 付费	病例数量和疾病严重程度	每病例治疗成本
按人头付费	超出协议价格部分	每人头治疗成本
总额预付制	不承担风险	所有经济风险

第四节 我国医疗保险费用支付的实践

20世纪50年代初，我国建立了公费医疗制度和劳动保障制度（简称“劳保制度”），其经费主要由政府财政拨款和企业承担，这种制度充分体现了社会主义制度下的医疗福利性。随着时代的发展，公费医疗制度和劳保制度逐渐显现其局限性，表现在：缺乏合理的医疗保险基金筹资机制，政府和企业财政负担较重，医疗保险的社会化程度低，医疗保障覆盖面狭窄，基金抗疾病风险能力弱；缺乏有效的医药费用制约机制，医药费用上涨过快，道德风险现象突出。公费医疗制度和劳保制度已不能适应社会经济的发展，我国政府决心建立社会医疗保险制度，推进医疗保险费用支付制度改革。

一、我国医疗保险需方的费用支付实践

20世纪80年代以来，我国各地开展探索支付方式改革，针对需方缺乏费用控制、过度利用医疗资源的问题，改革措施强调需方在健康保障及医疗费用方面的责任。其主要做法：一是对参保人实行不同形式的医疗费用分担，如对不同年龄的职工采取不同的个人分担比例；对门诊和住院费用实行不同比例的分担；对不同等级医疗机构的医疗费用采取不同的分担比例等。二是对需方实行医疗费用包干，个人医疗费用（一般为门诊费用）全年包干使用，超支不补，结余部分归个人支配。三是加强对需方消费行为的监督控制，采取奖优惩劣的措施。以上措施对增强需方的费用意识、控制医疗费用过快上涨起到了一定效果，但仍存在很多亟待解决的问题。根据我国多年的医疗保险制度改革实践，需方费用支付方式改革主要措施包括：

（一）制定与参保人承受能力相适应的费用分担比例

国内外实践表明，共同付费方式是控制医疗费用的一种有效方法，采取该方式需考虑的问题包括：个人分担比例、分担形式、分担哪部分费用、分担比例是固定的还是累进制或累退制、不同的医疗服务（不同

医院、不同项目）是否采取差别化自付比例等。其中，个人分担比例最关键。国际研究表明，个人负担比例在20%左右，既可达到制约浪费的目的，又可避免个人负担过重。具体实践中，不同地区应根据居民收入水平、医保基金筹资情况等因素确定个人负担比例。

（二）采取多种付费方式，发挥综合优势

需方支付方式主要包括起付线、共同付费、封顶线，这三种支付方式各有利弊，在实践操作中，可综合使用多种支付方式，达到优势互补。如对小额医疗费用设置起付线，以提高医保结算效率，增强参保人的费用意识。对起付线以上的费用采取共同付费方式，并随医疗费用额度的增加，逐步减少参保人的负担比例。对门诊疾病保险应用起付线方式可有两种情况：一是对单次费用设置起付线，二是对月度或年度累计费用设置起付线。另外，对高额医疗费用可采取封顶线方式，防范医疗保险基金的超支。设置封顶线要综合考虑医保基金的承受能力，以及超出封顶线部分费用的解决问题，可考虑通过医疗救助和商业保险等途径解决。

（三）加强个人医疗账户的管理，提高医保基金使用效益

目前，我国在城镇职工医疗保险制度中实行社会统筹基金与个人医疗账户相结合（简称“统账结合”）的社会医疗保险制度，设置个人医疗账户的目的是发挥个人医疗账户的积累功能，同时提高医疗保险基金使用效率。该实施效果目前存在以下问题：一是个人医疗账户基金积累较多，部分地区甚至达到40%～50%，基金结余率较高，未能充分发挥医保基金的医疗保障作用；二是个人医疗账户的医保资金违规使用，出现将个人医疗账户资金用于购买保健品、化妆品、生活用品等非医药必需品等现象。因此，要加强对个人医疗账户资金使用的监管，将有限的医保基金用于真正需健康保障之处，以保障参保人医疗权益。

二、我国医疗保险供方的费用支付实践

我国公费医疗制度和劳保制度的医疗保障经费主要来源于国家财政拨款和企业的经济收益，职工个人很少或不承担医疗费用。在这种制度下，国家对医疗服务机构实行单一的按服务项目付费方式，长期实行这种付费方式的结果是医疗费用居高不下。一方面，由于医疗服务价格偏

低，国家对医疗机构的财政拨款逐年减少，医疗机构为维持正常运转，不得不通过其他途径获取更多经济补偿；另一方面，在按服务项目付费方式下，医疗机构和医务人员的收入与提供的服务数量成正比，容易诱导医疗机构增加医疗服务的数量，直接引发医疗费用的过快增长和医疗资源的过度使用。为遏制医疗费用的过快增长，促进卫生资源的合理配置，近年我国政府加快推进医疗保险供方费用支付方式改革，主要改革历程和典型地区实践如下：

（一）我国医疗保险供方费用支付方式主要改革历程

2009 年，《中共中央国务院关于深化医药卫生体制改革的意见》将优化医保经办机构与医保支付方式改革列为重要工作任务之一。随着我国医改进程的不断推进，医改工作重点逐步从扩大制度覆盖面转移到以医保支付方式改革为突破的保障质量改革上来，医保支付方式改革的重要性与医改成效直接挂钩。

2011 年 5 月，人社部发布《关于进一步推进医疗保险付费方式改革的意见》，对推动支付方式改革提出了新的要求，它指出要“结合基金收支预算管理加强总额控制，探索总额预付”，在此基础上“结合门诊统筹的开展探索按人头付费，结合住院门诊大病的保障探索按病种付费”。对此，国家发改委、卫生部还专门发布《关于开展按病种收费方式改革试点有关问题的通知》，对按病种收费做了更进一步的要求。

2012 年 3 月，国务院发布《“十二五”期间深化医药卫生体制改革规划暨实施方案》，明确指出要“加大医保支付方式改革力度，结合疾病临床路径实施，在全国范围内积极推行按病种付费、按人头付费、总额预付等”，旨在保障医疗服务质量的基础上控制医疗费用。同年，人社部、财政部、卫生部发布《关于进一步推进医疗保险付费方式改革的意见》，更加明确地指出，用两年左右的时间在所有统筹地区范围内开展医疗费用总额控制工作。

2014 年 5 月，国务院办公厅《关于印发深化医药卫生体制改革 2014 年重点工作任务的通知》，指出要“总结地方开展医保支付制度改革的经验，完善医保付费总额控制，加快推进支付方式改革，建立健全医保对医疗服务行为的激励约束机制”，再次重申医保支付方式改革在整个医药卫生体制改革中的重要位置。

2016 年 4 月，国务院办公厅发布《关于印发深化医药卫生体制改革

2016年重点工作任务的通知》，提出要进一步深化医保支付方式改革，“制定深化医保支付方式改革的政策措施，加快推进支付方式改革，控制医疗费用不合理增长”。

2017年6月，国务院办公厅专门发布《关于进一步深化基本医疗保险支付方式改革的指导意见》，指出“当前医保对医疗服务供需双方特别是对供方的引导制约作用尚未得到有效发挥”，“2017年起，进一步加强医保基金预算管理，全面推行以按病种付费为主的多元复合式医保支付方式。各地要选择一定数量的病种实施按病种付费，国家选择部分地区开展按DRGs付费试点，鼓励各地完善按人头付费、按住院床日付费等多种付费方式。到2020年，医保支付方式改革覆盖所有医疗机构及医疗服务，按项目付费占比明显下降”。

医保支付方式改革已经成为当前我国医改工作的重中之重。当前医改工作的重点已经由简单的扩面转变到以医保支付方式改革为抓手的综合改革上来，需要充分利用支付方式改革的经济杠杆作用来推动和促进其他相关领域的改革。这一转变旨在解决三个关键问题：一是控制医疗费用的不合理上涨；二是提高医保基金的使用效率；三是提高医疗保障的质量。

（二）我国某些典型地区医疗保险供方费用支付方式改革实践

当前，我国的医保支付方式主要有两类：一类是预付费方式，主要包括总额预付制、按人头付费及按病种付费等方式；另一类是后付费方式，主要有按服务项目付费、按人头付费等方式。实践中大多地区采取上述几种支付方式组成的复合支付办法。我国多年来实施效果表明，按服务项目付费难以约束医疗服务行为，容易诱发过度医疗，面对不断上涨的医疗费用，全国各地积极探索开展新的医保支付制度改革。

1. 北京模式：按疾病诊断相关分组付费（DRGs－PPS）

北京市自2003年开始探索实施DRGs－PPS，这是一种依据诊断相关分类组合定额付费的支付方式，属于典型的预付制类型。2011年7月，北京市人社局、卫生局、财政局和发改委联合下发《关于开展按病种分组（DRGs）付费试点工作的通知》，选取北京大学人民医院、北京大学第三医院、友谊医院、朝阳医院、宣武医院和天坛医院6家大型综合性医院开展按DRGs付费试点工作，首批试点了108个DRGs病组。实施按DRGs付费后，试点医院的经济性、效率性和效果性指标均比非试点医院有优势。但由于没有强制全部病例采用 DRGs - PPS 付费，仍有 2/5 DRGs 覆盖的病例保留了按服务项目付费。这使得医疗机构存在明显的病例选择倾向，即超高额费用病例较多选择按服务项目付费方式进行结算，导致按病种分组付费方式与预期之间还有一定差距。

2. 镇江模式：总额预算下的以“就诊人头”为核心的复合支付方式

作为“两江”试点之一的江苏镇江，自 1995 年就开始探索医保支付方式改革，至今已经进行了 6 次重大调整，经历了由“按服务项目付费”到总额预算下的以“就诊人头”为核心的复合支付方式的转变。虽然支付方式的每一次调整都会起到一定的控费作用，但医疗机构随之出现的策略行为会产生分解住院、推诿病人等一系列问题。这也使得主管政府部门逐渐认识到，单一的医保支付方式改革难以起到有效的控费作用。2001 年，镇江就开始探索总额预算、弹性结算、部分疾病按病种付费的复合式支付方式。随后做了几次调整，到 2013 年时形成了总额预算下的以“就诊人头”为核心的复合式结算办法。通过实施总额预算下的“就诊人头”为核心的复合式结算办法，按统一公式对各医疗机构医保基金预算指标进行计算和分配，实现预算指标的公式化和规范化。

3. 淮安模式：总额控制下的按病种分值付费办法

2003 年前后，面对快速增长的住院医疗费用，淮安市医保基金开始出现“收不抵支”。面对这种情况，淮安市在借鉴“总额预付制”“按病种付费”等支付方式的基础上，参照“工分制”的劳动计量和分配原则，创新设计了具有淮安特色的按病种分值结算办法。该支付办法的基本思路是根据不同疾病（病种分组）诊治所需的医疗费用之间的比例关系，给每一病种确定相应的分值，大病重病分值高，小病轻病分值低，各定点医院以出院病人累计的分值与医保经办机构按照预算的可分配基金（总额）结算费用。点数法强调相对价值，所有病种预先设定的点数（分值）实际表明了相应疾病治疗的技术难度、资源消耗程度等，其制度设计和运行逻辑与 DRGs 的逻辑基本一致。但该方法对病种分值的计算要求比较高，实践中有地区结合实际对该方法进行了调整，如广东清远。2017 年国务院办公厅《关于进一步深化基本医疗保险支付方式改革的指导意见》提出，“有条件的地区可积极探索将点数法与预算总额管理、按病种付费等方式相结合”，这是对这种支付方式在保障效果上的一种积极肯定。

【延伸阅读】

中国进入医保支付改革第二阶段

1883年，德国俾斯麦政府出台了《雇员医疗保险法》，开创了社会医疗保险的先河，即在医患以外建立医疗保险基金，由第三方支付患者医疗费用的大部分（70%左右）。20世纪70年代世界卫生组织推动医疗保障制度，让人人享有基本医疗服务。至今，第三方支付主体包括政府预算（英国式免费医疗）、社会互济（德国式社会医疗保险）和美国雇员的商业保险。

130多年来，第三方支付方式经历了以下三个变革：第一阶段即数量付费法；第二阶段即质量付费法；第三阶段即价值付费法。每次变革均有着质的变化，都是一次巨大的社会进步——社会治理机制步步深入。

2017年6月28日，国务院办公厅印发《关于进一步深化基本医疗保险支付方式改革的指导意见》，从2017年起，进一步加强医保基金预算管理，全面推行以按病种付费为主的多元复合式医保支付方式。到2020年，医保支付方式改革覆盖所有医疗机构及医疗服务，按项目付费占比明显下降。由此，我国的医保支付方式将从数量付费法转入质量付费法。

数量付费法大大促进了医院的发展

在1883—1980年间，以德国社会医疗保险为起点，加之20世纪20年代末期在美国出现的蓝盾组织等，创立和发展了第三方数量付费法。这种付费方法主要参考人头、人次、床日和项目来制定支付标准。为此，必须有一个权威机构对医生劳务、医用药材定价。在德国、法国，由医疗保险基金根据基金收入进行定价，在中国则是由一个政府部门定价。

第三方数量付费法的主要特征如下：一方面，因关注数量而忽略医生劳动在风险和责任方面的差异，更多地激励了医疗机构的数量发展，以增加医生和床位来吸引各类患者。另一方面，医疗服务量的增长，带动了医疗机构、医药和医用耗材产业的迅猛发展，医疗费用快速增长。

质量付费法将大大提高医生的价值

在1980—2010年间，第三方支付开始关注医疗质量，以“病种”和“病种分组”（DRGs）作为支付单位。医保可以根据DRG数据制定权重和点数，由此形成支付标准，相关文献在20世纪60年代即出现在日本。

截至2014年，经合组织（OECD）国家成员国中的奥地利、智利、捷克、立陶宛、法国、德国、匈牙利、日本、荷兰、波兰、斯洛文尼亚、瑞士、美国老遗残社会医疗保险均进入了质量支付阶段，无论公立医院还是民营非营利医院，均在运用 DRGs 的方法进行绩效评价与管理，医疗保险和医疗机构协会均参照 DRGs 的数据进行对话和制定医保支付值；甚至在澳大利亚、捷克、法国、德国、波兰、斯洛文尼亚、瑞士等国家，营利性医疗机构也运用 DRGs 方法。首先将 DRGs 付诸实践的是美国，逐渐形成标准版。

DRGs 全称是按疾病诊断相关分组，是根据住院病人的病情严重程度、治疗方法复杂程度、诊疗资源消耗（成本）程度以及合并症、并发症、年龄、住院转归等因素，将患者分为若干的“疾病诊断相关组”，继而可以组为单位打包确定价格、收费、医保支付标准。

2016 年 7 月 1 日，在浙江省金华市，医疗保险基金根据往期数据、医保基金收入情况和595 个疾病分组的权重，制定了医保支付的点值。在市政府和卫计部门支持下，全面启动了“DRGs 点数法”的医保支付系统。这一改革得到了医疗专家和中心医院的积极配合。一年下来，不仅情况平稳，而且看到 CMI 值的形成过程及其对医疗机构病种选择的正面引导，即“大医生要看大病”，在医保支付改革的指挥棒下，金华市医疗界出现由内向外的支持分级诊疗的发展趋势。我们称其为中国第一支“DRGs 点数法的医保指挥棒”。

DRGs 是一种比较科学的医疗服务评价方法，可以应用到专科服务、基础慢病管理、长期护理等方面。但是，运用 DRGs 评价方法是有条件的，如统一的疾病编码、规范的病历首页和临床路径，以及智能审核与监控系统等，这对医院管理提出了挑战。

医保支付是基本医保管理和深化医改的重要环节，是调节医疗服务行为、引导医疗资源配置的重要杠杆。新一轮医改以来，各地积极探索医保支付方式改革，在保障参保人员权益、控制医保基金不合理支出等方面取得积极成效。今后，我们要联动起来共建激励相容的治理机制，促进医疗资源的合理配置，有效控制医疗服务成本，保障医保基金的合理使用。

【节选自：杨燕绥．中国进入医保支付改革第二阶段［N］．第一财经日报，2017-07-14.】

思考题：

1. 简述各种医疗保险需方支付方式的优势和劣势。

2. 简述各种医疗保险供方支付方式的作用特点。

3. 试述我国医疗保险支付方式改革的发展历程、存在问题及解决方法。

第六章　医疗保险费用控制

【学习目的】

通过本章学习，掌握医疗保险费用控制的概念、医疗保险费用增长的影响因素；熟悉医疗保险费用控制途径；了解健康管理在医疗保险费用控制中的作用。

【章前案例】

20 世纪 60 年代，美国人均医疗费用为每年 80 美元；到了 80 年代末，美国人均医疗费用上涨至 1 710 美元，增加了近 21 倍。美国政府为遏制医疗费用的不断上涨，提高卫生资源利用效率，1983 年 10 月 1 日，以法律形式确定了诊断相关分类为付款基础的定额预付制（DRGs－PPS），用于老年医疗保险（medicare）和贫困医疗补助（medicaid）方案的住院医疗费用的支付。这样，医院只有在所提供服务花费的成本低于 DRGs－PPS 的标准时，医院才能盈利。在这样的背景下，1985 年美国马萨诸塞州波士顿新英格兰医疗中心（The New England Medical Center，NEMC）的护士 Karen Zander 首次运用了临床路径，这种方法被证实既可缩短住院天数，节约护理费用，又可达到预期治疗效果。新英格兰医疗中心是公认的美国最早采用临床路径概念和在临床上应用的医院。此后，该模式受到美国医学界的重视，许多机构纷纷仿效，并不断发展，逐渐成为既能贯彻质量保证法以及持续质量改进法（CQI），又能节约资源的治疗标准化模式，较为普遍地被称为“临床路径”。

【资料来源：周民伟，赖永洪，袁勇．医院按病种与病组分值付费基础理论与应用［M］．广州：中山大学出版社，2019.】

思考题：美国实施“临床路径”管理的背景？

第一节　医疗保险费用控制概述

一、医疗保险费用的概念

医疗保险费用，狭义的概念是指参保人因疾病造成的风险补偿之和，即参保人患病后根据医疗保险规定支取的医疗补偿费用。广义的医疗保险费用是指参保人患病后发生的医疗费用总和，其中医疗保险补偿费用占主体，包括个人自付和部分用人单位补偿的费用。在实践中，我们所称的医疗保险费用一般从广义的角度理解。

从需方角度看，医疗保险费用主要包括门诊挂号费、住院费、检查费、手术费、治疗费等费用。从供方角度看，医疗保险费用主要是医疗资源消耗的成本，主要包括卫生人力成本、医疗设施成本、医疗技术成本、药品耗材成本、管理成本等成本。

二、医疗保险费用控制的概念

医疗保险费用控制是指医疗保险费用支出管理的一项重要手段，采取科学的支付手段监督参保人的医疗行为，从而调控参保患者发生的医疗费用，达到最大限度地实现医疗保险保障基本医疗的目的。

医疗保险费用的高低主要取决于实际发生的医疗费用，医疗保险费用控制主要针对医疗费用采取控制措施。医疗费用包括合理的医疗费用和不合理的医疗费用。不合理的医疗费用是指相对于病人的健康状况或病情过度提供服务和提供不必要的服务（绝对不合理），以及相对于病人的经济承受能力提供自身负担不起的医疗服务（相对不合理）。控制医疗费用应该是控制不合理的医疗费用及控制医疗费用的不合理增长。

三、医疗保险费用增长及主要影响因素

医疗保险费用的急剧增长已成为世界各国面临的共同问题，西方发

达国家医疗保险费用增长最快的时期是20世纪60年代至70年代中期，增长速度远高于当时GDP增速。21世纪以来，我国医疗保险费用增长问题也比较严重，近年国家陆续出台了新医改方案，以加强对医疗费用增长的控制力度。

国内外研究结果显示，影响医疗费用增长的主要因素有人口数量增长、人口老龄化、国民收入增加、医疗技术进步、疾病谱变化、医疗保险普及和医方诱导需求七大因素。其中，国民收入增加为经济因素，医疗技术进步为技术因素，人口数量增长、人口老龄化、疾病谱变化为自然因素，医疗保险普及和医方诱导需求为制度因素。经济、技术、自然等方面因素是不可避免的，故可归为“合理因素”，它将长期影响医疗费用的增长。医方诱导需求是由我国目前的医疗保险制度和卫生管理制度不完善所引起的，是可以避免的，因而称为“不合理因素”。

【知识链接】

随着我国进入全民医保时代，参保人群占医院服务对象的比例越来越高，包括政府预算尤其医保补偿在内的公共筹资逐步占到医院成本补偿的主要部分，医保支付即将或已经成为医院补偿的主要来源。相应地，医疗费用控制的最佳路径取向，理应针对医疗服务供方来构建与实施，才能取得显著成效。各国卫生体制改革已充分认识到这个问题，从供方采取具有成本抑制导向的支付制度改革，并把供方支付制度改革作为引领医疗改革的关键政策。医保支付制度改革的目的，在于构建适宜的激励和约束机制，促使医院或医生自行调整医疗服务行为，从而达到医疗成本控制的目的。因此，医保支付制度改革意在重塑医疗资源配置机制，以医保支付为主导，将医疗资源配置引向符合基本医保制度保障方向，这是全民医保体制下必然发生的改变，而全民医保为重塑医疗资源配置机制奠定了基础，关键是如何发挥医保购买服务这一核心利益机制的作用。

【资料来源：杨敬宇，燕武．医保支付制度改革是发挥医保基础性作用的关键［J］．中国医疗保险，2016（12）：39－42.】

第二节　医疗保险费用控制途径

医疗保险费用的快速增长引起全球的重视与关注，20 世纪 80 年代以来，各国开始采取措施，对医疗保险制度进行调整与改革，试图控制医疗保险费用的过快增长。归纳起来，主要从政府、医疗保险机构、医疗服务供方、医疗服务需方四个主体实施医疗保险费用控制。

一、政府宏观的费用控制途径

国家政府部门是社会保障制度的统筹者，负责社会保障制度的总体设计与规划，它在宏观上控制医疗保险费用，采取的措施包括：

（一）控制医疗保险基金的收支平衡

政府部门通过制定完善的医疗保险基金管理制度和政策，对医疗保险基金的收支和运行环节进行监控，保障医保基金运行的安全。我国医疗保险基金的运行坚持“以收定支，收支平衡”的原则，医疗保险基金的总收入与总支出保持平衡状态。当基金收入小于支出时，可通过提高筹资费率或增加筹资覆盖面等措施来增加医保基金收入，也可适当降低医保付费率或减少医保支付项目，减少医保费用的支出。

（二）调节医疗保险费用的结构

从医疗服务供需角度看，调整双方的费用结构是政府调控的有效措施，通过适当提高医疗技术服务报酬、降低药品费用占比、降低耗材费用占比、实施医药分开政策等手段来调控医疗保险费用的支出结构；或对参保人的医疗费用结构进行控制，如调整“三个目录”报销范围等；或调整参保人起付线、自付比例、封顶线，避免发生参保人的道德风险。

（三）调控医疗服务的价格体系

医疗服务价格对医疗保险费用产生直接影响。医疗保险费用为服务价格与服务量的乘积，因此医疗保险费用控制可分为价格控制策略与服务量控制策略。我国政府部门应对医疗技术和服务进行科学的价格测算，制定合理的医疗服务价格政策，使参保人享受到公平、可及的医疗服务，同时为医疗服务提供者的合理费用补偿提供支撑。

二、医疗保险机构的费用控制途径

（一）制定科学的医保支付方式和标准

不同的医保支付方式有不同的激励效果，应根据不同医疗服务特点采取相应的支付方式。在进行支付方式选择时，医疗保险机构应遵循维持基本医疗、节约医疗费用、提高参保人就医可及性等原则。如按人头付费方式可应用于门诊和社区卫生服务中；按服务项目付费可应用于复杂的疾病诊疗项目中；按病种付费可应用于诊断明确、诊疗方式相对稳定的病种项目中；按住院床日付费方式可应用于床位利用率高、床日费用稳定的病种中，等等。各地医疗保险机构应结合当地实际情况，探索符合当地医疗环境的支付方式，制定合理的支付标准，提高医保基金的服务效益。

（二）健全医疗保险费用支出监测体系

为确保医保基金的安全，防范医保费用的过快增长，医保机构应建立完善医保费用支出监测体系，便于全面、及时、动态地掌握所有参保人医疗保险费用发生情况，为调整医保支付方式和标准提供支持。根据我国实际情况，应健全以下方面：基本医疗保险费用支出总体情况监测、基本医疗保险定点医疗机构情况监测、基本医疗保险定点零售药店情况监测、基本医疗保险住院病人情况监测、基本医疗保险门诊病人情况监测。

三、医疗服务供方的费用控制途径

（一）因地制宜调整医保支付方式

根据各地实际，探索对医疗服务机构实施以总额预付制为主，按病种分值付费、按人头付费和按服务项目付费为补充的混合支付方式，调控医疗服务行为，实现在保障医疗服务质量的前提下，提高医疗服务效率、避免医疗费用的不合理增长的目标。

（二）加强定点医疗机构内部医保管理

在新医改推进医保支付制度改革背景下，定点医疗机构应积极应对政策环境的变化，转变医院经济运营模式，以扩大业务规模为中心转变为以成本管控为中心，由粗放式管理转变为精细化管理。具体实践上，采取严格控制药占比、耗材占比等费用控制指标，推行临床路径管理、加强药事服务管理、规范高值耗材的使用、开展日间手术、加强新技术新项目的引进与应用、推动新的科学绩效考核制度等多种手段，主动控制医疗费用的不合理上涨。

【知识链接】

临床路径是指针对某种疾病或某种手术建立一套具有科学性和时间顺序性的标准化治理模式与治疗程序，是一个有关临床治疗的综合模式，以循证医学证据和指南为指导促进治疗组织和疾病管理的方法。它的核心是将某种疾病或手术所涉及的关键检查、治疗、用药、护理等活动进行标准化，确保患者在正确的时间、地点得到正确的诊疗服务，最终起到规范医疗行为、减少变异、降低成本、提高质量的作用。

【资料来源：周民伟，赖永洪，袁勇．医院按病种与病组分值付费基础理论与应用［M］．广州：中山大学出版社，2019.】

四、医疗服务需方的费用控制途径

（一）实施费用分担支付方式

对医疗服务需方实施起付线、共付比例、封顶线相结合的支付方式，进行医疗费用分担，增强参保人的费用意识，减少不合理及不必要的医疗服务需求。目前，我国的社会基本医疗保险制度规定统筹基金和个人账户各自的支付范围，分别核算，不得相互挤占；并规定了统筹基金的起付标准和最高支付限额。起付线以下费用由个人支付；起付线以上、封顶线以下费用，由统筹基金支付及个人分担部分比例；封顶线以上的医疗费用，通过商业保险或个人自费等方式解决。

（二）缩小医保报销范围与报销比例

为有效控制医疗服务需方的过度需求，可增加法定医疗保险非覆盖服务范围，如制定药品报销目录、减少基本用药种类、增加限制报销药品品种。此外，除了制定药品报销目录，还可制定不予报销的药品及服务项目目录等。

（三）加强参保人费用意识教育

医保部门和定点医疗机构在对参保人不规范的医保就医现象进行监督外，同时应加强参保人的医疗保险费用意识教育，一旦发现费用转嫁、冒用他人医保卡等违规行为，应及时采取措施，对违规参保人进行批评教育和严肃处理。

第三节　健康管理与医疗保险费用控制

在我国悠久的中医发展史上，早已出现健康管理的思想。两千多年前的《黄帝内经·素问·四气调神大论》中“圣人不治已病治未病，不治已乱治未乱，此之谓也。”已经孕育着“预防为主”的健康管理思想。现代健康管理于20世纪70年代在美国首先兴起，由于人口老龄化和慢性病发生率大幅增长，特别是新兴的、昂贵的医疗技术在20世纪中后期大量出现，导致医疗保险费用迅速上涨。为控制医疗保险费用并保障个人健康，1973年美国政府颁布《健康维护组织法》，鼓励社会各界积极参与健康维护工作。

一、健康管理的含义与特点

健康管理是对个体或群体的健康进行全面检测、分析、评估，提供健康咨询和指导，以及对危害健康因素进行干预的全过程。健康管理的宗旨是调动个体和群体及全社会的积极性，利用有限的资源来达到预防疾病、维护健康的最佳效果。其具体做法是为个体、群体提供有针对性的科学健康信息并创造条件采取行动来改善健康。

2012 年 9 月，中国保监会下发《关于健康保险产品提供健康管理服务有关事项的通知》（保监会〔2012〕73 号），将健康管理服务定义为针对健康风险因素，通过检测、评估、干预等手段，实现控制风险、改善健康状况的服务，包括健康体检、就医服务、生活方式管理、疾病管理、健康教育等，明确列出了具体的健康管理服务项目。

健康管理的特点包括以下方面：①始终以控制健康危险因素为核心。疾病治疗注重对疾病症状的治疗，而健康管理则注重对影响人的健康危险因素进行干预与控制。②一、二、三级预防并举。一级预防是指通过健康教育、健康促进手段，达到对一般人群的心理和行为、社会及生物可控危险因素的一级预防目标，来改善健康状况，降低疾病的发生率。二级预防是指通过危险因素的预测，有针对性地进行干预，达到早发现、早诊断、早治疗、规范化管理的二级预防目标。三级预防是指通过健康管理，提高患病人群的自身化管理技能，减少疾病的危害，达到预防各种并发症的发生、有效降低病人残疾和死亡率的三级预防目标。③预防医学与临床医学相结合，形成一种真正以人为中心、以健康为中心的新的医学模式，即从单纯的生物医学模式向生物—心理—社会医学模式转变。

二、健康管理的组织与运作

（一）我国健康管理的组织与运行模式

我国现代健康管理起步较晚，2001 年才成立第一家健康管理公司。目前，我国现代健康管理服务的提供方主要有政府、保险公司、健康管理公司三类主体，具体运行方式如下：

1. 政府

目前政府推广健康管理服务主要有电子健康档案和家庭医生制度。2015 年 11 月，国家卫生计生委发布《关于进一步规范社区卫生服务管理和提升服务质量的指导意见》，提出要“加强签约家庭团队建设”，力争 2020 年实现每个家庭拥有一名合格的签约医生，每个居民拥有一份电子健康档案。

家庭医生制度是指通过签约方式，具备家庭医生条件的全科医生与签约家庭建立起一种长期、稳定的服务关系，以对签约家庭的健康进行全程维护的服务制度。2005 年，上海市松江区率先开展家庭医生制度试点。2011 年，上海市推出“家庭医生制度 1.0 版”，家庭医生制试点拓展至上海市 10 个区县，居民逐步认识并接受家庭医生服务，签约居民已超过 1 000 万人，家庭医生为居民提供防治结合的基本医疗服务。2015 年，上海市实施“家庭医生制度 2.0 版”，即以家庭医生为基础的“1 +1 +1”医疗机构组合签约，为居民提供便捷用药、预约转诊、健康管理等签约服务。截至 2017 年 11 月，上海市已有 300 万名居民签约“1 +1 +1”医疗机构组合，即居民在自愿与家庭医生签约基础上，再选择一家区级和一家市级医院签约，逐步建立家庭医生首诊制度。家庭医生制度的实施在一定程度上缓解了居民“看病难”的问题，提高了居民就医效率，同时降低了不必要的医疗费用支出。

2. 保险公司

对于保险公司，能否有效控制医疗费用赔付是决定其保险业务能否盈利的关键因素。为提高参保人的健康素质、降低患病率，越来越多的保险公司推出保险保障和健康管理相结合的保险产品，通过为参保人提供相应的健康管理服务来实现健康风险管理。

参保人对健康管理服务计划的依从性决定了保险公司的健康管理服务效果，具体操作中，大多保险公司将参保人的依从性和保障程度挂钩，如通过加强参保人的互动、定期电话回访、监督管理等措施，促进参保人遵从健康管理服务计划的积极性，真正达到健康管理的目的。

3. 健康管理公司

健康管理公司是第三方机构及健康管理服务的主要提供者，它直接面对个人和机构客户，可直接为个人和团体客户提供健康管理服务、创造价值而获取利润，还可与其他主体（如政府、保险公司）合作，接受其他主体的委托对特定群体进行健康管理，从而收取一定的费用。目前我国的健康管理公司大多以体检型为主要运营模式，如自建体检中心的健康管理机构，通过优良的检查设备、良好的就医环境、可靠的服务质量和突出的市场营销能力，吸引越来越多的客户。

（二）国外健康管理的组织与运作模式

20 世纪 60 年代，美国在健康管理产业中诞生了现代健康产业的雏形。1969 年，美国政府将健康管理纳入国家医疗保健计划，1971 年为健康维护组织提供立法依据，1973 年正式通过了《健康维护法案》。在此之后，欧洲的德国、英国等国家也先后建立了此类的健康管理组织。1980 年前后日本等国家也开始试行健康管理法规。

1984 年，各国开始重视保障人民健康，世界卫生组织提出，卫生可推动社会进步及经济发展。经济发展较好的国家逐渐从政府层面布置促进国民健康的工作。如美国实施的第三个“健康人民 2010”规划；欧盟国家实施的第二个“欧盟成员国公共健康行动规划（2008—2013）”；日本实施的第三个“健康日本 21 计划”等。在此过程中，形成了各具特色的健康产业发展模式，为我国健康产业发展提供了宝贵经验。

现代健康管理最早出现在美国，三四十年来在美国迅速发展和完善，形成了多方共赢的健康服务体系，每个健康管理环节的参与人都是管理者，政府、社区、医疗机构、健康管理组织、医疗技术人员、患者均参与其中。

从服务内容角度看，美国的健康管理由医疗保障系统支撑，主要服务各类群体，大致有三种模式：一是以医生作为健康管理的负责人；二是以雇主、管理者作为健康管理的负责人；三是私人、个人化的健康管理。政府制订“健康人民”健康管理计划：每十年一个计划、执行、评价循环，旨在不断提高全国的健康水平。微观上，美国健康管理公司的具体运营情况是：其服务对象是大众，但直接客户是健康保险公司。

从健康管理策略上看，美国的健康管理策略主要包含以下六类：一是生活方式管理，通过教育、激励、训练等干预手段矫正不良生活方式，提倡健康生活方式；二是按人群需要管理，针对不同特征的人群，以多种通信方式使人群了解医疗保健信息，利用该信息开展自我服务、满足需求；三是按疾病分类，为慢性病患者进行长期的跟踪及服务，提高其健康水平，降低整个社会的医疗成本，提升人群健康水平和指数；四是对重大疾病的管理，对患有重大疾病的患者提供健康管理服务支持；五是对伤残类的管理，帮助不同情况的伤残人士提高生活水平及能力；六是对综合性人群的管理，针对个性群体提供不同的健康管理方式。

三、健康管理在医疗保险费用控制中的作用

健康管理通过较少的资源投入和利用，提供数量多、质量好的医疗

保健服务，提高整个人群的健康水平，实现节约医疗资源及控制医疗费用的目标。目前，我国的基本医疗保险保障范围以疾病治疗为主，近年各地逐步将健康管理纳入医保支付范围，引导人群开展事前预防性健康干预。

（一）引导各级机构主动开展预防保健服务

在国外发达国家管理式医疗模式下，一旦参保人签订服务合同后，医疗服务提供方需全面负责参保人的医疗需求。在这种模式下，医疗服务提供方为减少医疗费用支出，加强了参保人的预防保健服务，尽可能从源头发现并控制疾病的发生，因此在整体上提高了国民健康状况。据统计，美国自实行以健康管理为核心的管理式医疗模式以来，通过引导人们改变不良生活方式，宣传疾病的预防知识，大大降低了生活方式疾病的发生率，其中脑猝死、高血压、糖尿病和肿瘤的发生率分别下降了75%、55%、50%和34%。

在我国，社会保险机构应重视引导各级医疗机构主动开展预防保健服务，可通过扩大预防保健和慢性病支付范围，实施以总额预付制、按人头付费等为核心的医保支付方式等途径，激励各级医疗机构主动为参保人提供预防保健服务。

（二）将预防性消费——“治未病”逐步纳入医疗保险保障范围

我国的中医“治未病”理论汇集了治国理念、卫生制度、生态维护、强身健体、预防保健、医疗康复等丰富思想，它是以健康为宗旨，以预防为中心，以自然、社会、人（生理和心理）整体观为着眼点，与当代卫生健康服务相结合，符合我国基本医疗服务低投入、高效益、广覆盖的原则。具体措施上：一要加大预防性保健服务的财政投入，支持预防保健业务的开展；二是逐步将中医“治未病”健康服务项目纳入社会医疗保险保障范围，如针灸、推拿、中药调理的重要传统特色疗法、保健调养方案、中医非药物干预治疗等。

【延伸阅读】

日本医疗再次被评为全球第一，中国位居第64位

世界卫生组织（WHO）在最新的日本医疗再次被评为全球第一，中国位居第64位的*World Health Report*中，从“医疗水平”“接受医疗服务的难度”“医药费负担公平性”等方面对世界各国的医疗卫生体系进行了综合比较。日本因为“高质量的医疗服务”“医疗负担的平等程度”“国民平均寿命高”等，再次蝉联第一位。中国位居第64位。

日本从政府层面对国民健康加以管理可追溯到1978年。当时日本厚生劳动省首次推出了国民健康运动计划，重点是推广健康体检，增加保健护士、营养师人数等。

10年后，作为第二次打造国民健康对策中重要的一环，厚生劳动省又提出了确保老人健康体检的机制、规范地区保健中心、培养健康运动指导师等目标。此外，还更加注重培养国民的运动习惯、制定运动指南、推进健身设施的建设等。2000年开始实施的第三次打造国民健康对策，则颁发了“健康日本21计划”。日本政府还在2002年颁布了《健康增进法》，旨在为推动国民健康提供法律依据。

经过长达30多年的努力，5年一次的调查结果表明，日本人的平均寿命一直呈增长趋势。其中较具代表性的例子是长野县下伊那郡高森町实施的健康长寿体操运动。该县为了实现健康地活着，在没有疾病情况下迎接自然死亡的目标，积极让老人做一套健康长寿操。

同时，还鼓励老人采用更健康的饮食方式，如减少盐分摄取、呼吁老人们吃拉面时把汤留下一半、每天只喝一碗酱汤、只吃一小碟咸菜等。这样的健康改善计划让长野县高龄老人的医疗费用连续18年来保持全日本最低纪录，脑溢血的死亡率也在12年里降低了一半。长野县的这套健康长寿操被推广到多个地区，静冈县聘请了专门的教练在老年活动中心带着老人们一起做操。

日本几乎每个城市都有健康管理中心。日本是众所周知的长寿国家，除齐全的社会养老医疗设施，高质量的空气、饮水及食物外，更要归功于政府对民众健康的积极管理。

日本政府每年要为癌症、糖尿病、心脑血管疾病等患者支付巨额的医疗费，为促进民众健康生活，帮中年人和老年人及早发现和预防疾病，减少政府财政负担，日本几乎每个城市都设有由政府出资建立的公立健康管理中心，和当地公立医院及大学附属医院等相互关联，为当地民众提供全面的健康管理服务。

健康管理中心的主要工作是定期健康检查。每个中心都配有很多先进健康检查仪器，如核磁共振（测定脑和血管）、CT（肺癌的早期发现）、超音波（肝脾肾动脉等检查）、人体成分分析机（骨骼脂肪肌肉的检查）等，为人们提供比较精密的健康体检。

除体检外，健康管理中心还设有病房、手术室、理疗室、食堂等，有专门的营养师帮病人搭配营养餐。因为护理人员相对较多，床位不紧张，离家又近，因此需要短期康复或症状较轻的儿童一般在健康管理中心接受治疗，从而起到帮大医院分流患者的作用。

健康管理中心还通过各种活动来督促人们采取健康的生活方式，比如每月举办免费健康讲座、配合政府推进提高国民身体素质的活动、每年1～2次免费派发健身券和家庭医药箱活动等。

【资料来源：日本医疗再次被评为全球第一，中国位居第64位．精准医学微信公众号，2019－01－12.】

思考题：

1. 引发医疗保险费用上涨的原因有哪些?
2. 简述医疗保险费用控制的途径。
3. 试述健康管理在医疗保险费用控制中的作用方式。

第七章　医疗保险范围和医疗保险管理

【学习目的】

通过本章学习，掌握医疗保险范围的定义、影响因素，熟悉医疗保险范围的原则和程序；掌握基本医疗的界定；熟悉基本医疗保险诊疗项目的含义、制定基本医疗保险诊疗项目范围的基本原则，了解基本医疗保险诊疗项目范围的确定和管理的权限划分。

【章前案例】

“保基本”在社保法“十二字”方针中的核心地位

《中华人民共和国社会保险法》提出，包括医疗保险在内的社会保险制度要“坚持广覆盖、保基本、多层次、可持续的方针”。“十二字”方针具有内在的必然联系。其中，“保基本”处于核心地位。

1. 只有“保基本”才能广覆盖

广覆盖是社会医疗保险相对于商业医疗保险的潜在优势，中国的基本医疗保险用了不到20年的时间，就把这种潜在优势变成了现实，实现了基本医疗保险全覆盖。其成功之道就是始终坚持“保基本”的原则。在起步阶段坚持低水平起步，符合福利刚性原则，既有利于快速扩面，也有利于稳定参保人群，避免了因经济波动而导致的覆盖面下降；在发展过程中坚持“保基本”的原则，避免了覆盖面下降情况的发生。

2. 只有“保基本”才有多层次

多层次包括基本医疗保险、补充医疗保险、商业健康保险和医疗救助等项目，这些项目相互补充，形成完整的医疗保障体系。多层次要求系统思维，多策并举，防止单打独斗。如果基本医疗保险承担的责任过大，超越了“保基本”的界限，就会挤占补充医疗保险和商业健康保险的发展空间，甚至挤占医疗救助的发展空间，产生所谓的挤出效应，多层次的医疗保险体系就无法实现，同时基本医疗保险产生的效应也会被部分抵消。“保基本”和“多层次”的结合，体现了公平性和差异性的统一。因此，基本医疗保险既不能缺位，也不能越位。

3. 只有“保基本”才能可持续

“保基本”是医疗保险事业可持续发展的必然要求。从逻辑上讲，“保基本”是可持续的必要条件，只有坚持“保基本”的原则，才能保障医疗保险基金的可持续。有些地方政府将民生工程搞成“政绩”工程，未能坚守“保基本”，不切实际、不加限制地大幅度提高医疗保险待遇、取消起付线、一味提高报销比例、试图取消封顶线，甚至“免费医疗”。这种短期行为，为可持续性埋下了严重隐患，一旦地方经济下滑，加上福利刚性的力量，医保基金将面临穿底的风险。地方官员的任期制是导致短期行为的重要原因，任期越短，越不注意可持续性。换句话说，任期越短，向未来转嫁风险的行为越严重。为了确保医保基金安全，实现医保事业的可持续发展，必须用法治保障来坚守“保基本”，用法律约束地方官员的短期行为。如果说打击欺诈骗保是保障基金安全的治标之法，那么，用法治保障来坚守“保基本”，则是保障基金可持续的治本之法。

【资料来源：肖力玮，吕国营. 新时代基本医疗保险依然必须坚守“保基本”[J]. 中国医疗保险，2019 (4)：18－20.】

思考题：新形势下基本医保如何坚守“保基本”的原则?

第一节　医疗保险范围与基本医疗界定

一、医疗保险范围

(一) 医疗保险范围的含义

广义地说，医疗保险范围包括医疗保险的承保对象、医疗费用的负担比例及承保的卫生服务项目。简单地说，医疗保险范围主要指医疗保险的覆盖人群和该人群具体享受到的医疗保障程度。

狭义地说，医疗保险范围主要指医疗保险所承保的医疗服务项目，以及这些项目提供的数量、形式与限制等。通常是通过医疗保险责任范围和医疗保险除外责任两个方面来界定医疗保险范围。责任范围是指保险人负责补偿的风险范围，是医疗补偿的依据；而除外责任是指保险人不负责补偿的风险范围，是不负责赔偿责任的部分。由于社会经济条件的制约和卫生资源的有限性与稀缺性，医疗保险不可能保障所有人的所有医疗风险，医疗保险范围的界定应当综合考虑责任范围和除外责任这两部分的内容。

（二）医疗保险范围的影响因素

对于一个具体的国家或地区来说，在一定时期内，医疗保险的保障范围如何，取决于以下几个方面的因素：

1. 经济发展水平

经济发展水平反映了一个国家或地区所能提供的经济资源总量。它作为医疗保险支出的最终来源，从根本上制约着医疗保险的覆盖范围。经济发展水平提高，国家经济实力雄厚，税收来源增多，国家财政承受能力也就越强。事实上，工业化程度越高的国家或地区，医疗保险的覆盖面就越宽，数量也越多。同时，经济发展水平提高和人民生活水平提高，人们的保险意识随之增强，必然会自动寻找社会力量来分担疾病风险，达到消除或减少风险的目的。

2. 国家财政的支持能力

医疗保险是公益性福利事业，政府对支付医疗保险费有不可推卸的责任。在医疗保险中，劳动者个人缴纳的医疗保险基金一般只占医疗保险基金的一部分，其余部分由劳动者所在单位和国家财政负担。此外，社会弱势群体无能力缴纳医疗保险费，但他们又是最需要医疗保障的人群，国家必然要解决特殊群体和弱势群体的医疗保险问题。因此，医疗保险范围越宽，国家财政所承担的医疗保险费用越大。受国家财政支持能力的限制，大多数国家的医疗保险都有限制的保障范围。

3. 医疗保险制度的完善程度

好的制度可以降低交易费用，优化资源配置，节约资源，在原有的资源条件下可以取得更多的产出。完善的医疗保险制度，可以节省更多的成本，从而可以为更多的人提供医疗保险服务，医疗保险服务对象可以得到扩大。所以，医疗保险制度的完善程度，已成为制约医疗保险覆盖面的一个重要因素。

4. 健康观念的转变

传统的健康观念注重单纯消除病症。在这种健康观念的指导下，医疗保险制度首先把疾病津贴作为医疗保险首选内容，继而把治疗费用纳入保障范围。在医疗费用中，首先纳入的是对人们生活水平影响较大的治疗费用，如高额的住院医疗服务费用，继而扩大到一般医疗服务。随着传统医学模式向现代医学模式的转变，人类健康观念也发生了改变，对健康的维护开始由传统的事后消极诊疗延伸到事前的积极预防及病后康复，一些国家逐步将老年护理、预防保健、健康管理等内容纳入医疗保险范围。

（三）确定医疗保险范围的原则

1. 与医疗保险目的一致的原则

社会医疗保险作为国家强制保险须体现国家的政治意图，大多数实行社会医疗保险的国家将社会医疗保险的目的确定为保证全体公民在发生疾病时得到应有的医疗保健服务。在确定社会医疗保险范围时，必须使其能够实现社会医疗保险的目的。

2. 与经济发展水平相适宜的原则

经济水平制约医疗保险的保障范围和程度。医疗保险的范围越广泛，程度越高，则需要筹集的保险基金越多。当确定保险范围所需要的基金数超过了社会经济承受能力，会对保险运营甚至是政府财政造成重大损害。因此，确定医疗保险的范围应当与社会经济发展水平相适宜，要对承保项目做出慎重选择。

3. 满足参保人医疗保险需求的原则

满足参保人医疗保险需求的原则包括两层意思：一是医疗保险范围要满足所有参保人最基本的医疗保险需求；二是应该尽可能地满足不同人群的多层次需求。

4. 充分考虑医疗服务供给状况的原则

医疗保险的一个重要职能是补偿参保人的医药费，而医药费的发生与卫生服务系统提供的卫生服务密不可分。在社会医疗保险系统中，医疗保险机构直接或间接购买医疗服务机构所提供的服务，医疗保险机构确定医疗保险的范围实质上是事先确定要购买服务的清单。因此，要充分考虑医疗服务的供给状况，了解目前医疗服务机构提供的服务项目、服务类型、服务形式、服务质量和服务价格等，以及今后医疗服务机构所提供服务的发展趋势，从而确保医疗保险范围覆盖的服务项目包括在卫生服务提供范围之内，而且在相对较长的时间内具有一定的稳定性，确保医疗保险基金足够支付医疗保险范围所覆盖的医疗服务项目。

5. 不断发展的原则

医疗保险范围不是一经确定就一成不变的，而是不断发展的。医疗保险范围的发展是因以下变化而产生的。

（1）医疗保险目的的改变。在不同历史阶段，社会医疗保险的开展有不同的目的。随着社会经济水平的提高，人民生活水平的改善，我国今后的医疗保险可能不仅保障基本医疗，还会提供更高水平、更大范围的保障。

（2）医疗保险需要的改变。人们对医疗保险的需要受到多种因素的影响，包括人们的健康状况或疾病风险发生概率、疾病风险所造成的经济损失等各种因素。随着疾病谱的改变，医疗卫生条件的改善，这些因素都会发生改变，那么人们对医疗保险的需要程度也会发生改变。为了满足参保人的需要，医疗保险范围也应该随之改变。

（3）医疗保险支付能力的改变。随着社会经济发展水平的提高，医保筹资能力会逐步改善，参保人的医疗保险支付能力也就得到增强。在这种情况下，可以适当扩大报销范围或者适当提高可报销服务的级别。

（4）医疗服务提供状况的改变。医疗服务的提供状况，包括服务项目、服务类型、服务形式、服务质量和服务价格都不会是一成不变的。随着现代科学技术在卫生服务领域中的不断应用，医疗保险范围应该发生适当的变化，与卫生业务相适应。此外，随着时代变迁，很多医疗服务的提供形式都发生了很大的变化。2015 年 11 月，国务院办公厅转发卫生计生委等部门《关于推进医疗卫生与养老服务相结合指导意见的通知》，文件要求支持养老机构开展医疗服务，推动医疗卫生服务延伸至社区、家庭，将符合规定的医疗费用纳入医保支付范围。

（四）确定医疗保险范围的程序

一般来说，医疗保险范围确定的程序是：确定目标、收集资料、资料分析、制订备选方案、评价和选择方案、制定管理办法。

确定医疗保险合理的保障范围，需要进行一系列的调查研究。这些调查研究通常需要一些部门和团体的参与，如医疗保障局、卫生部门、财政部门、工会、专业性研究机构或专家委员会及研究团体，由这些研究者对经济水平、健康水平、卫生服务供求状况及人们的意向等进行分析处理、提供方案和建议，呈送给医疗保障局、卫生部门、财政部门等审核评议，由政府部门做出最后的决策。

二、基本医疗界定

世界银行的《1993 年世界发展报告——投资于健康》中首先提出了“基本医疗卫生服务”的概念，它是指包括基本公共卫生服务包及基本医疗服务包在内的“一揽子基本卫生服务项目”。2008 年全国卫生工作会议上指出，“基本医疗卫生服务”包括公共卫生服务和基本医疗两大部分，基本医疗即采用基本药物、使用适宜技术，按照规范诊疗程序提供的急慢性疾病的诊断、治疗和康复等医疗服务。

但基本医疗目前尚没有统一的定义，它是一个相对概念，具有变动性、地域性和阶段性。在不同时期、不同地区有不同的内涵与范围，基本医疗的内容受医学科技发展水平及居民疾病构成变动趋势的影响，基本医疗的水平和方式受社会生产力发展水平，以及国家、集体和个人承受能力的制约。

1. 基本医疗字面含义

所谓“基本”就是指最起码的、最应该具备的。对于某个个体来说，基本医疗是指个体为了挽救生命和延长寿命、提高生存质量从而使个人效用最大化所最需要利用的、最优先利用的医疗服务或医疗措施；对于某个社会来说，基本医疗是指对改善全体公民健康、最应该为全体公民所享受的医疗服务或医疗措施。

2. 个体的基本医疗

（1）生理学含义。从个人的生理学角度来看，当外部的各种因素（物理、化学、生物和社会经济等因素）导致人体内环境失衡不能迅速恢复时，每个个体为了维持机体生存、正常生育和发展而相应采取的所有医疗措施，都是基本医疗。比如，某人感冒后为了缓解症状到医院取药，对他来说这属于基本医疗；某人患有尿毒症，为了缓解症状并延长寿命，每周都要到医院进行血液透析；某人到医院分娩，为了产妇的早日恢复和新生儿的良好休息，享受温馨病房服务。

（2）经济学含义。对绝大多数人而言，其收入都是有限的、都存在预算约束，除了医疗服务，还需要利用很多其他的产品或服务，如购买食品、衣物、日常用品、住房等。在这种情况下，人们在自己经济能力允许的范围内，选择自己最希望、最迫切、最需要利用的医疗服务，就是经济学约束下的基本医疗。

在经济学中，为了判断人们对某一种物品的需要程度，可以观察人们对该物品的需求价格弹性。不同的卫生服务的需求弹性是不同的，不同的人对同一项卫生服务需求弹性也不同。比如，某一项医疗服务，对于收入比较高的人来说，需求价格弹性比较小，可以界定为经济学的基本医疗；对于贫困人口来说，需求价格弹性比较大，就无法界定为经济学的基本医疗。

3. 社会的基本医疗

（1）生理学含义。对于某个社会来说，基本医疗的生理学含义是社会有必要提供的医疗措施或医疗服务。社会的基本医疗可以根据健康问题影响范围的大小、严重性及其可防治性来判断。如果这些医疗措施所处理的问题不仅是影响大多数人健康的或是影响健康的最主要的问题，而且是临床处理这些问题所必需的措施，那么这些措施就是社会最应该提供的措施，属于基本医疗。比如，良好的孕产期保健服务和住院分娩服务可以有效地降低孕产妇死亡率和婴儿死亡率，因此属于基本医疗；再如急性阑尾炎、急性胰腺炎和急性肠梗阻的手术治疗等，如果不实施手术，就会危及人的生命，如果实施手术，人们很快就可以恢复正常的生活，这类住院手术服务也属于基本医疗；有的人除了上述的医疗措施外，特意要求护士全程陪伴服务、专家诊疗服务等，这样的服务要求就不属于基本医疗。

（2）经济学含义。对于某个社会来说，社会最应该提供的应该是能够充分利用资源、使资源最大限度改善人类健康的措施，即经济学基本医疗。经济学评价的方法可以用来判断并选择一些对于某个社会最为经济有效的措施。根据《1993 年世界发展报告——投资于健康》，在任何国家的医疗服务中，以下五大干预措施可能都占有重要地位：围生及分娩保健；计划生育服务；患儿管理；结核病治疗和性传播疾病患者的管理。这五种干预措施均具较高的成本效益，减少一个伤残调整生命年损失所需要的平均成本在低收入国家不超过50美元，中等收入国家不超过150美元。同时，这些措施又都针对影响贫困人群普遍存在的卫生问题，应该将之列入“一揽子基本临床服务”。

（3）保险学含义。一个社会之所以提供社会医疗保险，是因为要使人群患病后能够及时就医，改善人群就医的经济可及性，使之不会陷入“因病致贫，因贫致病”的恶性循环。因此，最能够满足上述目的的医疗措施便是社会医疗保险最应该覆盖的医疗措施，属于基本医疗。社会不仅要考虑使基本医疗尽量覆盖群众关注程度比较高的健康问题及医疗措施，还要考虑基本医疗的界定受到社会医疗保险基金额大小，即受各筹资方筹资能力的制约。保证社会医疗保险基金的收支平衡意味着社会保险计划的可持续性。

第二节　医疗保险的医疗服务目录管理

由于我国现阶段处于社会主义初级阶段，经济能力和物质条件有限，这就决定了现阶段的保障水平只能是基本医疗。在具体操作上，基本医疗的范围管理具体分为“三个目录”，即《国家基本医疗保险诊疗项目范围》《基本医疗保险医疗服务设施范围和支付标准》《国家基本医疗保险药品目录》。医疗保险的基本医疗服务管理主要通过这“三个目录”进行。下面主要介绍基本医疗保险诊疗项目的管理。

一、基本医疗保险诊疗项目的含义

基本医疗保险诊疗项目是指符合以下三个条件的各种医疗技术服务项目和采用医疗仪器、设备与医用材料进行的诊断、治疗项目：

一是临床诊疗必需、安全有效、费用适宜。临床诊疗必需，就是临床治疗疾病必需的项目，相对于非疾病治疗的诊疗项目如美容等，以及疾病治疗的主要诊疗手段，相对于辅助诊疗手段如音乐疗法等而言的；安全有效，是指经临床长期使用并被广泛公认的、成熟的项目，相对于尚属于研究阶段、疗效不确定的一些诊疗措施，如心、肺、脑移植等；费用适宜，就是要与基本医疗保险基金的支付能力相适应，在同等诊疗效果的诊疗项目中，选择价格合理的诊疗项目。

二是由物价部门制定收费标准。这是根据诊疗项目管理主要是由物价部门确定收费价格的现状提出的，诊疗项目的种类繁多，经济发展水平不同，医疗技术水平不同，符合条件的诊疗项目，并不是在所有的省（区、市）都能开展，根据物价部门的收费标准，就可以将基本医疗保险的诊疗项目限定在一个明确的范围内。

三是在由定点医疗机构为参保人员提供的定点医疗服务范围内。基本医疗保险实行定点医疗机构管理，只有社会保险经办机构确定的定点医疗机构提供的各种诊疗项目才有可能纳入基本医疗保险基金支付范围。非定点医疗机构提供的诊疗项目，基本医疗保险基金不予支付。这一条件是统筹地区在基金支付时掌握的条件，也是从医疗保险的角度对卫生资源进行合理规划的手段。

二、制定基本医疗保险诊疗项目范围的基本原则

一是考虑临床诊断、治疗的基本需要。这是制定基本医疗保险诊疗项目范围的出发点，制定范围和目录的目的不是限制参保人对诊疗项目的合理使用，而是在基金可以承受的范围内，确定诊断明确、治疗疾病效果最好、费用合理的诊疗项目，充分发挥基金的使用效益，以满足绝大多数参保人的基本医疗需求。

二是兼顾不同地区经济状况和医疗技术水平的差异。不同地区经济发展水平不同、人口结构和疾病谱不同，基本医疗保险的筹资水平、医疗技术的水平和结构也不一样，国家在控制基本医疗保险诊疗项目宏观水平的同时，一定要给各地留有一定幅度的调整空间，使各地的诊疗项目目录符合当地的具体实际。

三是科学合理。制定诊疗项目范围和目录的办法要科学，范围和目录的内涵和结构要科学合理，不仅要符合医学的要求，也要符合医疗保险在经济学上的要求。

四是方便管理。基本医疗保险诊疗项目的管理办法要方便社会保险经办机构对项目使用的审核和费用支付等。

三、基本医疗保险诊疗项目范围的确定

目前，国家确定基本医疗保险诊疗项目的范围，采用的是排除法。这是根据我国诊疗项目管理的现状确定的。由于诊疗项目的管理缺乏全国统一的办法和临床准入标准，各地主要依据省（区、市）物价部门的收费标准执行，项目数量、名称、内涵及价格标准各地不一。因此，目前在国家难以对诊疗项目进行统一规范的基础上，按照准入法制定诊疗项目的范围，只能用排除法制定。同时，鼓励有条件的地区试用准入法制定本地区的诊疗项目目录。今后随着有关部门对诊疗项目管理的逐步规范，在适当的时候，国家的基本医疗保险诊疗项目的管理也将逐步向准入法过渡。

国家基本医疗保险诊疗项目范围分为两部分：一是基本医疗保险不予支付费用的诊疗项目范围；二是基本医疗保险支付部分费用的诊疗项目范围。一般来说，对于一些非临床必需、效果不确定的诊疗项目，以及属于特需医疗服务的诊疗项目，基本医疗保险基金不予支付；对于一些临床诊疗必需、效果确定，但容易滥用或费用昂贵的诊疗项目，基本医疗保险基金支付部分费用。

1. 国家基本医疗保险支付部分费用的诊疗项目范围

国家基本医疗保险支付部分费用的诊疗项目主要包括一些临床诊疗必需、效果确定但容易滥用或费用昂贵的诊疗项目。

（1）诊疗设备及医用材料类主要包括：①应用 X－射线计算机体层摄影装置（CT）、立体定向放射装置（γ－刀、X－刀）、心脏及血管造影 X 线机（含数字减影设备）、磁共振成像装置（MRI）、单光子发射电子计算机扫描装置（SPECT）、彩色多普勒仪、医疗直线加速器等大型医疗设备进行的检查、治疗项目；②体外震波碎石与高压氧治疗；③心脏起搏器、人工关节、人工晶体、血管支架等体内置换的人工器官、体内置放材料；④各省物价部门规定的可单独收费的一次性医用材料。

（2）治疗项目类包括：①血液透析、腹膜透析；②肾脏、心脏瓣膜、角膜、皮肤、血管、骨、骨髓移植；③心脏激光打孔、抗肿瘤细胞免疫疗法和快中子治疗项目。

（3）各省医疗保障部门规定的价格昂贵的医疗仪器与设备的检查、治疗项目和医用材料。

2. 国家基本医疗保险不予支付费用的诊疗项目范围

国家基本医疗保险不予支付费用的诊疗项目主要是一些非临床诊疗必需、效果不确定的诊疗项目及属于特需医疗服务的诊疗项目。

（1）服务项目类包括：①挂号费、院外会诊费、病历工本费等；②出诊费、检查治疗加急费、点名手术附加费、优质优价费、自请高级护士等特需医疗服务。

（2）非疾病治疗项目类包括：①各种美容、健美项目及非功能性整容、矫形手术等；②各种减肥、增胖、增高项目；③各种健康体检；④各种预防、保健性的诊疗项目；⑤各种医疗咨询、医疗鉴定。

（3）诊疗设备及医用材料类包括：①应用正电子发射断层扫描装置（PET）、电子束CT、眼科准分子激光治疗仪等大型医疗设备进行的检查、治疗项目；②眼镜、义齿、义眼、义肢、助听器等康复性器具；③各种自用的保健、按摩、检查和治疗器械；④各省物价部门规定不可单独收费的一次性医用材料。

（4）治疗项目类包括：①各类器官或组织移植的器官源或组织源；②除肾脏、心脏瓣膜、角膜、皮肤、血管、骨、骨髓移植外的其他器官或组织移植；③近视眼矫形术；④气功疗法、音乐疗法、保健性的营养疗法、磁疗等辅助性治疗项目。

（5）其他类别包括：①各种不育（孕）症、性功能障碍的诊疗项目；②各种科研性、临床验证性的诊疗项目。

在确定基本医疗保险诊疗项目时，规定未列入区域规划的大型医疗设备不得纳入基本医疗保险基金支付范围。这主要是考虑，大型医疗设备的配置和使用所产生的费用需要消耗大量的社会卫生资源，在我国现阶段卫生资源分布不均衡的情况下，若不通过规划的手段对大型设备的配置进行管理，势必造成卫生资源的不合理使用，这是对我国大型设备资源配置缺乏宏观调控的经验总结。目前我国对包括大型设备在内的新技术新项目实行高标准收费，在部分地区缺乏对大型设备的配置科学规划情况下，部分医疗机构盲目采购大型设备，比如彩超、大型CT、MR等，耗费高额的医疗服务成本。医疗机构为了收回投资成本和追求大型设备检查带来的高收益，放宽大型检查的临床使用指征，滥用检查的现象时有发生，加重了患者和医疗保险基金的负担。鉴于此，卫生部于2004年颁布了《大型医用设备配置与使用管理办法》，对大型设备的购置、质量检测标准进行了政策规定。大型设备的区域规划，有利于节约卫生资源，其目的与基本医疗保险控制费用的目的一致。因此，对未列入区域规划的大型医疗设备不得纳入基本医疗保险基金支付范围。

在确定基本医疗保险诊疗项目时，规定各种健康体检不列入基本医疗保险诊疗项目的范围，这是过去公费、劳保医疗政策的延续。健康体检分为一般健康查体和特殊目的的健康体检。一般健康查体是为了早期发现、早期治疗疾病，由各用人单位组织的预防性疾病普查措施，体检费用由各用人单位负担，不在公费、劳保医疗经费中支出。特殊目的的健康体检，是指职工根据一些特定的要求所进行的体检，如职工在求职、办理出国手续购买商业医疗保险等活动中按要求进行的体检，这些体检费用一般由个人负担。因此，医疗保险制度改革后，各种健康体检不列入基本医疗保险诊疗项目，由单位组织的健康查体费用由各用人单位负担，原由个人自付的特殊目的的健康体检费用仍由个人自付。

四、基本医疗保险诊疗项目管理的权限划分

国家医疗保障局负责组织制定国家基本医疗保险诊疗项目范围，并根据基本医疗保险基金的支付能力和医学技术的发展适时调整。在范围中，只规定基本医疗保险基金不予支付费用和支付部分费用的诊疗项目的主要类别，除列举部分项目名称以表明项目类别的含义外，对具体的项目不作规定。各省（市、区）社会保障行政部门根据国家基本医疗保险诊疗项目范围的规定，组织制定基本医疗保险诊疗项目目录，并根据国家基本医疗保险诊疗项目范围的调整作相应调整。各省（市、区）可依据本省（市、区）物价部门医疗服务收费标准所列的具体的项目，按照国家基本医疗保险诊疗项目范围，制定具体的项目目录。

各统筹地区社会保障部门要根据当地实际，对本省（市、区）的诊疗项目目录中所列的支付部分费用的诊疗项目规定具体的个人自付比例，并结合区域卫生规划、临床适应证、医疗技术人员资格等限定使用和制定相应的管理办法。比如，限定某种大型设备只能在某一医疗机构使用、某一特种手术限定由某一级别的医师执行、某一特殊治疗技术只限于治疗某种疾病等。

【延伸阅读】

医疗目录调整，或改善罕见病用药现状

瓷娃娃、渐冻人、睡美人、狼人症……随着社会对罕见病关注度的不断提升，人们对于这些疾病名称不再感到陌生，但鲜有人知道，药物供应问题以及高昂的药费，正在成为影响罕见病患者用药的一大难题。2019年3月13日，国家医保局公布新版医保目录调整范围，罕见病等重大疾病治疗用药将获国家医保新药品目录优先考虑。

孤儿药，是罕见病药物的别称。由于研发生产企业较少，成本高昂，孤儿药的价格也往往令罕见病患者望而却步。以戈谢病为例，患者每年的药物支出费用高达70万~200万元。据不完全统计，我国约有2 000万罕见病患者。《中国罕见病群体生存状况调研报告》显示，我国罕见病患者治疗时遇到最大的困难主要包括治疗费用过高、缺乏医疗技术以及无法购买到合适的药品或药价太高。

据悉，目前我国罕见病患者用药保障的主要途径包括基本医保、大病医保、慈善救助等多种方式，但由于种种原因，罕见病患者群体的用药保障并不完善，部分患者因病致贫、因病返贫现象较为突出，有的患者甚至因为药费负担过重而长期得不到有效治疗。如何加强罕见病患者群体用药保障，已经成为一个亟待解决的社会难题。

一、医保目录动态调整关注孤儿药

多年来，关于将罕见病药物纳入医保的呼声从未间断，但由于罕见病治疗药物多属进口药物，价格昂贵，受“广覆盖、保基本、可持续”的医疗保障原则约束，纳入医保的罕见病病种数量仍然较少，罕见病患者的用药保障和救助水平较低。

2019年3月13日，国家医保局公布《2019年国家医保药品目录调整工作方案（征求意见稿）》，目录调整将优先考虑国家基本药物、癌症及罕见病等重大疾病治疗用药、慢性病用药、儿童用药、急救抢救用药等。对此，罕见病发展中心创始人兼主任黄如方说：“此次目录调整对罕见病的高度关注，意味着国家对于罕见病的重视程度又上升了一个高度。”

哪些孤儿药有望成为此次医保目录调整的“幸运儿”？黄如方认为，一方面要考虑药物是否在临床上有明确诊断路径，对该疾病切实有效；另一方面可能要考虑到社会关注度、涉及患者的数量等方面。

此次目录调整，对于药企同样有着重要意义。若孤儿药不被纳入医保，意味着市场愈发狭小，且无利可图。此次目录调整对罕见病药物的

关注，无疑也给外资药企加速在中国上市孤儿药以及本土企业加强研发生产的新动力。

“从这次的医保药品目录调整机制中，足见国家在解决‘罕见病用药保障’这个全球性难题上的决心和魄力。”诺华集团（中国）总裁尹旭东表示，“诺华一方面会积极将更多罕见病药物引入中国，让患者用得上，同时愿意积极配合国家医保局，通过常规准入或谈判等方式，推动诺华罕见病药物进入医保目录，让更多患者用得起。”

据了解，诺华深耕罕见病领域多年，在超过60个罕见疾病领域开发了治疗药物和技术，此前两轮医保谈判中，诺华有5个罕见病用药通过谈判进入了国家医保目录。

二、探索建立罕见病社会保障机制

“解决罕见病患者用药保障问题，光靠医保远远不够。”全国政协委员、北京大学第一医院丁洁教授表示，“由于我国罕见病患者人数总体较多，医疗需求量巨大，而且很多孤儿药药价高昂，从医保控费和公平性的角度讲，将孤儿药都纳入医保并不现实。”

“罕见病药物制度和医疗保障体系的完善，政府应发挥主导作用。”丁洁认为，应当建立由政府主导、多方参与、多方筹资的罕见病专项医疗基金，并结合大病医疗保险政策，联动加强对罕见病患者的医疗保障。

实际上，在罕见病救助和保障方面，我国各地方政府在积极探索各种模式。从2005年起，上海、青岛、浙江等地就已经相继出台了具有地方特色的罕见病药物保障模式。

以“青岛模式”为例，2012年，青岛市实施由财政出资、医保经办的大病救助制度，2017年左右建立了“基本医疗保险＋大病医疗保险＋补充医疗保险＋社会救助”的多层次医疗保障体系，将部分罕见病药物、耗材和精准诊疗项目纳入大病保险等基本医疗保障范围。

“青岛探索出的大病救助模式值得推广，尤其是多方支付的理念正契合当下罕见病患者用药保障的特殊情况。”黄如方表示，“特别是政府部门应当与药企谈判，通过以量换价的形式合理降低药价。”

但由于各省市的经济水平、疾病情况不同，“青岛模式”能否在全国普遍推行值得商榷。青岛罕见病保障制度制定者、青岛市社会保险研究会副会长刘军帅也曾在媒体采访中表示，青岛所能做的地方探索是有限的，要继续深入还须顶层设计的推进和国家宏观层面的罕见病社会保障政策。

尹旭东建议由国家医疗保障局牵头，联合多个政府部门，建立一个多方参与、多方筹资的系统，从筹资到保障全链条打造一个中国特色的罕见病医疗保障体系，保障罕见病患者的权益。“作为企业方，我们也非常愿意支持政府开展这方面的创新机制的研究及该体系的建立，践行企业社会责任。”尹旭东说。

三、商业保险应发挥补充保障作用

除基本医疗保险外，商业保险也是我国医疗保障体系的重要组成部分，在建立和完善我国社会保障体系的过程中发挥着不可替代的作用。然而，整体而言，我国的商业保险在罕见病领域的覆盖程度并不高，市场上很少有重疾险产品将罕见病纳入承保范围当中。

有专业人士分析，这一方面是因为大多数罕见病属遗传性疾病，而遗传病不属于重大疾病的保障范围；另一方面，罕见病发病率低，患者群体数量少，样本数据少，保险公司无法对罕见病进行合理定价，难以保障保险产品本身的公平性。

业界较为普遍的观点是：商业保险可以参与到由政府主导、多方筹资、多方支付的大病医疗救助体系当中，尤其在单个疾病的保障当中可以发挥重要作用。

实践中，已有保险公司进行这样的尝试。据相关媒体报道，2012 年，中国人保健康辽宁分公司通过补充协议方式，将肺动脉高压专项补偿纳入由该公司承办的城镇职工和居民补充医疗保险的报销范围，截至 2016 年 8 月 5 日，共补偿 339 人次，补偿 390.70 万元，形成了基本医保、商业健康保险和公益慈善的协同互补作用。

“这是保险公司以补充医保的形式参与到社会救助体系的一种方式，此外，一些非遗传性、发病率较高的罕见病也在努力纳入到部分保险产品当中。”中国人民保险健康股份有限公司一位保险精算师介绍。

“罕见病患者只是相对而言属于少数群体，少数群体的正当权利和公平性问题也应当得到充分的尊重。中国罕见病患者的救治靠的不是一个企业、一个专家、一个组织，而是要靠多方协力甚至全社会的共同努力。”黄如方说。

【资料来源：邓睿．医保目录调整或将改善罕见病患者用药现状［DB/OL］．（2019 – 04 – 06）．http：//health. people. com. cn/n1/2019/0406/c14739 – 31015515. html.】

思考题：

1. 试述医疗保险范围的定义和影响因素。
2. 如何理解基本医疗？
3. 试述制定基本医疗保险诊疗项目范围的基本原则。

第八章　医疗保险模式及改革发展

【学习目的】

通过本章学习，掌握国外主要医疗保险模式的主要内容，了解国外主要医疗保险模式的发展历程；掌握我国医疗保险模式的主要内容，熟悉我国医疗保险制度改革发展历程。

【章前案例】

中国医保制度是世界上最大的减贫计划

国家医疗保障局副局长陈金甫指出，中国的医保制度将是全社会扶贫的重大攻坚领域。从中国医保制度发展过程来看，中国的医疗保险制度首先发端于减贫。医保制度的建立要求经济发展水平和医疗服务水平达到一定程度，而中国的医保制度建立之初，社会经济支撑能力和医疗服务能力都是不足的。

从中国政府的意图和政治决策看，医保制度建立主要立足于减贫，发展到后来，医保制度才成为实现人人享有健康的一个制度保障，若没有覆盖13亿人的医保制度安排，中国因病致贫发生率会远远高于目前的40%。“中国政府推进医保过程中，始终把贫困人群视为社会政策首要关注对象”，陈金甫说，回顾改革开放的历史，曾经有1 000多万名下岗工人，其中几百万名退休工人，他们依赖单位体制，没有社会保障。中国政府拿出几百亿资金解决他们参与医保的问题。可以说，中国医保是世界上最大的减贫计划，它看似是一个社会保险制度安排，实际上是嵌入了政府庞大的减贫计划。

比如说，2005年，中国推出了名为“新型农村合作医疗”的农村医保制度。陈金甫表示，这实际上也是基于农村原有以乡镇卫生院为代表的医疗供给系统已经弱化，大量农民从农村转向城市过程中，农村医疗问题越来越突出；同时，进入城市的群体如何融入城市医疗的保障问题也很突出。

当时中国政府一方面建立了新型农村合作医疗制度，解决农村8亿人的医保制度安排；另一方面建立城镇居民医保制度，解决了2.8亿城市非职工的医保制度。当然，这些群体的筹资能力和医疗成本负担能力比较弱，在政策设计中采取两档，居民通过参加大病保险解决大病住院保障，未来再解决全面保障。

陈金甫表示，解决因病致贫的问题中，医保将是社会扶贫政策的重大攻坚领域。目前采取的办法是“三重保障、梯次减负、兜底解决”。基本医保解决政策范围内80%的费用；随后建立特殊大病保险，给参保人增加给付，解决群体性的负担问题；对贫困人群采取特殊兜底保障。通过这三重保障，确保城乡居民“有病有地方看；小病能治好；得了大病，不影响基本生活”。

【资料来源：吴斌．国家医保局副局长陈金甫：中国医保制度是世界上最大的减贫计划［N］．南方都市报，2018－06－14.】

思考题：我国建立医疗保险制度的价值目标是什么？

第一节　国外医疗保险制度的主要模式

医疗保险制度是指以社会保险形式设立的，为国民提供因疾病所需医疗费用补助的一种社会保险制度。作为社会大系统的组成部分，医疗保险制度受到社会制度、经济制度及其发展水平、传统文化、价值观、历史沿革等因素的影响。医疗保险模式就是在医疗保险制度实施过程中经过不断的经验积累、发现，总结出来的规律，是对医疗保险制度的高度概括和归纳。医疗保险模式围绕医疗保险基金筹集方式、支付方式、管理和所有制等方面一般分为四种模式：国家医疗保险模式、社会医疗保险模式、商业医疗保险模式、储蓄医疗保险模式。

一、国家医疗保险模式——英国

国家医疗保险模式是指医疗保险基金由国家财政拨款，纳入国家预算，通过中央或地方政府实行国民收入再分配，将医疗保险基金有计划地拨给有关部门或直接拨给医疗服务提供方，医疗保险享受对象基本不需要支付费用，即可获得医疗保健服务的一种医疗保险制度，又称免费型医疗保险。

英国是最早实行全民医疗保健制度的国家，也是实施国家医疗保险模式中最具有代表性的国家，该制度在英国又被称为国家卫生服务制度。另外，加拿大、瑞典、爱尔兰、丹麦等国家所实行的全民医疗保险制度都属此类。本节以英国为例进行阐述。

（一）国家卫生服务制度的形成及其发展

早在 19 世纪，英国就出现了地区性的自愿健康保险。自己筹集资金，自己管理，团体成员生病时支付一定数量的医疗救济金。医疗救济金的产生背景是工人为了减轻疾病所造成的风险，自发地采取了诸如“共济会”“友谊会”的形式，大家出钱，以解决工人的生、老、病、死等问题。这种简单形式的医疗保险具有一种人们之间互助共济的社会自助特征，其优点是管理程序方便，费用可预先估计和控制。随后，这些地方性自愿健康保险组织逐渐演变为全国性组织，并有专人管理。1910 年，英国政府正式提出一项全民义务健康保险法案，规定了因疾病、生育不能上班的现金补贴和医疗照顾实施办法。1911 年，英国正式颁布并实施《国家健康保险法案》。该法案规定：所有有工资收入者都应参加义务健康保险，当时英国约有 1 500 万名在职职工和 20 000 名通科医生中的 15 000 名参与到这一体系中来，义务健康保险一直实行到 20 世纪 30 年代末。第二次世界大战期间，英国政府估计德国会实施大规模空袭，造成人员大量死亡，因此开始按地区对医院进行规划和为慈善性医院的医生支付工资，并按地区同所有慈善医院、民间医院签订合同。经过战争的洗礼，主张实行国家统一的全民卫生服务的意见得到了发展，并逐渐为多数人所接受。

经过一年多的调查研究，贝弗里奇（1879—1963）于 1942 年 12 月提出了著名的“贝弗里奇报告”。该报告系统地总结了以往的经验教训，提出了较完备的社会福利制度的设想，将社会保障视为以国家为主体的公共福利计划，保证大家都享受到最低的保障水平。1946 年，英国政府采纳贝弗里奇的主张，颁布了《国家卫生服务法案》，规定全国医院实行国有化，所有公民都享有免费卫生服务，并可享受除了普通医疗之外的住院护理、公共卫生设施及预防服务等。该法案 1948 年付诸实施，英国宣布建立“福利国家”。此后，英国的“福利国家”保障制度被其他工业化国家，尤其是北欧国家和英联邦国家争相效仿，先后建立起“普遍保障”的社会福利制度。

英国的国家卫生服务制度主要是通过国家预算来筹集医疗资金，支付医疗费用，为全体英国人提供免费的医疗卫生服务，所有非营利性医院都收归国有；除急诊外，任何病人住院都必须有通科医生的转诊证明。政府实行卫生规划，使医生在全国各地均匀分布，并由地方政府负责规划医院和分配预算经费，扩大保险范围，由原先一般疾病扩大到牙科和眼科。

（二）国家医疗保险的组织及其筹资方式

英国的医疗保险管理体制实行政府统一管理，管理机构包括中央卫生部、大区卫生局、社区卫生局、社区卫生服务委员会和全科医生委员会。中央卫生部是英国医疗卫生服务体系的最高权力机构，下设大区卫生局和社区卫生局，共三级。中央卫生部负责资源分配，大区卫生局的职能主要是制订计划，社区卫生局是卫生服务的执行机构，对中央卫生部负责并独立于当地政府。在社区一般还有社区卫生服务委员会，它代表当地居民的利益，一般由18～30人组成，其中六分之一的成员由地区一级单位任命，六分之五由当地组织推选。该委员会不参与管理，但可向有关当局提出社区卫生工作建议以及进行社会调查，对社区卫生局的工作进行评价和监督，该机构有权调查医疗机构，有权从国家卫生当局获得所需的资料信息；社区卫生局的任何重大决定都必须与社区卫生服务委员会协商，并对该委员会的年度报告进行答复。此外，还有其他管理机构，如全科医生委员会，负责管理开业的全科医生，该委员会直接与中央卫生部联系，经费由中央卫生部拨给，但保持相对的独立性。

英国国家卫生服务制度实施初期，来源于政府税收的费用约占英国医疗总费用90%。由于筹资渠道单一，增加经费相当困难，逐渐出现了卫生经费超支等问题。政府不得不采取一些相应的对策，如为了制约就医者，开始实行病人看病时支付定额处方费用。如牙科门诊付费，尽管个人支付只占全部医疗费用的3%，但有效抑制了医疗需求；改变全科医生的报酬方式，补贴他们雇用助手，鼓励搞好预防服务，对住院医疗和家庭保健之间缺乏协调的情况也进行了改革。20世纪60年代中期，政府重新允许私人开业和成立私人医疗保险组织，私人医疗保险在英国得到了发展。目前，英国有30多家提供私人医疗保险的公司，所提供的保险项目达200余种，主要可以分为三类：一是普通私人医疗保险，保险公司负责支付投保人在私人医院诊断、手术和住院发生的费用；二是危急病医疗保险，包括癌症、心脏病、脑卒中、重要器官移植手术或永久性残疾等；三是永久性或长期医疗保险。

现在，英国卫生服务经费主要来自四个方面。第一，政府基金，即国家财政拨款，1984年约占88%，2007年约占82%。近年来政府基金所占的比例虽有不断减少的趋势，但国家财政拨款仍然是国家卫生服务经费的主要来源。第二，国家卫生服务收入部分，这是由雇主缴纳的社会保险费中用于医疗保险开支的部分及部分收费服务的收入，占整个医疗费用总开支的10%左右。第三，病人自付费用部分，约占医疗费用总开支的3%。病人可以享受免费的门诊医疗、住院医疗和药品，但看门诊时要自付一定数额的处方费。而对16岁以下儿童、孕妇和不满1周岁婴儿的母亲、60岁以上妇女和65岁以上男子、津贴领取者以及领取家庭补助的低收入者，不收处方费。第四，还有其他来源，如土地售卖收入等。

（三）国家医疗服务的提供及其费用的支付

英国的国家卫生服务体系分为中央医疗服务机构、地区医疗服务机构和社区初级医疗服务机构三级组织。中央医疗服务机构主要负责疑难病的诊治和进行医学研究，地区医疗服务机构提供综合医疗服务和专科医疗服务，社区初级医疗服务机构提供初级医疗服务。

这些机构提供的医疗卫生服务按服务性质可分为三个部分：医院服务、全科医生服务、社会个人服务（私人医疗、家庭保健等），后两者被称为基层保健，主要在社区进行，故又称为社区卫生服务。受聘于国家卫生服务医疗机构的专科医生、护士，以及社区卫生机构的社区护士等，属国家职工，由国家支付工资。

英国的医院包括公立医院和私人医院。英国的公立医院占全部医院总数的95%，包括综合医院和专科医院。其主要职能是向必须住院的病人提供治疗，服务项目包括急诊、少量门诊、短期住院和长期住院。私人开业医生和私人医院从20世纪60年代中期开始发展，1991年英国共拥有能开展手术治疗的私人医院216家，共10 911张病床。私人医院主要是提供专科医疗服务，一般具有较好的医疗设施、技术和医疗环境。但与公立医院相比，私人医院的收费往往非常昂贵。由于在私人医院就医的费用一般要由个人负担，如果不借助于私人医疗保险，个人将很难承担。

初级医疗服务构成了卫生服务体系中的第一道防线，其中最为重要的是全科医生服务，也可称为家庭医生服务，提供初级医疗服务的医生称为家庭医生或全科医生。每一位参加 NHS 的人都要选择一名全科医生并在此登记，全科医生有接受或者拒绝的权利。随着医疗事业的发展，越来越多的病例只需在全科医生的诊断和指导下通过服药即可痊愈，不必再去医院，这使得卫生资源得到更有效且合理的利用。全科医生主要工作内容以医疗服务为主，包括疾病诊断及处置、健康咨询、体格检查、开处方、转诊、家庭访视以及配合其他卫生机构开展专门项目，如慢性病管理、计划免疫等。全科医生个人或集体通过家庭医生协会与地区卫生局签订医疗服务提供合同。英国政府规定居民一律在所在社区的全科医生诊疗所登记注册，患病时首先到全科医生诊疗所去就医。如果病人需要转院的话，必须通过全科医生的介绍才能转到上一级医院（地区综合医院或专科医院）继续治疗。全科医生服务实行按人头付费的办法，全科医生根据登记注册的居民数领取政府发给的补助。每个全科医生的注册居民数在 1 800 ~ 3 200 人之间，全国每个全科医生的平均注册居民数约为 2 200 人。根据英国政府规定，全科医生的注册居民数少于 1 800 人时不得开业。全科医生制度起到了“守门员”的作用，大大提高了卫生体制的运行效率，对控制医疗费用过快增长意义重大。

英国卫生经费的分配由专门的资源分配工作组实施，有财政部代表参与。中央政府将卫生经费首先分配到各个地区卫生局，然后由地区卫生局再分配到社区卫生局。分配额是根据各区域的总人口数、健康状况、需求状况等指标的调查结果套入专用的卫生资源分配公式，逐级分配。

（四）国家医疗保险模式的作用及其局限性

英国的国家医疗保险模式，政府既负责筹资又负责提供服务，所涉及服务的全过程主要是政府行为。国家能按政府的意愿有力地调节卫生服务供需状况，调节卫生资源的配置方向，消除供方的不良经济刺激，从而提高卫生服务公平性，有效地控制医疗费用的上涨。如英国撒切尔夫人任首相期间，曾将卫生支出冻结在 GDP 的 6% 左右，2010 年前后已达到 8%。国家医疗保险模式的主要优点有：

（1）以政府税收作为医疗保险经费的主要来源，能有效地筹集到大量的资金，资金来源稳定，社会共济能力强。

（2）卫生机构以公有制为主，政府直接参与卫生服务机构的管理与建设，医疗服务活动具有国家垄断性。

（3）公共卫生和预防服务根据内容分别由各级政府负责提供，住院服务主要由公立医院提供，政府医院按计划给予预算补偿，医院医生为国家公职人员，领取工资。

（4）医疗保险基本覆盖全体国民，医疗服务基本为免费或低收费服务，社会公平性高。

（5）卫生资源配置、医疗服务价格等主要通过政府计划来进行调节，政府对医疗费用的控制能力较强。

这种模式也存在一定的局限性：由于公有制和计划调节造成了效率低下，计划难以准确、及时地反映居民需求的变化；医院、医生服务积极性不高，供需之间矛盾较突出，病人有时得不到应有的照顾；筹资渠道单一，财政负担较重等。为了消除这些不足，政府采取了一些改革措施。自保守党撒切尔夫人时代以来，英国进行了几次大的医疗体系改革，无论是保守党还是工党，都把引入竞争机制作为改革的方向。1997 年 5 月，英国工党布莱尔在竞选中获胜，六个月后就出台了有关 NHS 改革的十年规划。规划阐述的基本原则包括以下几方面：进一步下放权力打破部门障碍；提高效率，消除官僚主义作风；在控制成本的同时要保证医疗质量。2000 年 7 月，英国政府发布了《NHS 投资改革计划》白皮书，改革的焦点主要集中在公立医院。该计划提出两大改革目标：一是提高公立医院工作效率，缩短病人排队等候时间；二是提高公立医院的医疗质量。为了实现目标，政府制定了相应的改革措施，包括实行就医预约服务、增加医院的床位数、改革医护人员编制、加强对医院工作的监督等。这些改革措施都取得了一定的成效。2010 年卡梅伦执政后，颁布了《公平与卓越，解放 NHS 白皮书》，开始了对 NHS 进行新一轮改革。这次改革被外界认为是自 1948 年 NHS 成立以来最大的一次医疗改革，在国内外产生了巨大反响。改革主要包括以下内容：公立医疗机构转型为基金会形式，全科医生医疗服务委托，促进竞争和选择等。英国 NHS 最新医改政策在医疗服务机构、医疗保险组织、社区卫生与全科医生等方面取得很好的成效。

二、社会医疗保险模式——德国

社会医疗保险模式是通过国家立法形式强制实施的一种集资型医疗保险制度，其医疗保险基金采用多渠道集资形式，主要由雇主和雇员共同缴纳，政府酌情补贴，参保人及其家属因患病、受伤或生育而需要医治时，由社会医疗保险机构提供医疗服务和物质帮助。该模式主要有两种类型：社会统筹型和社会统筹与个人账户相结合型，在管理体制上属于计划与市场相结合的体制，至于是以计划为主还是以市场为主，各国均有不同程度的侧重。德国是最早实行社会医疗保险制度的国家，也最具有代表性，其他代表国家有韩国、日本、法国等。本节以德国为例进行阐述。

（一）社会医疗保险制度的形成及其发展

德国的社会保险制度迄今已有100多年的历史，它是伴随德国工业化的兴起和阶级矛盾激化而产生的。1881年，普鲁士宰相俾斯麦着手建立疾病和工伤保险制度，并于1883年正式颁布《疾病保险法》，这是世界上第一个社会保险法律，是现代社会保险制度诞生的标志。

《疾病保险法》主要有两项措施：强制某些行业中工资少于限额的工人加入疾病保险基金会；疾病保险基金会强制性征收工人和雇主应缴纳的基金。工人缴纳保险费后，生病时由社会保险机构负责医疗费，解决了工人的后顾之忧。这种以个人收入多少决定缴纳保险费，并取得保险待遇的做法，被称为“俾斯麦保险模式”。

德国的医疗保险主要由两部分构成：法定医疗保险和私人医疗保险。其中，法定医疗保险对象包括三类：一是义务参保人，主要包括有收入但每月税前收入低于法定标准的雇员以及他们的雇主，以及退休人员、失业者、自雇人员（农民和家庭手工业者）、大学生和就业前的实习生等；二是自愿参保人，包括收入超过一定上限的人；三是连带参保人，主要指义务参保人的配偶和子女，法律规定可以免缴医疗保险费而连带成为法定医疗保险的参保人，享受与参保人同等的医疗待遇。私人医疗保险对象主要是根据法律或者申请免除在基本保险义务之外的人，包括公共服务行业中享受政府医疗补贴的就业者，如公务员、法官、军人、自由职业者，以及每月税前收入高于法定义务标准的雇员。此外，还有其他与卫生有关的保障体系，如护理保险、养老保险、工伤事故保险、社会救济等。

（二）社会医疗保险的组织及其筹资方式

德国的社会医疗保险由议会立法、民间实施、政府进行监督管理，是一种统一制度、分散管理、鼓励竞争的鼓励体制。政府对社会医疗保险的行政管理主要是宏观管理和监督，分为三级进行，即联邦、州和地区三级。在联邦层次是联邦卫生部和联邦社会保险局，联邦卫生部负责立法以及制定改革措施，并对全国医疗保险的运行进行监督，每五年对所有医疗保险机构进行一次检查，包括检查章程、准则、预算的执行情况。联邦社会保险局主要负责对医疗保险基金会和所有私人健康保险公司进行监督，并负责调节和均衡各疾病基金会的医疗保险基金支付风险。州政府的医疗保险局负责对州保险协会与州直属社会保险机构和州一级提供医疗保险服务的机构进行定期检查监督。地区政府对医疗保险办事机构进行监督检查，德国的医疗保险充分体现社会团结互助，政府不参与法定医疗保险的具体操作，国家也没有统一的医疗保险经办机构，但社会医疗保险制度的医疗保健、康复、劳动保护等工作和立法工作由联邦劳动及社会事务部管理。德国医疗保险的经办机构按地区、职业和行业共分为八类，均是独立于政府的经济实体，按公司法组建，具有法人地位，实行自我管理。自 1994 年起，在各类医疗保险机构和各个医疗保险机构之间建立了全联邦统一的、以收入为参照的风险结构平衡机制，以全面保证缴费的公平性。德国的医疗保险基金主要来源于雇主和雇员的缴费。由于医疗保险实行分散管理，因此全国没有统一的医疗保险缴费率。德国的全体雇员和退休人员，凡收入低于标准者必须参加医疗保险。参保标准由相关法律条文规定，并且每年调整一次。保险费率由各医疗保险经办机构根据收支预算自行确定，报监督机关审批后实施。其平均的保险费率，20 世纪 70 年代中期低于工资总额的 10%，80 年代初约为 12%，1992 年和 1993 年则高达 14.08%，1997 年全国平均缴费率为 13.5%，由雇主和雇员各负担一半，即各交 6.75%。从 2011 年起，德国法定医疗保险费率从 2010 年的 14.9% 升至 15.5%，其中雇主承担部分从毛工资的 7% 升至 7.3%，雇员承担部分从 7.9% 涨至 8.2%。缴费基数有上限和下限规定，每年调整一次，超过上限和低于下限的工资都不参加缴费。

（三）社会医疗服务的提供及其管理

德国卫生系统管理体制分为联邦、州和基层（社区）三级。联邦政府和州政府均有卫生立法权，联邦卫生部对州卫生行政部门除管理和指导职能外，在卫生服务的实施方面，还有一种合作关系。一般而言，联邦卫生部负责制定宏观政策或政策框架，各州负责具体实施，联邦卫生部不直接决定某个州的具体卫生事务。

（1）联邦卫生行政机构包括与卫生工作关系密切的四个部门。①联邦青年、家庭事务及卫生部，相当于国家卫生部：主要负责国家卫生政策的制定和卫生立法，管理公共卫生、卫生协作、药品和麻醉剂、老年人及残疾人福利等工作。②联邦劳动及社会事务部：主管社会健康保险制度覆盖的医疗保健工作，包括医院服务、康复、劳动保护等项工作及其立法事务。③联邦内务部：主管环境保护工作及其立法事务。④联邦研究及技术部：主管卫生科研工作及立法事务，由部长会议、医学行政执行小组和联邦卫生委员会等机构负责协调有关部委的卫生管理。

（2）州卫生部的职责是执行联邦卫生法规，监督疾病基金会和医师协会；负责学校卫生、口腔卫生、医院管理、传染病预防和治疗、急救医疗管理等工作；享有独立的卫生立法权。

（3）州以下的市县卫生局其职责是执行联邦、州和管理部制定的卫生法规；负责公共卫生服务、基层卫生保健工作，如卫生宣传教育、预防接种、疫情报告、卫生指导等；管理地方医院并负责对地方医院和公共疗养院的筹资。

除了德国联邦政府和州政府设置的卫生行政机构外，德国还建立了由各保健组织、疾病基金管理机构、医疗保险机构、雇主、工会、州政府和联邦政府代表组成的“保健协商组织”。该组织听取各方对政府的意见和建议，为政府决策提供依据，同时协商如何提高保健系统的效率，遏制医疗费用过快增长，同疾病基金管理机构和医疗保险机构协商各种费用和合同的准则。从1986年起，该组织还在年度报告中提出各种医疗服务参数（如病房使用率、病人平均住院日）和经济参数（如职工工资增加比例、总费用控制范围等）。

德国的医院有三种类型：一是公立医院，2011年公立医院占医院总数的40.6%；二是私立非营利性医院或准公立医院，多为教会组织拥有，占医院总数的29.8%；三是私立医院，即为投资者所有的医院，其股份多为医生所有。德国的医生分为住院医生和诊所医生，诊所治疗和住院治疗是分开的，诊所医生必须是注册医生。病人看病首先要到诊所就医，医院不直接接受门诊。只有在诊所医生根据病人的病情开转院单后，病人才能转到医院治疗。

（四）社会医疗保险费用的支付

社会医疗保险模式下对医疗机构费用支付的最大特点是“第三方支付”，即参保病人在接受医疗机构的服务并按照规定支付个人应负担的费用后，所发生的费用全部由社会医疗保险经办机构与医疗机构结算。

1. 对医疗服务供给方的支付

在具体执行过程中，各疾病基金会分别组成联邦和州的联合会，同医院协会或保险医师协会协商，确定医疗服务的收费标准、服务范围及医生工资等事项。首先，关于对医院经费的支付，由各医院代表和疾病基金管理机构协商确定。确定医院经费预算时主要是根据医生工资、折旧费、病床使用率、主要服务项目的收费单价，实行按住院天数给付。但病人住院天数的超出部分，只付给经费的25%，如住院天数少于预计天数，少住的天数仍可补助经费的75%。对器官移植等100种特殊医疗措施带来的高费用，则另外增加补助。其次，关于对开业医生门诊医疗费用的支付，也是由疾病基金组织同开业医生协会就保险范围、项目、收费标准、费用支付方式等进行谈判协商，并签订合同确定。由疾病保险基金会将费用总额支付给开业医师协会，然后再由医师协会按规定办法支付给医生。其支付方式有按服务项目付费、按人头付费、按住院床日付费等。

2. 对医疗服务需求方的支付

德国的疾病保险金分为三类：疾病补助金、医疗补助和供养亲属医疗补助，待遇都很高。①疾病补助金：雇员在因病或丧失工作能力的情况下，参保雇员因工作报酬损失可以获得疾病补助。具体补助办法是，先由雇主继续支付6周工资或薪金，再由法定医疗保险机构支付病假津贴，病假津贴的支付一般没有时间限制。但是，在因同一疾病而丧失工作能力的情况下，每三年最多只能享受78周病假津贴。医疗保险机构继续支付工资以及病假津贴的额度以雇员因病或丧失工作能力之前的最后工作报酬为依据，为其的70%～90%，并且以保险缴费上限为限。另外，还对孕产妇提供津贴，产妇津贴的额度一般是其休产假前最后三个月净工作收入的平均值。②医疗补助：根据合同由医生、医院和药商向病人提供，由疾病基金会支付，包括综合治疗和牙科治疗、预防检查和治疗、药品、化验、接生、住院、外科手术、辅助器械等。③供养亲属医疗补助：与投保人相同，包括保健、体检、医疗、护理、康复、接生等。投保男性供养的女性家属，每次生育也可得到一次性 150 马克的生育补贴。部分参保职工若遇子女生病，每年可享受十天护理假期。

（五）社会医疗保险模式的作用及其局限性

德国的社会医疗保险模式强调个人责任与互助共济，社会医疗保险覆盖面也很广，能在法定的大范围人群中实现风险分担。这一模式由于政府不参与法定医疗保险的具体操作，国家也没有统一的医疗保险经办机构，仅在其中担当了一个中介及仲裁的角色，能较好地处理各方面的利益冲突。保险效率较高，制度统一，运行集中，管理成本较低。如 20 世纪 70 年代德国政府成立了卫生事务共同行动委员会，成员有 16 人，代表着不同的利益集团，定期协商一套合理的、各方面可以接受的医疗开支政策。这也是不同于国家医疗保险模式和市场医疗保险模式之处。

社会医疗保险模式的主要特点包括：

（1）遵循社会保险的一般原则，即“强制性、互济性和补偿性”。

（2）社会医疗保险的资金一般都是来自专项保险费收入，基金按照“现收现付”的原则筹集并根据“以收定支、收支平衡”的原则支付。

（3）社会医疗保险强调权利与义务相对应，要求雇主（包括行政机构）为雇员缴纳医疗保险费，雇员个人也要缴纳，国家一般不承担费用或仅给予一定的补助。

（4）社会医疗保险与就业和收入相关联，保障的人群在大多数情况下都是从在职职工开始，逐步扩大到全体社会成员。

（5）设立社会化管理的医疗保险机构作为“第三方支付”组织，代表参保人统一管理医疗保险基金，并按规定向给予参保人提供医疗服务的医疗机构支付医疗费用和其他待遇。

（6）医疗保险的待遇水平根据医疗保险基金的支付能力确定。

社会医疗保险模式在运行中也出现了一些突出问题，主要有：一是预防服务重视不够。二是医疗费用增长快，如德国按住院日给医院付费，刺激医院延长病人住院时间，平均病人住院天数为 12.3 日，美国只有 7

日。同时，医院和开业医生互争收入，人们则越来越希望更多的医疗服务的费用应由社会负担，从而一定程度上增加了服务滥用的可能，导致医疗保险费用的上涨。三是不同社会保险组织之间仍存在着负担水平和待遇水平的差异。

针对上述问题，特别是医疗费用增长过快，德国一直在改革。自20世纪70年代起，德国已经先后颁布并实施了14次医疗改革，政府陆续制定了一些控制费用的法律，其主要措施表现在：限制医生工资增长幅度；控制处方药品的费用总额；提高药品费、补牙、镶牙费的自付比例；住院病人自付部分住院费；限制医院购买设备和搞基本建设；拓宽医疗保险费率的征收范围等。2010年11月德国联邦议院批准了新的医疗卫生改革的方案，将改革焦点放在了医疗保险资金结构上。在医疗成本不成比例上涨的情况下，当前改革的目的在于确保国家有能力为未来的医疗费用筹资。其他内容还包括成本的治疗方案、人口结构变化，以及新的疾病谱出现的影响。

三、商业医疗保险模式——美国

商业医疗保险模式，或称市场医疗保险模式，是按照市场法则自由经营，把医疗保险当作一种特殊商品进行买卖，主要通过市场机制来筹集费用和提供服务。美国是实施商业医疗保险模式的典型代表。实际上，美国的医疗保险由两部分构成。一部分属于公共医疗保险，主要包括：①医疗照顾计划；②医疗救助计划；③州儿童健康保险计划；④工伤补偿保险和军人医疗计划。另一部分是商业医疗保险，主要包括：①非营利性商业健康保险；②营利性商业健康保险；③管理型医疗保险。2013年9月美国商务部统计局指出，86.7%的美国人拥有健康保险，其中，64.2%拥有商业健康保险，总人数约为2.65亿。有鉴于此，本节主要对美国的商业医疗保险模式进行探析。

（一）商业医疗保险模式的形成及其发展

1929年，贝罗大学医院和达拉斯大学1 250名教师签约，预定按月缴纳50美元以获得一些医疗服务，是第一个预付保险金的医疗保险计划。1932年加州又推出一个社区保险计划，在地区范围内参加该计划的医院将为加入该计划的用户提供医疗服务，用户只需要向该计划缴纳预付金，这就是蓝十字协会计划。20 世纪 30 年代的大危机后，蓝十字协会计划这种预付费计划逐步兴起，主要承保了长期住院及特别医疗服务费用；同时针对医生服务，特别是外科手术的预付费计划也出现了，就是“蓝盾计划”。为了表明他们的非营利立场，蓝十字协会计划和蓝盾计划采取了社区统一费率，就是向一个社区所有居民征收同样保费，实际补贴了老人、穷人等高风险人群，与社会保险有相似地方，结果获得成功。双蓝计划是美国现代意义上的医疗保险制度的创立，美国公众开始把注意力集中到医疗保健制度的建设上。自 20 世纪 40 年代以后，商业保险公司开始大规模地进入医疗保险市场，为后来私营医疗保险体制进入繁荣时期奠定了基础。

第二次世界大战后，美国的私营医疗保险业在政府推动下进入扩张时期。首先，政府在税收方面鼓励发展自愿的私人保险计划。1942 年，美国国会曾通过“平衡法案”执行战时工资冻结，但采纳了雇员医疗保险计划，雇主为团体健康保险计划缴纳的款项不包括在应纳税收入之内，这是雇员和雇主都乐意接受的福利方式。美国最高法院裁定，雇员的福利属劳动管理合同的一项合法部分，由此奠定了健康保险业发展的法律基础。从此，各类医疗保险便成为雇员要求享受的长期福利待遇，私人保险公司为适应这种需要，积极拓展保险范围。此外，医疗技术的发展、人口在“二战”后的增加使医疗保险费用升高，促使保险公司拓展业务，也导致私营保险公司数量增加。受以上政策、社会因素等影响，20 世纪 50 年代医疗保险在美国得到显著的发展，私营保险形式成为医疗保险市场的主导形式。保险内容也迅速扩展，包括住院费、手术费、诊疗费等。

（二）商业医疗保险的组织及其筹资方式

美国作为高度奉行市场价值取向的国家，不仅通过税收优惠等政策鼓励和扶持商业医疗保险的发展，而且在政府医疗保障计划中，注重运用商业保险公司的力量。一是商业保险公司为政府保障计划提供信息咨询、理赔辅导等专业化服务，不承担基金运行风险，按照约定收取一定管理费用。二是商业保险公司销售政府保障计划产品。最为典型的就是医疗照顾选择计划（2010 年调整为医疗照顾优选计划）。商业保险公司提供的产品，不仅覆盖政府保障项目，而且涵盖不同附加保障项目（受益人自愿选择参加、需额外负担不同保费）。政府按人头付费给承保公司，公司自负盈亏，自行承担经营和管理风险。

1. 双蓝计划的组织和筹资

1930 年，美国医生组织同时创立了蓝盾和蓝十字。它们是以医疗服务为主要承保范围的非营利性组织。蓝十字主要是为住院病人提供医疗保险服务的，而蓝盾则偏重对门诊医疗提供服务。由于是非营利性的，政府也给予了双蓝计划很多的免税政策支持。双蓝计划医疗保险费用的来源主要是雇员和雇主缴纳的保险费。参保人看病时自己不再支付医疗费用，蓝盾会按照事先划定的上限，将常规的医疗费用支付给医生；需要住院的，蓝十字再根据参保人的医疗状况向医院支付住院费用，而保险公司在支付费用的同时享有医院给予的一定比例的折扣待遇。

2. 管理型保健计划的组织与筹资

管理型医疗保健计划自 20 世纪 70 年代以来得到了重视和快速的发展，涌现出了大量的医疗保险组织，其主要有两种具体的类型：健康维护组织和优选服务者组织。

3. 私人医疗保险的筹资

美国私人保险的一大特点是雇主为雇员支付保险金，这是第二次世界大战期间政府实行工资和价格管制的一种结果。私人医疗保险多数采用企业和个人各支付一定比例的保险金。健康保险的投保有很多选择，个人可根据自己的情况选择不同的保险计划。

（三）商业医疗服务的提供及其管理

1. 医疗服务的提供

美国提供住院服务的医院有两类，一是公立医院，占医院总数 29%，其余都是私立医院。公立医院按其性质又可分为营利性和非营利性两类，其中教会组织办的医院都是非营利性的。但非营利性并不意味医疗费用低、不赚钱，而是指所赚的钱只能用于发展事业，如购买设备、改善医疗条件、提高雇员工资等，但不能作为利润分给投资者。美国的门诊服务主要由开业医生在诊所提供，医生给参保人提供服务，然后在保险机构中获得补偿。

2. 医疗服务的管理

美国的医疗保障管理体系分为私人计划和政府计划两部分。它的管理形式多样，依据不同管理机构的形成和发展过程分为三种方式：按诊疗项目支付的传统医疗保险模式、集约化服务体系和健康维持组织模式，即管理型医疗保险。美国医疗保险公司控制医院医疗服务费用增长常用的办法是医疗服务的回顾性审核制度、医疗管理、医疗费用支付办法、管理保健计划。

（四）商业医疗保险模式的作用及其局限性

1. 商业医疗保险模式的作用

（1）有利于医疗机构、医生、病员与医疗保险公司形成良好的“信任链”关系。医疗机构和医生本人会竭尽全力为病人提供优质的服务，同时在确保医疗质量的前提下，尽可能地降低医疗费用，使更多人群感受到医疗保险带来的优越性。保险公司因而会有更多的投保群体和个体，以形成良性循环。

（2）降低了美国病人的住院率和转诊量，缩短了病人的住院天数。商业医疗保险将病人的住院天数一般控制在7～10天，然后转入社区医院和护理之家继续治疗。由于在医院的住院天数受到限制，家庭护理和门诊医疗变得更加重要，从而提高了对他们的利用率。

（3）商业医疗保险增加了医疗人员提供预防性服务的动机，使他们更加注重初级卫生保健工作、疾病预防和健康知识的教育普及。

（4）商业医疗保险使医疗机构间的竞争更加激烈，它所选择的合作医院必定具有很强的竞争力，有更好的发展前景，这就促使各个医疗机构努力改变自己的现状，以适应当前形势的需求。

（5）商业医疗保险组织对美国政府没有给予保险的群体敞开了保障的大门，而同时在一定程度上减少了需要政府予以保障的群体范围。对于原本非贫困线以下的群体，政府无须对其进行救助，但对于无任何保险的病人，政府会提供紧急救助，其中也包括一些基本治疗，甚至会对此类就医费用予以补偿，这些不仅表达了对弱势群体的关注，更体现了保险的本质目的。

2. 商业医疗保险模式的局限性

（1）费用负担过重。企业化管理的医疗保险组织之间、医疗机构之间竞争激烈，在全国范围内难以实行统一有效的控制卫生费用的措施，导致整个国家的卫生费用迅猛增长。

在美国，由于商业医疗保险建立在企业盈利的基础上，非营利性医疗机构提供的医疗服务也要求要有盈利。一方面，医生为了增加自己的收入，会产生诱导需求，加大私立医疗保险公司的开支；营利性医疗机构会把无利可图的或难治的病人推给非营利性医院，增加了政府的费用开支。另一方面，全国约有 1 500 家保险公司，他们为争夺消费者制订了成千上万种针对不同情况的保险方案，收费标准繁杂，政府难以实行统一的监督管理。这比采用单一医疗保险方式需要更高的管理费用，在美国，医疗保险的管理费达到保险费的 11%。尽管如此，每年的欺骗和作弊还是使保险公司和政府损失巨额资金。医院和医生追求高技术医疗，也造成超前消费和资源浪费。美国的卫生费用在 20 世纪中叶迅猛增长，卫生费用支出呈持续上升势头，占国内生产总值（GDP）的比例也由 1965 年的 5. 9% 上升到 2007 年的 16. 2%，2009 年，美国卫生总费用达到 2. 5 万亿美元，占国民生产总值比例高达 17. 6%，人均 8 160 美元。卫生总费用占国民生产总值的比例、人均费用都远远高于任何其他国家。所以美国的医疗保险制度是世界上代价最昂贵的制度。

（2）医疗保险难以保证社会公正。尽管美国有多种公共医疗保险和商业医疗保险形式，但仍有较大比例的儿童及贫困人口游离在医疗保险的大门之外。尽管经过多年的努力，但美国没有医疗保险的人数仍呈增长趋势，2010 年在美国 16 ~ 64 岁成年人中，无医疗保险的比例高达 22%。

针对医保费用居高不下和医保没有全民覆盖的问题，二十世纪七八十年代以来，美国政府和私营保险保健机构通过引进“管理型医疗保健”为核心的费用控制举措，不断地改革和完善整个体系，并在医疗提供者的费用补偿制度、支付方式、筹资模式、保险和保健机构的组建与协调等方面进行了创新性的改革。管理型医疗保健的两种主要形式：健康维持组织和优先提供者组织，在这一时期得到大力发展。1993 年，克林顿政府曾制订了 1 300 多页的扩大医疗保险覆盖面的改革方案，其目标是使医疗保险全民覆盖，遏止医疗费用上涨，但提交国会后未获通过。为改善无医疗保险儿童的状况，1997 年美国国会向各州提供了附加基金，为低收入家庭中没有医疗保险的儿童提供保障。2001 年小布什就任以来，面对医疗费用支出的失控和缺乏医疗保障社会成员的增多，美国医疗保障面临的改革压力越来越大，改革也势在必行。美国国会参议院于 2003 年 11 月 25 日通过《医疗顾计划处方药改革法案》，其目的是给老年人群提供更多更好的可及性医疗服务，遏止医保费用上涨势头，减轻联邦政府的财政负担。该法案兼有遏制费用和提高社会公正的目的。20世纪80年代的控制措施虽取得成效，但随着美国财政危机、人口老龄化等问题的加剧，美国医疗保险市场在20世纪90年代走上了难以逃脱的困境。以“医疗改革”为竞选口号之一的克林顿上台后，在1993年11月向国会提交了被称为健康保障法的健康保险照顾改革方案。该方案遭到美国国会自由派和保守派的否决。奥巴马总统上任以来，他充分吸取克林顿失败的教训，采取不同方式改革。2010年3月，奥巴马总统签署了医疗保险改革法案。虽然此次改革依然未能实现100%的全民医保，但覆盖率由85%左右提高到95%左右，在美国医疗史上是一次飞跃性的发展。

四、储蓄医疗保险模式——新加坡

储蓄医疗保险模式是强制储蓄保险的一种形式，是通过立法，强制雇员或雇员、雇主双方缴费，以雇员的名义建立保健储蓄账户，用于支付个人及家庭成员医疗费用的医疗保险制度。这种模式属于公积金制度的一部分，以新加坡为典型代表。这项保障制度的原型，来源于18世纪英国产业革命时期的“职业保障基金”，它是用立法方式，强制建立以个人储蓄为主的模式。公积金制度，即规定由雇员和雇主共同缴纳的保费，以雇员个人名义存入公积金局，以备将来退休、医疗和其他之用，这种制度后来陆续传到英属殖民地。斯里兰卡、马来西亚、印度尼西亚等十几个发展中国家也实行这种制度。

（一）基金的筹集

新加坡的医疗保险制度分为三个层次，即在全国范围推行的、强制性的、以帮助个人储蓄和支付医疗保险费用的保健储蓄计划；非强制性的、对大病进行保险的医保双全计划；政府拨款建立保健信托基金，以帮助贫困国民支付医疗费用的保险基金计划。

1. 保健储蓄计划

1984年，在原有公积金制度的基础上，新加坡又制订了保健储蓄计划。储蓄的缴费比例根据投保人的年龄不同而不同，由雇主和雇员分摊，存入个人的保健储蓄账户。储蓄计划的做法可概括为差别费率、总额封顶、保值增值、最低限额、余额继承。在差别费率方面，35岁以下缴纳工资的6%，35～44岁缴纳工资收入的7%，45岁以上缴纳工资收入的

8%。缴纳的保健储蓄基金可以免缴个人收入所得税。保健储蓄设有缴费上限，例如，月薪超过6 000新加坡元的部分不用缴费，全年缴费的最高限额是16 000新加坡元。新加坡的法律规定，保健储蓄基金可以获得平均利息率，最低利率为2.5%，2001年10月，为了更快积累医疗储蓄账户基金，新加坡将医疗储蓄账户的记账利率提高到4%。个人在55岁时，保健储蓄账户中积累的基金可以提取，但必须保存一个“最低限额”（2012年为28 000新加坡元），以确保投保人在退休后患病时有足够的储蓄金支付住院费。当保健储蓄账户的所有者去世后，基金的余额可由亲属继承，并且免交遗产税。

2. 医保双全计划

为了弥补保健储蓄计划的不足，1990年，新加坡政府制订了医保双全计划。这是一种非强制性的低价医疗保险计划，带有社会统筹性质，其设立的目的是帮助参加者支付大病或慢性病的医疗费用，是保健储蓄计划的补充。它由中央公积金局从参加这项保险计划的会员账户中提取少量费用，实行社会统筹，调剂使用。重病住院的医疗费用，先按保健储蓄计划规定支付定数额后，剩余部分再按医保双全计划，从统筹基金中支付80%。参加医保双全计划者每人每月的缴费如下：30岁以下者缴纳1新加坡元，30~40岁缴纳1.5新加坡元，41~50岁缴纳3新加坡元，51~60岁缴纳5新加坡元，61~65岁缴纳8新加坡元，66~70岁缴纳11新加坡元。

3. 保健储蓄基金

尽管保健储蓄计划和医保双全计划覆盖了新加坡绝大部分人口，但仍有一小部分贫困人口需要得到政府的帮助。1993年，新加坡政府设立了保健储蓄基金，其性质是救济基金，专为那些无钱支付医疗费用的贫困人口提供一个“安全网”。无力支付医疗费用的人可以向保健基金委员会提出申请，由委员会批准和发放基金。

（二）储蓄医疗保险的组织及其管理

新加坡政府在储蓄医疗保险制度中担负重要职责，其职责表现在三个方面：一是对公立医院进行财政补贴；二是制订并实施医院重组计划，以达到高效率、低成本、优质服务的目的；三是对医疗费用进行调控。

在医疗卫生服务的提供方面，新加坡的医疗卫生机构分为综合诊所和医院两级。综合诊所负责辖区内的医疗和预防保健，并负责向医院转诊病人。综合诊所只有简单的医疗设备，如小型 X 线机、B 超等，不设病床。其经费主要来自政府补贴，也向服务对象收取少量费用。政府对医院的补贴方法是先将医院分成四等，分别是 A 等、B1 等、B2 等和 C 等。政府对 A 等不补贴，B1 等补贴 20%，B2 等补贴 65%，C 等补贴 80%。医院对由综合诊所转诊来的病人提供医疗，医院的工作人员作为政府雇员，拿固定的薪金。医生也可以到私人医院看门诊，但不能超过公立医院门诊业务量的 11%。病人可以自由选择医院，这使得公立医院与私人医院之间形成竞争。

（三）储蓄医疗保险模式的特点及其存在的问题

新加坡的储蓄医疗保险模式是一种将个人储蓄保险与社会保险相结合的模式，它具有资金纵向积累的特点，其筹资机制呈“T”形结构，个人纵向积累与横向的社会共济统筹相结合，它强调的是个人的责任和病人对费用的分担，有利于抑制对医疗服务的过度利用和超前消费。保健储蓄、医保双全、保健基金形成“三道防线”，再加上政府补贴共同构成新加坡的医疗保险网，保证每一个国民都能获得基本医疗服务，各个阶层之间在待遇上基本没有区别。这一模式也符合东方文化与价值观。另外，这一模式能解决好人口老龄化带来的医疗保健筹资费用问题，解决了“代际转移”问题。在运行中，这一制度不但消除了传统社会医疗保险和国家预算型保健制度的第三方付款造成的弊端，还能克服商业性医疗保险消费不公平的现象，管理效率较高。由于医疗保险基金全部存在个人账户上，个人对资金的使用就会特别关心，这就有利于对医疗保险基金的控制和监督。2004 年的数据显示，新加坡全社会医疗费用总额为 34 528 万新元，占整个 GDP 的 4. 1%，这个比例比英国低 4%，比法国低 6%，比美国低 11%。在联合国 193 个成员国关于医疗卫生筹资和分配公平性的排序中，新加坡名列第 6 位，新加坡用相对合理的社会支出，较好地兼顾了医疗的公平与效率。

但储蓄医疗保险模式也存在一定的问题，主要表现为过分强调效率而忽视了公平性。由于在受保人之间不存在基金的横向流动和收入的再分配，因此家庭之间不能互助互济，共同承担风险。对收入低的人或没有收入的人来说，其个人账户资金储蓄不足，患病时就可能出现没钱治病的问题。但是，这个问题可以通过政府设立的储蓄基金得到部分解决。

第二节　我国医疗保险模式的探索

我国医疗保障制度始于20世纪50年代，经过几十年的不断探索与改革，已基本完成了从公费医疗、劳保医疗到社会医疗保险制度的转变，逐步建立了以城镇职工基本医疗保险制度、城镇居民基本医疗保险制度和新型农村合作医疗制度三大制度为主体，以商业医疗保险、公务员医疗补助及大额补充保险等为补充，以医疗救助为托底的多层次医疗保障体系。

一、城镇职工基本医疗保险

我国城镇职工基本医疗保险是对原有的公费、劳保医疗制度的重大变革，是针对城镇所有用人单位和职工的基本医疗保险制度，主要内容有：

（一）保障范围

城镇职工基本医疗保险制度覆盖所有用人单位。《中华人民共和国社会保险法》规定企业（国有企业、集体企业、外商投资企业、私营企业等）、机关、事业单位、社会团体、民办非企业单位及其职工均应参加城镇职工基本医疗保险。这些规定一是体现社会保险的强制性，是国家规定的劳动者基本权益；二是均衡企业负担，创造公平竞争的社会环境的需要；三是建立统一的劳动力市场，促进劳动者合理流动的需要；四是基金统筹调剂，防范风险的需要。

（二）资金筹集

城镇职工医疗保险基金筹集坚持“以支定收、收支平衡、略有结余”原则，医疗保险基金实行现收现付制，由职工与用人单位共同缴纳，退休职工无须缴费，用人单位缴费比例一般控制在职工工资总额的6%～12%，在职职工个人缴费比例为本人工资的2%。根据实际情况，各统筹地区确定具体缴费比例，用人单位和职工缴费比例可作相应调整。职工个人缴纳的费用全部计入个人账户，用人单位缴纳的费用一部分用于建立统筹基金，一部分划入个人账户，实行统账相结合的管理模式。划入个人账户的比例一般为用人单位缴费的30%左右，具体比例由统筹地区决定。一些困难地区和困难企业只建立统筹基金，暂时不建立个人账户。目前，用人单位缴费率全国平均为7.43%，上海、北京则分别达到10%和9%，全国个人缴费率平均为2%。

（三）费用支付

就个人医疗费用补偿来讲，按照城镇职工基本医疗保险基金统账相结合的管理模式，对统筹基金与个人账户的使用范围进行了严格界定。个人账户基金主要用于支付参保人员在定点医疗机构发生的普通门诊费用、门诊大病费用和定点药店购药费用；统筹基金用于支付住院费用和门诊大病费用个人账户支付不足的部分。统筹基金支付医疗费用起付线以下部分由个人自付或个人账户解决，起付线以上封顶线以下的部分由统筹基金按比例支付。目前起付标准一般在职工年平均工资的3%～5%，最高支付线为当地职工年平均工资的6倍左右。

（四）统筹层次

按照国家规定，城镇职工基本医疗保险原则上以地级以上行政区为统筹单位，京、津、沪原则上在全市范围内实行统筹。新医改实施后，已基本实现市级统筹，一些省市在探索省级统筹。

（五）基金管理和监督

社会保险经办机构负责基本医疗保险基金的筹集、管理和支付，并严格实行预算管理。基本医疗保险基金纳入财政专户管理，专款专用，不得挪用和挤占。基本医疗保险基金实行属地管理，财政、审计等部门对基金实行行政监督。统筹地区设立由政府有关部门的代表、用人单位代表、医疗机构代表、工会代表和有关专家参加的医疗保险基金监督组织，加强对基本医疗保险基金的社会监督。

（六）医疗服务管理

国家医疗保障局会同国家卫生健康委员会、财政部等有关部门制定基本医疗保险的服务范围、标准和医药费用结算办法。各省、自治区、直辖市医疗保障局根据国家规定，会同有关部门制定本地区相应的实施标准和办法。基本医疗保险实行定点医疗机构和定点药店管理。国家医疗保障局会同国家卫生健康委员会、财政部等部门制定定点医疗机构和定点药店的资格审定办法。医疗保险经办机构根据中西医并举、基层、专科和综合医疗机构兼顾，方便职工就医原则，负责确定定点医疗机构和药店，并同定点医疗机构和定点药店签订合同，明确各自的责任、权利和义务。

二、城镇居民基本医疗保险

城镇居民基本医疗保险制度是以大病统筹为主，针对城镇非从业居民，坚持低水平起步、群众自愿、明确中央和地方政府责任、统筹协调的基本医疗保险制度。根据《国务院关于开展城镇居民基本医疗保险试点的指导意见》，主要内容有：

（一）保障范围

城镇居民基本医疗保险覆盖范围包括城镇职工基本医疗保险未覆盖的城镇人群。一是城镇老年居民，一般男60岁、女50岁以上未参加职工医疗保险的；二是学生儿童，包括学龄前儿童、大、中、小学学生等，以学校为单位在学校所在地参保；三是在劳动年龄范围内的困难人群，包括低保对象、重度残疾人和无生活来源、无劳动力、无赡养对象的三无人员；四是其他因各种原因不能参加职工基本医疗保险的人群，如灵活就业人员。

（二）资金筹集

城镇居民基本医疗保险没有国家统一的筹资标准，由各地根据低水平起步原则和本地经济发展水平进行确定。为引导和帮助广大城镇居民缴费参保，城镇居民基本医疗保险借鉴新型农村合作医疗的成功经验，实行个人缴费、政府补助相结合的筹资机制。从鼓励参保角度实行缴费年限和待遇相挂钩的机制。

从许多地区实践与测算的平均水平来看，人均筹资水平大体在城镇居民人均可支配收入的2%左右。政府补助资金由中央财政分担，财政补助从2007年的人均20元提高到2015年的人均380元，个人缴费人均不低于120元。2015年底所有地级以上统筹地区全面启动实施城乡居民大病保险，覆盖所有居民医保参保人员，逐步提高大病保险筹资标准，进一步提高经基本医保报销后需个人负担的合规医疗费用中大病保险的支付水平，实际支付比例不低于50%。同时，对低保对象、低收入家庭、重残人群等困难人群再增加一定的补助，一些特困人群个人缴纳的部分由民政部门给予特别救助。

（三）基金管理

城镇居民基本医疗保险的管理原则上与城镇职工基本医疗保险的规定一致，由社会保障部门所属的医疗保险经办机构负责基金筹集和支付，居民参保实行属地管理。城镇居民基本医疗保险基金也纳入社会保障基金财政专户统一管理，但必须单独列账，实行收支两条线。

（四）医疗服务管理

城镇居民基本医疗保险医疗服务管理执行类似城镇职工基本医疗保险的管理体系，但在报销药品中补充了少儿特殊用药，在就医管理上增加了以儿童医院为定点医疗机构。门诊统筹制度原则上要依托基层医疗机构，方便就医，实行按人头付费，但一般报销药品目录和诊疗项目与住院有差别，确保有足够的卫生经费保障居民住院医疗需求。

三、新型农村合作医疗

中华人民共和国成立后，我国农村在实践中建立并发展了具有中国特色的合作医疗制度。但随着改革开放的进行，合作医疗逐渐瓦解，农村医疗卫生保障重新面临严峻挑战。从2002年开始，中共中央、国务院发布《关于进一步加强农村卫生工作的决定》，提出建立以大病统筹为主的新型农村合作医疗（简称“新农合”）。至2010年，全国已逐步建立了基本覆盖农村居民的新农合，新农合是指有政府组织、引导、支持，农民自愿参加，个人、集体和政府多方筹资，以大病统筹为主的农民医疗互助共济制度，采取个人缴费、集体扶持和政府资助的方式筹集资金。新农合的特点是：政府引导，自愿参加；以收定支，保障适度；大病统筹。

（一）保障范围

新农合保障范围为所有农村居民，以家庭为单位自愿参加。

（二）资金筹集

新农合实行个人缴费、集体扶持和政府资助相结合的筹资机制。随着我国社会经济的发展，新农合的筹资水平不断提高，2007 年人均筹资 50 元左右，截至 2016 年，各级财政对新农合的人均补助标准达到 420 元，其中：中央财政对新增 40 元部分按照西部地区 80%、中部地区 60% 的比例进行补助，对东部地区各省份分别按一定比例补助。农民个人缴费标准在 2015 年的基础上提高 30 元，全国平均为 120 元以上，比一些发达的统筹地区筹资标准还更高。

（三）费用支付

新农合费用支付原则上要将重点放在迫切需要解决的农民因患大病而导致贫困的问题上，对农民的大额医药费用或住院医药费用进行优先补助。具体补助办法和保障水平各地标准均有不同，但具体做法与城镇职工基本医疗保险制度类似，仍然采用药品（服务）目录、起付线、医院报销比例分级、封顶线等方法。此外，2014 年国家还出台了新农合大病保险政策：参合对象在各级医疗机构住院期间发生的符合本市新农合政策的可报费用为大病保险合规医疗费用。新农合的费用支付标准按以下两种方式进行：

1. 新农合大病保险按医疗费用高低分段补偿

参合病人按现行新农合基本医疗保障政策补偿后，个人年度累计负担的合规医疗费用扣减新农合大病保险起付线后，5 万元以内补偿比例为 50%；5 万元至 10 万元补偿比例为 60%；10 万元以上补偿比例为 70%。

2. 按参合年度计算，年封顶线为 25 万元

参合人患大病发生高额医疗费用的情况下，按现行新农合政策补偿后，需个人负担的合规医疗费用超过起付线部分，再由大病保险给予保障。

（1）起付线。2014 年新农合大病保险设定起付线为 7 000 元。以后随统计数据及实际情况进行调整。原则上每年调整一次。对符合医疗救助条件的参合对象（农村贫困户），起付线下降 50%，为 3 500 元。起付

线每参合年度内只扣减一次。

（2）合规医疗费用。合规的医疗费用一般各地区根据国家规定，结合本地区的经济发展水平和医保资金的结余情况等自行制定范围。合规医疗费用主要包括：①列入本省市基本医疗保险、工伤保险和生育保险药品目录的基本医疗保险药品费用，住院（含当地规定的门诊慢性病或门诊大病）个人首先自付的药品费用；②本省市基本医疗保险医疗项目目录和本省基本医疗保险医疗服务设施项目范围中排除的不予支付项目外的医疗费用中，大型仪器检查、部分治疗项目个人首先自付的费用，高值医用材料、医疗服务设施（如床位费等）限价内个人自付的费用等；③基本医疗保险政策规定范围内（含住院、当地规定的门诊慢性病或门诊大病），起付线以下个人负担费用、起付标准以上最高支付限额以下个人分担费用、最高支付限额以上个人负担费用；④经省市人力资源和社会保障部门统一谈判纳入的抗肿瘤分子靶向类药品和部分特效药品费用的补偿部分。

（四）医疗服务管理

各级卫生行政部门加强对医疗机构服务行为和费用的监管，包括建立合作医疗定点医疗机构的准入和退出制度，引入竞争机制；制定合作医疗基本药品和诊疗目录，严格规定目录外药品和诊疗费用占总医药费用的比例，并实行病人审核签字制；严格控制定点医疗机构平均住院费用、平均门诊费用的上涨幅度，控制定点医疗机构收入中药品收入所占的比例；加强对乡镇卫生院的监管，维护卫生院的公益性质。

需要指出的是：2016 年国务院印发的《关于整合城乡居民基本医疗保险制度的意见》，从 2016 年开始将建立城乡统一的居民基本医疗保险制度。其要求做到六个统一：统一覆盖范围、统一筹资政策、统一保障待遇、统一医保目录、统一定点管理、统一基金管理。这意味着今后城乡居民不再受城乡身份的限制，参加统一的城乡居民医保制度，按照统一的政策参保缴费和享受待遇，城乡居民能够更加公平地享有基本医疗保障权益。

四、医疗救助

医疗救助是指在政府主导下，通过政府及社会广泛参与，提供财政和技术支持，以社会弱势群体中的患病者为对象，旨在使其获得必要的卫生服务、维持其基本生存能力、改善其健康状况的专项帮助和经济支持的一种医疗保障制度，是我国社会救助的主要内容，也是多层次医疗保障体系中的重要组成部分。这项制度主要采取财政资助、社会捐助、政府管理办法，资助低保人群参加新农合和城镇居民医疗保险，并对部分医疗费用负担重的困难人群给予现金补助，实行属地管理。

（一）救助对象与范围

医疗救助的对象主要包括生活在最低生活保障线以下的城乡居民、未参加基本医疗保险的贫困者、失业者、残疾人、农村“五保”户及无固定收入、无生活依靠、无基本医疗保障的老年人、特困精神病人、慢性病对象以及规定的其他需要救助的对象等。医疗救助的范围主要是以大病救助、常见病救助及二者结合救助为重点。

（二）资金来源

医疗救助资金主要来源于国家财政拨款、地方财政拨款、彩票公益金、社会捐助等。救助标准则由各地根据财政收入状况，按照“广覆盖，低标准”原则进行救助，并设置起付线、封顶线和报销比例。

（三）救助形式

医疗救助的形式主要采用服务提供与现金救助相结合的方式，主要包括：①提供医疗救助金，给救助对象以经济补偿；②给医疗机构一定的经济补贴，医疗机构直接减免救助对象部分医疗费用；③社会医疗救助机构举办专门医疗机构，免费或以较低费用为救助对象提供最基本的医疗服务；④资助贫困者参加城镇基本医疗保险或新型农村合作医疗保险，使其获得基本医疗保障；⑤进行慈善救助，开展义诊或无偿义务医疗活动等。此外，不少地方还充分地利用药店和基层医疗机构网点多、价格低廉、服务便利等特点，通过发放一定限额的医疗救助卡，方便救助对象日常门诊和购药。

（四）救助程序

我国当前的医疗救助程序须经过申请、审核、最终审批三项程序，实行个人申请，农村村民委员会或城市社区居民委员会评议、民政部门审核批准后，由医疗机构提供救助服务。

社会医疗救助的意义在于可以增进社会福利事业，在国家民政部门的努力下，我国对于贫困群体的医疗救助资金投入和医疗救助的人口数量不断增加，救助水平也不断提高。

我国医疗救助制度从2003年、2005年分别在农村和城市建立以来，到2008年底实现了城乡全覆盖，目前已惠及近亿困难人群。医疗救助包括常规医疗救助、重特大疾病医疗救助和临时救助等，在基本医疗保障体系中发挥着“托底”和“串联”作用，通过与基本医保、城乡居民大病保险和社会慈善等资源的有效衔接，形成综合医疗保障格局。

【延伸阅读】

20年中国医疗保障制度的改革发展进程

一、探索试点时期（从20世纪80年代中期至1998年底）

这个时期又可分为三个阶段：

（1）1994年前，为地方自发试验探索阶段。一些地方（如吉林省四平市、湖北省黄石市等）目睹公费、劳保医疗制度日益凸显的弊端和难以为继的情状，自发探索改革，其内容主要是医疗费用与个人适当挂钩等，以遏制医疗费用不合理增长和医疗资源的严重浪费。

（2）1994年至1996年，为有组织有领导地进行城镇职工基本医疗保险制度改革试点阶段。国家体改委等四部委出台“试点指导意见”，成立国务院医保改革领导小组及办公室，组织指导在江苏省镇江市、江西省九江市进行试点（史称“两江试点”）。具体探索如何建立职工基本医疗保险制度的路径和办法。

（3）1996年4月至1998年12月，为扩大试点阶段。以国务院办公厅《关于职工医疗保障制度改革扩大试点的意见》为指导，将试点的范围由“两江”扩大到全国40多个城市。主要目的是，在更大的范围检验“两江试点”的成果，深入研究、发现问题、总结经验、把握规律、完善政策，比选和确定制度模式。

二、建立城镇职工基本医疗保险制度时期（从1999年至2003年）

经过4年多的试点和扩大试点的探索，各部门、各方面对改革方向和改革的重要性、迫切性，改革的任务、目标、路径和制度模式、政策框架等重大问题基本形成共识。在此基础上，1998年12月，国务院做出《关于建立城镇职工基本医疗保险制度的决定》，正式启动了在全国普遍建立城镇职工基本医疗保险制度的历史性变革。44号文件还明确规定，鼓励企业建立补充医疗保险、实施公务员医疗补助、支持发展商业健康保险等作为新制度的补充和配套措施。由是，结束了已实施40多年的公费、劳保医疗制度，将单位（企业）保障制度转变为现代社会保障制度（“单位人”变为“社会人”），实现了历史性的转变和跨越。

三、建立全民医疗保障制度时期（从2003年至2017年）

此阶段主要是为全民医保制度夯基垒台、立柱架梁、构建框架并逐步健全完善。这个时期，各项制度建设和改革举措相互交织、头绪繁多、任务艰巨。由于有了建立职工医保的经验和在实践中历练出来的医保队伍，这个时期也是全民医保制度建设高歌猛进、发展最快、取得成就最显著的时期。大体可划分为六个各有侧重的阶段：

1. 建立新型农村合作医疗制度（简称“新农合”）阶段（从2003年起）

主要是通过政府财政补助，将过去的农村合作医疗转变为“新农合”，解决广大农村居民的基本医疗问题（到了2010年，在社保法中才将其定义为基本医疗保险制度）。

2. 建立社会医疗救助制度阶段（从2003年起）

主要是解决特困人群（诸如城市中的“低保户”、农村中的“五保户”、重度残疾人等）的基本医疗保障问题，体现社会政策的兜底功能和政府责任。

3. 建立城镇居民基本医疗保险制度阶段（从2007年起）

从国务院《关于进行城镇居民基本医疗保险制度试点的指导意见》（国发〔2007〕20号）开始试点，一年后便全面推开。主要是解决城镇中没有就业能力人员（俗称“一老一小”）的基本医疗保障问题。

4. 建立重特大疾病保障和救助制度（机制）阶段（从2012年起）

党的十八大明确提出，建立重特大疾病保障和救助制度，十八届三中全会“决定”又作了进一步明确。后来，在实际操作中却演变为“大病保险制度”（2012年国家发改委等六部委的“指导意见”，发改社会〔2012〕2605号）。这就在概念内涵、功能定位和实施办法等方面产生了不同的认识和评鉴，有待进一步匡正和完善。

2013年，国务院总理在《政府工作报告》中正式宣布：我国全民医保制度基本建立。基本形成了以基本医疗保险为主体，以企业补充医疗保险、公务员医疗补助、商业健康保险等为补充，以社会医疗救助为托底的全民医疗保障格局。

5. 整合城乡居民基本医疗保险制度阶段（从2013年起）

在党的十八大以后，中央就提出了整合城乡居民医保制度的要求，2013年国务院也确定了整合的“时间表”（当年6月底落实到位）。但是，由于各种阻力和干扰，直到2016年国务院出台“3号文件”后才“驶入快车道”。到2017年底，全国大多数省份（共有24个省市）都将其业务管理划归人社部门，实现了“六统一”，只有少数几个省市的“新农合”仍在卫生部门（有人说，正是这个“小尾巴”，转化成了设立医保新机构的“大依据”。是否恰当，此处不予置评）。

6. 探索建立长期照护保险制度阶段（从2016年起）

根据党的十八届五中全会精神，人社部出台了开展长护保险制度试点的“指导意见”。从2016年起，在全国15个城市进行试点。目前已取得初步成效，为在面上建立这项新型保障制度，完善社会保障制度体系，化解老龄社会风险，探索了路径，积累了经验。

四、全面建成中国医疗保障体系时期（2017年起）

以“健康中国”战略的实施为标志，中国医疗保险制度改革进入了以全民健康为中心的新的发展阶段。以党的十九大为标志，中国医保改革发展进入了全面建成中国特色医疗保障体系时期（全面建设与全面建成，虽然只有一字之异，其内涵却有云泥之别）。由是，中国医保改革发展迈进新时代：承载着新使命，开启了新征程，向着更加宏伟的目标进发。

【节选自：王东进. 中国医疗保障制度改革二十年纪略［J］. 中国医疗保险，2018，12：3－4.】

思考题：

1. 试析社会医疗保险模式与国家医疗保险模式的异同。

2. 试述国外医疗保险制度改革对完善我国基本医疗保险制度有何借鉴。

3. 试述我国城镇职工基本医疗保险制度的主要内容和基本特征。

第九章　补充医疗保险

【学习目的】

通过本章的学习，掌握补充医疗保险的概念、特征，掌握建立补充医疗保险的原则、费用筹集及保障范围，熟悉大病医疗保险，了解补充医疗保险的主要形式。

【章前案例】

84岁的古富珍2018年12月30日入住珠海市人民医院，她患有多种并发症：低血糖昏迷、肺部感染、冠心病、脑梗死后遗症、肝功能不全等。据珠海市人民医院常务副院长李朝辉介绍，古富珍目前还在住院治疗，截至2019年5月中旬，她的住院费用为720 922.51元，已达到超高额医疗费用补偿标准。“根据附加补充医保政策，住院核准费用60万元至100万元（含），自付部分可报销90%，就是说古富珍老人的住院核准费用达到60万元以后，每增加10万元，个人自付部分可报销9万元。”

2019年1月1日起，珠海市正式推出惠民民生政策——珠海市附加补充医疗保险“大爱无疆”项目，该项目是由市政府主导，中国人寿保险股份有限公司珠海分公司具体开发承办的非营利性保险，作为珠海市民的第三重医疗保险保障。自此，珠海市逐步建立起覆盖全民的“基本+补充+附加补充”的多层次医疗保障制度体系。“大爱无疆”项目规定，该项目保费标准为190元/人/年度，参保人可享受四大医疗保障项目：一是超高额医疗费用补偿。参保人社保年度内发生基本医疗保险范围内的住院核准医疗费用累计在60万元以上、100万元以内（含100万元）的部分，支付90%。二是恶性肿瘤自费项目补偿。包括自费药与PET-CT检查项目补偿。三是个人负担医疗费用补偿。参保人投保年度内住院发生费用范围内的个人负担医疗费用累计3万元以上、30万元以内（含30万元）的部分，支付90%。四是定额现金补偿。参保人投保年度内首次确诊患本项目规定的10种重大疾病的，一次性定额补偿2万元。

珠海市人力资源和社会保障局原副局长张笑天表示，设计附加补充医保的初心是要大幅减轻重大疾病的个人医疗费用的负担，实现让个人医疗费用有一个相对封顶的目标。附加补充医疗保险虽然由商业保险公司承办，但其投保不设置排除条款，连续参加珠海市基本医疗保险满一年后的所有参保人，包括老人、病人（首年报销比例为60%，第二年起为90%）均可投保，有别于一般商业保险运作模式，属于以政商结合的非营利方式运作。

2019年3月，附加补充医保开始进行待遇支付，截至2019年6月12日，该项目成功参保超过104.33万人，报销受惠人数达543人，补偿金额超过890万元。这确是一项避免家庭灾难性医疗支出的惠民工程，但如此之高的待遇支付水平为基金带来可持续发展的挑战。公共福利支出具有易升不易降的刚性特征，过高的福利支出会产生严重的财政压力，导致持续的财政赤字和公共债务的膨胀，这就是政府举办公共福利政策时可能落入的福利陷阱。当举办主体由政府变更为商业保险机构，福利陷阱的风险一并转接到该机构。政商如何合作才能在稳步发展社会福利事业的同时，防止落入福利陷阱？或许珠海市附加补充医疗保险会带来新的思路。

【资料来源：

[1] 王芳．让大病重病患者敢看病看得起病［N］．珠海特区报，2019-06-12（9）．

[2] 黄少安，陈言，李睿．福利刚性、公共支出结构与福利陷阱［J］．中国社会科学，2018（1）：90-113，206.】

思考题：为何要在基本医疗保险的基础上建立补充医疗保险制度？

第一节　补充医疗保险概述

在基本医疗保险的基础上发展多种形式的补充医疗保险，既是满足不同收入人群的不同医疗需求的要求，也是建设与完善我国多层次医疗保障体系的实际需要和重要内容。

一、补充医疗保险的概念与特征

补充医疗保险的概念有广义和狭义之分，广义的补充医疗保险，其“补充”是相对于“基本”而言，是指在国家和社会建立的基本医疗保险制度以外的所有医疗保险形式，即由用人单位、企业或特定人群，根据自己的经济收入水平和疾病的严重程度，自愿参加的对社会成员起补充作用的各种医疗保险措施的总称。它包括：职工个人在参加基本医疗保险之后，再交费投保商业性质的医疗保险；企业在参加基本医疗保险之外又为本单位职工建立的其他形式的医疗保险；儿童、农民工等未被基本医疗保险涵盖的特殊群体所实行的医疗保险形式等多种形式。

狭义的补充医疗保险，是指在国家相关法规和原则指导下，以用人单位为直接责任主体而建立的一种具有团体性福利特征的医疗保障制度，狭义的补充医疗保险实质是用人单位的福利，它为本单位职工谋取基本医疗保险之外的各种医疗条件和待遇，其资金主要来源于职工福利基金或税后利润。目前，我国的补充医疗保险主要被用于事业单位和大型企业，为员工提供更好的医疗保障福利。而面对医疗费用不断攀升的今天，国家大力鼓励有条件的企业建立补充医疗保险制度。我国基本医疗保险制度的建立和实施，坚持“低水平，广覆盖，多方负担，统账结合”的原则，虽然增强了参保职工的自我保障意识和医疗费用节约意识，但只能满足参保人员的基本医疗需求，超过基本医疗保险外的医疗需求，可以采取其他形式的医疗保险予以补充。因此，相对于基本医疗保险来说，补充医疗保险一般具有补充性、自愿性和多样性等特点。

二、补充医疗保险的作用

基本医疗保险的主要作用是通过互助共济保障职工基本权益，维护社会的稳定。而补充医疗保险很好地解决了少数参保人自付费用负担过重的问题，保障了医疗保险改革的顺利进行。如果建立补充医疗保险制度，可以逐步实现国家或政府的医疗保障责任部分向社会转移，从而减轻政府的压力。

（一）有利于补充基本医疗保险体系的不足

基本医疗保险的保障水平和职工实际医疗消费需求之间存在差距，特别是对超过统筹基金最高支付限额即封顶线以上的医疗费用。在全民医保背景下，由于劳动者的经济水平不同，对医疗需求的认识、层次和要求也不一样。只有因地制宜，建立相应的补充医疗保险制度，才能切实保障劳动者的需求，减轻疾病负担，从而适应我国社会主义市场经济的发展。

（二）有利于提高劳动生产效率，增进凝聚力

补充医疗保险制度的建立和完善一方面解除了劳动者的后顾之忧，使其安心工作，从而可以提高劳动生产率，促进生产的发展；另一方面也保证了劳动者的身心健康，保证了劳动力的正常再生产。企业根据自身情况为职工建立补充医疗保险，可以进一步提升职工医疗保障水平，改善职工的福利待遇。这种内在的机制，能够调动和激励职工的劳动积极性和创造性，增进职工对企业凝聚力和向心力。

（三）有利于鼓励健康储蓄，引导合理消费

市场竞争的必然结果是优胜劣汰，建立补充医疗保险，使一些企业在其效益佳时，注重健康投资，个人也积极进行健康储蓄，做到防患于未然。同时有利于控制消费基金的膨胀，使部分消费基金推迟消费，转化为医疗基金作为健康投资积累下来。

（四）有利于增加卫生投入，促进卫生事业和保险事业的发展

在发达国家，健康保险或医疗保险是卫生服务经费的主要筹资渠道

之一。而在我国，医疗保险市场还比较落后，所占比重较低。所以从经济学角度讲，通过发展补充医疗保险，可以最大限度地满足非基本医疗甚至特殊医疗需求，增加各个渠道对卫生的投入。同时，还可以扩展医疗保险的空间，分流社会保险的风险，促进保险业的发展。

（五）有利于调节收入差别，体现社会公平性

政府可以借助市场经济条件下利益机制的作用，利用财政税收政策，影响补充医疗保险的规模和基金营运。运用税收减免手段，鼓励单位和个人增加补充医疗保险的投入，减少个人可支配收入和社会群体间的收入差距，增加社会共济和公平。同时可以减少一般商品的消费需求，增加能够促进全民保障和社会稳定的社会服务类消费需求，从而起到调节社会消费结构和产品结构的作用。

三、补充医疗保险与基本医疗保险的关系

基本医疗保险具有国家强制、政府承办、普遍保障、公平、政府承担最终责任等特征，且只能满足参保人的基本医疗需求。补充医疗保险不是通过国家立法强制实施的，而是由用人单位和个人自愿参加的，依据特殊需要设立、根据权益享受相应待遇、依法独立承办、自负经营风险。显然，补充医疗保险不仅是基本医疗保险的一种补充形式，也是我国建立多层次医疗保障的重要组成部分之一，二者之间既有区别又有相同点。

（一）补充医疗保险与基本医疗保险的区别

1. 性质不同

基本医疗保险是国家根据宪法规定，为保护和增进职工身体健康，通过国家或地方立法强制执行的，作为一种社会福利性事业，具有非营利性质。补充医疗保险则是社会保险部门或保险公司运用经济杠杆补偿手段经营，按照自愿原则，通过与个人签订保险合同来实现。商业性保险公司举办的补充医疗保险多以营利为目的，属于商业性医疗保险范畴，具有商业保险的某些性质，但社会保险部门办理的补充医疗保险属非营利性。

2. 作用不同

基本医疗保险是为了保障劳动者的基本医疗需求，在医疗保险面前人人平等，用来调节收入差别和社会关系，维护社会公平。补充医疗保险则是在保障劳动者基本医疗需求的同时，根据自己的经济收入情况或所在单位的经济状况，来满足劳动者较高层次的医疗需求或者其他方面的特殊医疗需求，主要体现的不是社会公平而是效率原则。

3. 权利与义务对等关系不同

基本医疗保险的权利与义务对等关系建立在劳动关系上，只要劳动者履行了为社会劳动的义务，就能获得享受基本医疗需求的权利。补充医疗保险的权利与义务则建立在合同关系上，只要有经济承受能力，自愿签订补充医疗保险合同，并按合同规定缴纳保险费，就能获得相应的权利。享受补充医疗保险待遇的多少取决于所缴保费的多少，即社会保险部门或保险公司与参保人之间的权利与义务关系是一种等价交换的对等关系，其表现是多投多保、少投少保、不投不保。

4. 待遇水平不同

基本医疗保险从保障职工的基本医疗需求和社会安定的角度出发，所缴纳的保险费与劳动者享有的医疗保险待遇，要随国家财政状况或用人单位的经济承受能力、物价上涨幅度、社会生产力水平的变化而做出相应的调整。补充医疗保险给付水平的确定，一般只考虑参保人缴费的多少，而不考虑其他因素。

5. 立法范畴不同

基本医疗保险属于国家立法范畴，反映国家、用人单位和劳动者三者之间的利益关系，受法律的保护，也是国家对劳动者应尽的义务。补充医疗保险双方当事人享受的权利和义务以合同为依据，保险契约的签订以平等、自愿、互利、等价为前提，其权利义务关系由民事法律调整。

（二）补充医疗保险与基本医疗保险的相同点

补充医疗保险是在基本医疗保险的基础上发展起来的，是对基本医疗保险的补充和完善，二者相同之处有：

（1）二者的目标相同，都是旨在保护参保人群的健康，促进社会的稳定和发展，减少或解除参保者的后顾之忧。

（2）二者都是运用大数法则原理来分散疾病风险，减少经济损失。

（3）二者费用的支付都遵循城镇职工基本医疗保险制定的“两个定点机构”和“三项基本目录”的要求来支付医疗服务费用。

（4）筹资原则相同，都采用单位和参保人共同付费的原则。

（三）补充医疗保险与基本医疗保险的衔接形式

1. 保障程度的衔接

所谓保障程度的衔接，是指对已经享受各种形式基本医疗保险的社会成员提供保障项目、医疗费用的补充。目前，我国社会主义初级阶段的基本国情及基本医疗保险“保基本”的实施原则，决定了基本医疗保险基金只能用于支付规定范围内的医疗费用，使基本医疗保险的保障能力与保障程度不足。例如，对于基本药品目录、基本诊疗项目目录和基本服务设施目录外的费用，起付线之下部分、按比例个人自付部分和封顶线之上部分的费用，以及门诊诊疗自费部分费用等都可由补充医疗保险发挥补充作用。

2. 保障范围的衔接

所谓保障范围的衔接，是指由补充医疗保险向因各种原因还没有享受基本医疗保险的社会成员提供包括基本医疗保险保障内容在内的医疗保障。目前，我国基本医疗保险体系由三大部分组成：城镇职工基本医疗保险，主要覆盖“城镇所有用人单位，包括企业（国有企业、集体企业、外商投资企业、私营企业等）、机关、事业单位、社会团体、民办非企业单位职工”；城镇居民基本医疗保险，主要覆盖“不属于城镇职工基本医疗保险制度覆盖范围的中小学阶段的学生（包括职业高中、中专技校学生）、少年儿童和其他非从业城镇居民”；新型农村合作医疗，主要覆盖农村人口。现阶段，基本医疗保险保障范围已经扩大，但一些地区仍有少部分人口尚未被任何形式的医疗保险制度覆盖，即为补充医疗保险在保障范围上要与基本医疗保险衔接的地方。要进一步完善我国医疗保障体系、切实有效保证群众多层次多样化的医疗保障需求，就要充分发挥补充医疗保险的补充作用，做好补充医疗保险与基本医疗保险的衔接工作，把基本医疗保险不能补偿的药品、检查、检验、治疗等费用，以及基本医疗保险目前尚未覆盖的人群包含进去，实现两者的全面衔接。

第二节　补充医疗保险的运营

一、建立补充医疗保险的原则

（一）相对自愿性原则

从总体而言，是否参加或举办补充医疗保险应以自愿为主，这也是区别于基本医疗保险的重要特征。补充医疗保险根据参保人与保险机构双方按自愿原则签订保险合同而产生保险关系。自愿保险形式具有三方面的特点：①参保与否，完全根据参保人的意愿来决定，而不是按照法律和条例强行规定和强制执行；②保险责任有明确的限期，不是自动产生，而是按照合同规定产生，如果合同规定期已满，参保人未办理续保手续，保险责任宣告终止；③在一般情况下，参保人可以自动退保，保险机构按照规定退还部分保险费。但是，这种自愿性也是相对的，如我国现阶段，在社会保险基金缺乏纵向积累的情况下，为了更好地体现社会互助共济，社会医疗保险经办机构也采取了大病医疗救助等过渡性的强制措施，要求企业或单位参加。

（二）补充性原则

补充医疗保险是对基本医疗保险封顶线之上的医疗费用进行管理而实施的一种医疗保险。它的实施原则应与基本医疗保险相一致，即遵循现有的基本医疗保险的规定。在构建补充医疗保险体系的过程中，正确定位补充医疗保险的“补充”尺度，要防止“过度保障”的情况出现，超出这个“度”就会造成浪费。现行的补充医疗保险只能对现有的基本医疗保险起到补充的作用，不能替代基本医疗保险。

（三）客观性原则

补充医疗保险要根据当地的经济发展水平、居民的收入分配特点、人口的年龄结构特点、疾病谱、居民对医疗保险的需求层次、基本医疗保险的开展情况等来综合制订实施方案，特别是要与当地的基本医疗保险制度衔接好。基本医疗保险制度的建立和完善是发展补充医疗保障体系的前提，补充医疗保险的发展不能脱离当地的实际情况，它只是基本医疗保险的补充，绝不能代替基本医疗保险。要正确定位补充医疗保险的“补充”尺度，这对整个医疗保障系统至关重要，将直接影响到基本医疗保险制度的深化改革和持续发展。

（四）针对性原则

补充医疗保险的发展要针对基本医疗保险的空白点、难点。例如：针对重症慢性患者的门诊费用过多，实施重症慢性病的门诊医疗补助；针对超过封顶线的高额医疗费用的患者，建立大病医疗补助；对于政府工作人员可以实行公务员医疗补助，经营单位则可实行企业补充医疗保险等，其保险对象与保险险种都有很强的针对性。

（五）动态性原则

随着经济水平的提高，人们生活质量的改善，基本医疗保险制度中“基本医疗”的界定会发生改变，与其相衔接的补充医疗保险制度的范围和内容也要随之发生改变。这样才能更好地为参保人和参保单位提供多层次的医疗保障。

（六）多样性原则

在医疗保障体系探索阶段的初期，应该鼓励多种模式的补充医疗保险并存。从举办的形式来看，既可以由社会医疗保险机构举办，也可以由企业和单位来承办；从险种来看，既可以对封顶线以上的医疗费用进行补充，也可以对特定的疾病进行补充。多样性原则有利于补充医疗保险的发展和完善。

（七）多方筹资的原则

与社会医疗保险相类似，补充医疗保险在基金的筹资方面也采用多方筹资的原则，由用人单位和参保人共同缴纳，随着经济的发展、职工收入的增加，缴费额度将做相应的调整。在资金的使用上，为了保持资金的平衡，采用“以收定支，收支平衡，略有结余”的原则，以保证补充医疗保险的正常运行。

二、补充医疗保险的费用筹集及保障范围

（一）补充医疗保险的费用筹资

补充医疗保险筹资作为补充医疗保险制度的经济基础，不但是补充医疗保险运营的起点，而且是整个补充医疗保险工作的核心环节，它对于促进我国国民经济的发展和保证补充保险制度正常运转都有非常重要的意义。

补充医疗保险费无论是以固定金额收缴，还是以职工工资总额的一定比例收缴，都会遇到如何缴费的问题。考虑到企业或个人的经济承受能力，补充医疗保险的缴费比例不可能定得太高。因此缴费办法与补充医疗保险的承办主体密切相关。社会保险机构承办补充医疗保险，由用人单位为职工向社保机构缴费，但效益差的单位也要求个人缴纳一半的参保费用；商业保险公司承办补充医疗保险，由用人单位直接向商业保险公司缴费；按再保险方式举办的补充医疗保险，由社保机构为参保人员集体向商业保险公司缴费；如果由社保机构承办补充医疗保险，为了简化操作和降低补充医疗保险因覆盖面小而带来的风险，比较理想的缴费办法是补充医疗保险与基本医疗保险同时收费。单位因经济效益不佳等原因不愿意参加补充医疗保险时，可以先提出来，社保机构则只收基本医疗保险费，否则视为同意参加补充医疗保险，这样做既不违反补充医疗保险自愿参保的原则，又有利于扩大补充医疗保险的覆盖面。针对补充医疗保险筹资范围目前没有统一的规定，应根据当地的经济发展情况以及医疗保险费用的实际支出具体确定补充医疗保险的筹资水平和补偿范围。

（二）补充医疗保险的保障范围

1. 按人群分类的保障范围

补充医疗保险的参保对象主要包括两大类：一类是企事业单位的职工，这些职工在享受基本医疗保险的基础上参加补充医疗保险，即在更高层次上满足职工的医疗保障需求；另一类是针对国家公务员，包括行政机关工作人员和退休人员、党群机关、人大及其他国家工作人员，实行公务员医疗补助制度，以满足公务员更高层次的医疗需求。成为补充

医疗保险参保对象的前提条件是已参加基本医疗保险，即参加了基本医疗保险的职工都有资格成为补充医疗保险的参保对象。然而，最终能否成为补充医疗保险的参保对象，还受到众多因素的影响。第一，单位的经济状况，只有经营状况较好或经济效益较高的单位，才有经济承受能力；第二，客观需要，我国许多城市尤其是沿海城市，外来劳动力较多，流动性大，中青年人群发病率最低，基本医疗保险几乎可以满足他们全部的医疗需求，所以，他们参加补充医疗保险的可能性较小；第三，单位领导或企业领导者的认识水平，许多单位尤其是外资企业、合资企业和私营企业等，至今尚未参加基本医疗保险，有些即使参加，也是相当勉强，再加上补充医疗保险参保属于自愿性质，所以，这些单位很可能不会再参加补充医疗保险。

2. 按保障水平分类的保障范围

补充医疗保险是基本医疗保险的延伸和补充。根据目前的社会经济状况，补充医疗保险的保障范围不宜定得太宽，应采取“分步实施”的办法：首先，将补充医疗保险的保障范围定位于解决超“封顶线”以上的基本检查、治疗、用药和服务等费用。其次，再考虑其他特殊病种的医疗服务费用。政府对企业补充医疗保险可以提出指导性意见。补充医疗保险不能脱离基本医疗保险制度而存在，目前就我国的基本医疗保险制度分析来看，各地有不同的规定。一般来说，补充医疗保险的保障范围包括：

（1）门诊补充医疗保险。它主要针对超出个人账户自己支付额度的部分，包括门诊特殊疾病的“门槛费”以上的医疗费用。例如，无锡市实施的医疗保险制度，对补充医疗保险费用的使用规定是：对于糖尿病、高血压（2 级或 3 级）、慢性肝炎（甲肝除外）、恶性肿瘤、冠心病、帕金森病六类慢性病人的门诊医疗费用，在个人医疗账户用完并自付补充医疗保险“门槛费”后，超出部分由补充医疗保险基金支付 70%，最高支付限额为 2 500 元；70 岁以上退休人员的自付标准为 600 元，超出部分由补充医疗保险支付 80%，最高支付限额为 3 000 元；享受省级以上劳动模范待遇人员和国务院政府特殊津贴人员参照 70 岁以上退休人员待遇执行。

（2）住院补充医疗保险。①统筹起付线以上至封顶线以下的医疗费用，按照基本医疗保险政策，个人需要承担的部分，包括超过统筹支付起付线以上的基本检查、治疗、用药和服务个人自付的医疗费用以及乙类药品个人需要先自付的部分。②超基本诊疗项目封顶线以上至一定数额以下的诊治费用等，如镇江市政府规定，每个参保职工和退休职工，每人每年由个人缴纳30元作为大额医疗费用的统筹基金。医疗费用超过最高支付限额3万元以上、10万元以下的部分个人不再支付，参保职工按要求填写《补充医疗保险支付审批表》，并提供住院或报销电脑结算单、费用收据、医疗费支出明细单、出院小结等资料办理登记审核和报销手续。由参保单位支付20%，统筹基金支付80%；10万元以上部分，个人自付10%，参保单位支付90%。住院补充医疗保险的特点是由社会保险经办机构征缴、运作、风险自负。③统筹支付比例以外的部分。

值得指出的是，补充保险不支付自费部分，包括超药品目录、超诊疗项目目录以及超医疗服务设施项目目录的服务费用，同时不能支付起付线，否则会冲击现有的基本医疗保险制度，这是建立补充医疗保险的一个重要原则。

三、补充医疗保险的费用制约机制

医疗保险费用控制是补充医疗保险费用支出管理的一项重要手段，通过科学的载体工具如计算机系统、医保卡等对参保人员发生的医疗费用实行有效的监督和制约，以最大限度实现保障补充医疗需求的目的，补充医疗保险费用的制约机制分供方控制和需方控制两个方面。

（一）使医疗机构成为医疗费用控制的主体

只有医疗机构才能合理、有效地控制医疗费用。改变过去按工作量、用药量支付医疗机构费用的不合理做法，使医疗机构成为医疗费用控制的主体，是控制医疗费用过快上涨，提高医疗资源使用效率的必然要求。

（二）转变补偿结构，提高医疗服务价格水平

在向市场经济转型过程中，政府加大了医疗体制改革，医院的收入结构由单一的财政补贴变成部分差额补贴、医疗服务收入、药品差价收入三个部分。加大政府补贴，合理弥补医疗成本，提高医疗服务收入在整个收入中的比重，同时提高医生的收入水平，抑制因医疗机构诱导需求、大检查、大处方所带来的不合理的费用增长。

（三）灵活采用多种医疗费支付方式，引进约束和激励机制

合理的费用支付方式能够引导医疗服务提供者的服务行为，现在我国医疗保险机构对医院支付方式大部分是采用按服务项目支付，是一种典型的后付制，置医院于被动地位，导致医疗费用上涨。因此，改革的有效尝试是采用预付制，并灵活采用多种支付方式。此外，还可以引入激励机制和约束机制，即对遵守合同而使保险费有节余的医院，给以适当的奖励，而对违反合同的，则要其分担成本。

（四）医保、医疗、医药“三医联动”

在公平和效率双重缺失的情况下，应该考虑整体的制度改革和完善，连环互动。所以，解决药价虚高，以药养医的问题，不单是完善医疗保险的制度设计和医疗保障的网络构建，更重要的是要把“保”“医”“药”三者结合起来。一方面，要确立对医院合理的补偿方式，加快医药分业的步伐；另一方面，应该规范药品的生产和流通，杜绝重复生产、随意定价、违规销售，彻底解决“非营利与营利医院不分、管办不分、医药不分”的现象，解决老百姓“小病扛，大病拖，不怕穷，就怕病”的难题。

第三节　补充医疗保险的主要形式

我国各地区、企业与单位实施的补充医疗保险种类繁多，形式多样。从不同的角度看，补充医疗保险有不同的分类标准。按基本医疗保险服务管理可将补充医疗保险分为住院补充医疗保险、门诊补充医疗保险、门诊特殊疾病补充医疗保险；按参保范围来分，可将补充医疗保险分为公务员医疗补助、企业补充医疗保险等；按照经办机构的不同，可将补充医疗保险分为社会医疗保险机构单独经办、社会医疗保险机构和商业保险公司联合经办、企业和单位经办，以及商业保险公司单独经办的补充医疗保险。以下主要介绍按不同经办机构分类的补充医疗保险。

一、社会医疗保险机构单独经办的补充医疗保险

（一）大额医疗费用补助

大额医疗费用补助是指基本医疗保险参保人员在一年中使用基本医保基金，超过最高支付限额的医疗费用，通过统一筹资、调剂、支付和管理所实行的一种对基本医疗保险补充的医疗保险办法。目前，我国大多数城市采用大额医疗费用补助模式，它具有强制性的特点。这类补充医疗保险的对象是参加职工基本医疗保险的人员。凡是参加社会医疗保险的参保人员必须参加大病医疗费用互助医疗保险，并按规定缴纳大额医疗保险补助资金，由社会医疗保险机构强制征缴一定费用，保险项目主要是对基本医疗保险“最高支付限额以上”至“一定数额”的部分医疗费用给予一定补偿。

（二）由政府承办的公务员补充保险

国家公务员医疗补助是针对国家行政机关工作人员和退休人员、党群机关、人大及其他国家公务员实行的一种医疗补助制度。原国家劳动保障部、财政部 2000 年 4 月发布《关于实行国家公务员医疗补助的意见》，做出一些原则性规定：

1. 医疗补助的原则

公务员医疗补助的水平要与当地经济发展水平和财政负担能力相适应，保证国家公务员原有医疗待遇水平不降低，并随经济发展有所提高。

2. 医疗补助的经费来源

按照现行财政管理体制，医疗补助经费由同级财政列入当年的财政预算，具体筹资标准应根据公费医疗的实际支出、基本医疗保险的筹资水平和财政承受能力等情况合理确定。医疗补助经费要专款专用、单独建账、单独管理，与基本医疗保险基金分开核算。全国有统一的控制标准，一般为当地国家公务员工资总额的 4% 左右。

3. 补助对象

公务员医疗补助的范围包括符合《国家公务员暂行条例》和《国家公务员制度实施方案》规定的国家行政机关工作人员和退休人员；经人

事部或省、自治区、直辖市人民政府批准列入参照国家公务员制度管理的事业单位的工作人员和退休人员；经中共中央组织部或省、自治区、直辖市党委批准列入参照国家公务员制度管理的党群机关，人大、政协机关，各民主党派和工商联机关以及其他单位机关工作人员和退休人员；审判机关、检察机关的工作人员和退休人员。

二、社会医疗保险机构和商业保险公司联合经办的补充医疗保险

国内很多地区社保部门联合商业保险公司，建立补充医疗保险。如福建省厦门市社保中心每年一次为所有参加基本医疗保险的人员、参加外来从业人员基本医疗保险连续满五年以上的人员，按每人每年 45 元的保费标准，向商业保险公司投保。在该社保年度参保人员发生超社会统筹医疗基金支付最高限额（5 万元）以上的医疗费用，由商业保险公司厦门分公司赔付 90%，参保人员自付 10%。每结算年度保险公司赔付的补充医疗保险费用，每人最高限额为 15 万元。这样，基本医疗保险加上补充医疗保险，厦门市每位参保职工，每结算年度可以享受到最高限额为 20 万元的医疗费用。汕头市社保局与商业保险公司签订有关保险协议，以市社保局为投保人，代表参加基本医疗保险的职工向商业保险公司（保险人）投保“职工高额补充医疗保险”由保险人负责赔偿医疗保险，协议规定，汕头市社保局以每人每月 3 元的标准，以月缴费形式向保险公司缴纳保险费。在保险期内，对参保职工一次住院的基本医疗费在 30 001 ~ 150 000 元的部分，由保险人赔付 90%，参保人自付 10%。一年内参保职工发生多次住院的基本医疗费每次在 30 001 ~ 150 000 元的部分，由参保人分次赔付，赔付比例与上述相同，但每人每年累计最高保险金额为 25 万元。职工发生保险责任时，可凭有效凭证，委托市社保局代为办理理赔手续。

三、企业和单位经办的补充医疗保险

（一）单位举办的职工团体补充医疗保险

根据国家规定，用人单位在缴纳了基本医疗保险费以后，可以提取

不超过单位职工工资总额4%的费用，作为补充医疗保险基金；职工团体补充医疗保险由团体单位统一投保，作为社会医疗保险的补充保险。凡已参加社会医疗保险的机关、事业单位或社会团体均可作为投保人，本单位年满16周岁以上的全体在职、退休职工（不包括离休人员、革命残废军人）均须作为被保险人，由投保人统一投保。补充医疗保险费可用于支付职工和退休人员在定点医疗机构和定点零售药店发生的下列费用：个人账户不足支付时的医疗费用；基本医疗保险统筹基金支付之余应由个人支付的医疗费用；地方附加医疗保险资金支付之余应由个人支付的医疗费用。补充保险基金应由单位行政、工会职工代表共同管理，制定公开、公平、公正的使用制度，设立专户，专款专用，并由单位内部审计部门和职工代表大会进行监督。

（二）工会组织承办的职工互助医疗保险

这是由总工会的“职工保险（保障）互助会”组织的一种职工群众内部互助共济性质的保险形式。一般是企事业单位工会会员以团体形式加入互助保险会。互助保险的资金以个人自筹为主、行政补助和工会资助等为辅，职工互助会不是一个金融机构，不以营利为目的。

1. 职工互助医疗保险的对象范围

职工互助医疗保险主要为中小企业职工及实行基本医疗保险制度后，取消了原享受半费医疗待遇的职工家属。在保障对象上一般要求以单位团队的形式参加保险，部分地区还要求参加者的数量要占到单位职工总数的80%。参加互助医疗保险的职工及家属在患大病、重病、享受国家基本医疗保险待遇后，个人负担医疗费仍较高的情况时，可按规定享受相应的互助医疗保险待遇。

2. 职工互助医疗保险的资金来源

职工互助医疗保险的资金主要来源于职工自愿为本人和家属缴纳互助医疗保险费、各级行政部门给予的补助、工会的资助以及资金的利息等。

3. 职工互助医疗保险基金的管理和使用

医疗保险经办机构应加强职工互助医疗保险基金的管理，并建立健全各项规章制度，接受政府、社会和投保企业、职工的监督，保证基金安全和发放。职工互助医疗保险经办机构原则上不以营利为目的。

（三）企业承办的补充医疗保险

国务院44号文件指出，在实施基本医疗保险的基础上，为了不降低一些特定行业职工现有的医疗消费水平，在参加基本医疗保险的基础上，作为过渡措施，允许建立企业补充医疗保险。企业补充医疗保险统一待遇标准，可根据单位、职工的需要和承受能力，具有医疗保险不强求统一费率、统一保障项目和统一待遇标准企业经营效益和行业特点，灵活地选择和确定。其他行业和中小企业及职工可以自愿参加。经国家保障行政管理部门批准设立，其费用由企业和职工按国家和补充保险的有关规定共同缴纳。企业补充医疗保险基金用于解决企业职工基本医疗保险待遇以外医疗费用负担的补充性医疗保险。

四、商业保险公司单独经办的补充医疗保险

商业保险公司单独经办的补充医疗保险，是基本医疗保险基础上的附加保险。商业医疗保险在程度和范围上，要与基本医疗保险进行衔接，商业医疗保险的形式包括津贴型保险或费用型保险。津贴型保险是以被保险人在医疗诊治过程中发生的医疗费用为依据，按照保险合同的约定，补偿其全部或部分医疗费。费用型保险是指不考虑被保险人的实际费用支出，而是以保险公司约定的保险金额支付保险金的保险。目前，商业保险公司举办的健康险主要针对重大疾病、住院医疗和门诊报销并推出了许多按照病种分类的医疗保险模式，主要包括：

1. 手术意外保险

手术意外保险指的是在实施医疗手术时，使职工在医疗手术发生意外事故时得到一定的经济补偿，如人工流产手术保险、计划生育手术保险、美容手术保险、心血管手术保险、肾移植手术保险等。

2. 中小学生和幼儿园儿童住院保险

中小学生和幼儿园儿童住院保险指的是为了减轻中小学生、幼儿园儿童家庭因孩子病伤住院的医疗费用负担，有利于青少年的健康成长，对中小学生和幼儿园儿童住院的医疗费用进行一定的补偿。该保险规定所有中小学（含职业学校特殊学校）的在册学生和幼儿园（含托儿所幼儿班）的入园儿童，均应为被保险对象，并对保险报销范围和保险待遇

做出相应的规定。

3. 母婴安康保险

母婴安康保险指的是以孕妇及其胎儿（新生儿）为保险对象的一种人身保险。该保险规定，凡怀孕满35周，经产前检查，情况正常的孕妇及其胎儿（新生儿）均作为保险对象，向就诊医院办理参保手续。若孕妇在投保时已患有某种疾病，医生不同意继续妊娠者，不能参加该保险。

4. 特殊疾病保险

特殊疾病保险指的是对一些特殊疾病，如肿瘤、冠心病、糖尿病等的医疗费用进行一定经济补偿的保险形式。该保险要求职工身体健康，无既往病史，为自己将来可能会得这些特殊疾病，办理医疗保险。保险机构对参保人患了这些特殊疾病后，实行医疗费用补偿。特殊疾病保险的给付方式一般是在确诊为特殊疾病后，一次性支付赔付金额。

5. 住院安心保险

住院安心保险指的是因伤、病住院治疗检查的病人作为保险对象的一种保险。凡住院的病人，经本人同意，均可由其配偶、直系亲属和有抚养关系的人作为投保人，向保险机构办理参保手续。同时医院应为住院病人办理参保医疗事故保险，具体的保险手续由医院代理。住院安心保险期限自病人办妥住院手续，住入医院之时起至出院时为止。

五、大病医疗保险

大病医疗保险是对城乡居民因患大病发生的高额医疗费用给予报销，目的是解决群众反映强烈的“因病致贫、因病返贫”问题，使绝大部分人不会再因为疾病陷入经济困境，有效提高重大疾病保障水平。2012年8月30日，国家发展和改革委、原卫生部、财政部、人力资源和社会保障部、民政部、保险监督管理委员会六部委《关于开展城乡居民大病保险工作的指导意见》（以下简称《指导意见》）发布，针对城镇居民医保、新农合参保人大病负担重的情况，引入市场机制，建立大病保险制度，减轻城乡居民的大病负担，大病医保报销比例不低于50%。

（一）大病医疗保险的主要形式

目前，我国实行的大病医疗保险并不是单一的制度，而是城乡居民大病医疗保险、城镇职工大病医疗保险以及商业大病医疗保险的统称。

1. 城乡居民大病医疗保险

城乡居民大病医疗保险是对大病病人发生的高额医疗费用给予进一步保障的一项制度性安排，是建立健全多层次医疗保障体系，推进全民医疗保险制度建设的内在要求，是提高基本医疗保障水平和质量的有效途径，是进一步体现互助共济，促进社会公平正义的重要举措。

2. 城镇职工大病医疗保险

1998 年，国务院在《关于建立城镇职工基本医疗保险制度的决定》中指出，为了不降低一些特定行业职工现有的医疗消费水平，在参加基本医疗保险的基础上，作为过渡措施，允许建立企业补充医疗保险，超过最高支付限额的医疗费用，可以通过商业医疗保险等途径解决。

3. 商业大病医疗保险

在基本医疗保险之外，单位和个人依照自身意愿参加的一种保险，根据个人患病的风险情况缴纳保费，遇到重大疾病时，可以从保险公司获得一定数额的医疗费用补偿。

（二）大病医疗保险的筹资机制

1. 筹资标准

各地结合当地经济社会发展水平、医疗保险筹资能力、患大病发生高额医疗费用的情况、基本医疗保险补偿水平，以及大病保险保障水平等因素，精细测算，科学合理地确定大病保险的筹资标准。

2. 资金来源

城镇职工基本医保基金、城镇居民医保基金、新农合基金中划出一定比例或额度作为大病保险基金。城镇居民医保和新农合基金有结余的地方，利用结余筹集基金；结余不足或没有结余的地区，可适度提高筹资标准来统筹解决资金来源，逐步完善多渠道筹资机制。

3. 统筹层次和范围

开展大病保险可以市（地）级统筹，也可以探索全省（区、市）统一政策，统一组织实施，提高抗风险能力。有条件的地方可以探索建立覆盖职工、城镇居民、农村居民的统一的大病保险制度。

（三）大病医疗保险的保障范围及水平

1. 保障范围

大病保险的保障范围要与城镇居民医保、新农合相衔接。城镇居民医保、新农合应按政策规定提供基本医疗保障。在此基础上，大病保险主要在参保（合）人患大病发生高额医疗费用的情况下，对城镇居民医保、新农合补偿后需个人负担的合规医疗费用给予保障。高额医疗费用，可以个人年度累计负担的合规医疗费用超过当地统计部门公布的上一年城镇居民年人均可支配收入、农村居民年人均纯收入为判断标准，具体金额由地方政府确定。合规医疗费用，指实际发生的、合理的医疗费用（按规定不予支付的事项），具体由地方政府确定。各地也可以从个人负担较重的疾病病种起步开展大病保险。

2. 保障水平

《指导意见》规定，大病保险“实际支付比例不低于50%；按医疗费用高低分段制定支付比例，原则上医疗费用越高，支付比例越高”。合理确定大病保险补偿政策，以力争避免城乡居民发生家庭灾难性医疗支出为目标，随着筹资、管理和保障水平的不断提高，逐步提高大病报销比例，最大限度地减轻个人医疗费用负担。《指导意见》没有预先设定大病保险的封顶线，从大病保险对参保人员的保障效果出发，不设封顶线的支付模式能够最大限度地化解参保人员高额医疗费用支出风险，但前提条件是大病保险实现较高层次的统筹，建立较大范围的风险分散机制。

【延伸阅读】

医疗保障体系中的大病医疗保险

在医改这一世界性难题中，如何提供大病保障无法绕过。在中国近年的扶贫攻坚中，如何避免因病致贫、因病返贫现象，减轻大病患者负担，显得格外重要。事实上，一个由政府提供的多层次医疗保障体系已逐步成形——基本医保作为医疗保障体系的主体层次发挥核心制度保障作用，大病保险主要拓展保障范围以及提高保障程度，医疗救助则为贫困人群托底。

政府提供的大病保障体系设计思路

防止因病致贫、因病返贫是医疗保障体系的建设要义。我国多层次医疗保障体系可概括为“三横三纵”。第一是基本医疗保险，是医疗保障体系的主体层次，特点是全覆盖、保基本、普惠。它包括职工医保、居民医保和新农合三项制度，分别覆盖就业人口、城镇非就业人口和农村人口，通过实行社会医疗保险制度实现互助共济，在大病保障上发挥了主体制度作用。

在基本医保之下有一个托底的层次，即民政部门管理的医疗救助，一方面帮助困难人群参加基本医疗保险，享受基本医保待遇；另一方面对患者个人负担的部分再给予帮助。在基本医保之上还有各种补充保险和商业健康保险等，以满足群众较高的基本医疗需求。

近年来我国医改取得的最大成就，就是基本医保实现了全民覆盖目标，织起了全球最大的医疗保险安全网，对人们的医疗需求提供了普惠性的基本保障，但部分大病患者高额费用的负担问题和贫困人口的问题相对突出。为此，从2012年起，国家推行城乡居民大病保险并完善城乡医疗救助制度，按照保基本、全覆盖、兜底线、多层次、可持续的原则，进一步加强了重特大疾病医疗保障机制建设，形成了以基本医保、大病保险、医疗救助为核心的基本医疗保障链条。特别是大病保险的建立，实际上是在为大病患者“减负”的同时，增强了医疗救助的托底保障能力。

通过建立大病医保，缩小各项基本医疗保险制度待遇水平差距

政府这几年在加快扩大覆盖面实现全民覆盖的同时，还在努力提高基本医疗保障待遇，不断缩小各项基本医疗保险制度待遇水平差距，尤其是注重提高农村人口的保障待遇。目前，虽然城乡居民医保和职工医保仍存在待遇差别，但是城市和农村之间的差距缩小了，即城乡居民医保待遇水平基本相近。农村最初报销只能报20%多，现在实际报销比例达到55%左右，加上大病保险后，实际报销比例为60%以上。“十二五”时期，城乡居民医保政策范围内的报销比例达到75%左右。对于农村建档立卡贫困人口等困难群体，医疗救助还能报销10%左右，地方政府也会给予一定的补贴，若处于基本医保、大病保险、医疗救助的政策范围内，总的报销比例能达到90%左右。实现医疗救助与基本医保、大病保险的有效衔接，发挥综合保障作用。

商业健康险当前的发展空间

基本医疗保险清晰边界，给商业健康保险发展留有空间。商业健康保险拥有很大的市场需求，围绕没有被基本医保覆盖的项目、费用等，保险公司可以开发各类产品，个人和组织可以自愿购买。按照商保行业的话来说，“没有不能保的项目，只有交不起的保费”，可以依靠市场发挥作用。但是，相对财险和寿险，商业健康保险由于利润空间小，道德风险较高，发展的速度和规模还比较有限。为此，国家也鼓励各地通过购买服务委托商业保险机构探索参与医保经办服务，促进合作共赢。

【资料来源：相惠莲．救治大病患者，医保应负哪些责任？——专访人社部医疗保险司副司长王芳琳．财经网，2017－10－30.】

思考题：

1. 什么是补充医疗保险和大病医疗保险？
2. 补充医疗保险的种类包括哪些？
3. 试述建立补充医疗保险的原则。

第十章 医疗保险谈判

【学习目的】

通过本章学习，掌握医疗保险谈判的概念及特点；熟悉医疗保险谈判产生的背景和作用；了解国内外医疗保险谈判的实践。

【章前案例】

经过抗癌药医保准入专项谈判，2018 年 10 月 10 日，国家医保局发布《关于将 17 种抗癌药纳入国家基本医疗保险、工伤保险和生育保险药品目录乙类范围的通知》，17 个谈判药品均为治疗血液肿瘤和实体肿瘤所必需的临床价值高、创新性高、病人获益高的药品，与平均零售价相比，平均降幅达 56.7%，最大降幅达 71%，大部分进口药品谈判后的支付标准低于周边国家或地区市场价格，平均低 36.1%，患者个人费用负担下降约 85%。为切实保障癌症患者的用药权利，国家医保局多措并举，除启动抗癌药医保准入谈判工作，还下调了 14 种目录内抗癌药的支付标准和采购价格，平均降幅 4.86%，每年为患者减负近 7 亿元，极大减轻了癌症患者费用负担。

【资料来源：国家医保局．国家医保局多措并举　将抗癌药降价落到实处［J］．中国医疗保险，2018（9）：5.】

思考题：药品谈判的实践对于耗材和诊疗服务项目的谈判探索有何启发？

第一节　医疗保险谈判概述

一、医疗保险谈判的概念及特点

谈判有狭义与广义之分，狭义的谈判仅仅是指正式场合下的谈判，广义的谈判泛指一切的协商和交涉。

（一）医疗保险谈判的概念

1. 谈判的概念

谈判是指谈判各方出于某种需要，在一定的时空条件下，采取协调行为的过程。谈判应包括以下几方面的内容：谈判建立在需求的基础上；谈判是两方以上的交际活动；谈判是建立或改善社会关系；谈判是一种协调行为的过程；任何一种谈判都选择在参与者认为合适的时间和地点举行。

2. 医疗保险谈判的概念

医疗保险谈判是指医疗保险实施过程中，医疗服务的购买方（包括参保人、医疗保险经办机构、政府、保险公司等其他主体）和提供方（包括医师、医疗机构、药品与耗材生产供应商及行业协会等主体），就医疗服务的范围、服务质量、服务价格、支付方式、支付标准等内容通过对话与协商达成一致的过程。医疗保险谈判的目的就是协调医疗服务购买方和提供方的利益关系，即医疗服务的提供方通过优质的医疗服务，获得合理的经济收益，而医疗服务的购买方以合理的费用获取相应的医疗服务。双方通过谈判的方式进行交换利益、达成妥协，实现共赢。

（二）医疗保险谈判的特点

1. 谈判的特点

（1）行为性谈判是人的行为，是人在需求支配下采取的一种为满足需求而进行的活动，是人的理性行为。

（2）合作性谈判的前提是参与者都存在尚未满足的需求，需要通过与对方的合作使自己的需求得到满足，各方利益的获得是互为前提的。

（3）冲突性谈判的冲突性表现在谈判各方都希望自己在谈判中获得尽可能多的利益，或减少自己付出的代价，并为此积极地进行讨价还价。

（4）互惠性谈判的结果应是互惠的，但是这种互惠不是绝对均等的，有可能一方获利多，另一方获利少。造成这种结果的主要原因在于双方的需求有差异，对利益的认识、分析、评价标准也不一致。同时，谈判双方所拥有的实力、地位与谈判的技能也各不相同，因而不可能达到谈判利益的绝对均等。

2. 医疗保险谈判的特点

医疗保险谈判除了具有谈判的一般特点外，还具有以下三种特点：

（1）谈判主体的特殊性。

医疗保险谈判的主体包括参保人（委托代理机构）、医疗保险经办机构、医疗服务提供方、药品及耗材供应商和相关政府部门。这些主体由政府机构、企业单位以及委托代理机构组成。其中，参保人通过其委托机构作为谈判主体，医疗保险经办机构既是参保人的委托代表又是经办管理者，医疗服务提供方有非营利性的和营利性的。谈判主体的多样性导致其具有鲜明的特殊性。

（2）谈判内容的复杂性。

医疗保险谈判涉及多方面的内容，包括医疗保险服务范围、医疗服务质量、医疗服务价格、医疗保险基金支付标准与方式等，这些内容不仅涉及不同学科的专业知识，而且涉及谈判各方主体的根本利益，再加上医疗卫生行业的特点，决定了供需双方的信息不对称。因此，如何确定谈判各方主体的权责关系，维护各方主体的利益，实现互惠共赢，这使得谈判内容变得极为复杂。

（3）谈判性质的公益性。

基本医疗保险作为一种公共产品本身就具有公益性，建立在基本医疗保险基础上的谈判，是以维护参保人的利益为前提，通过谈判协调各方主体利益。因此，在谈判的整个过程中，要以公益性为宗旨，保证谈判结果的公平性和可行性。

（三）医疗保险谈判的原则

医疗保险谈判原则是指在医疗保险谈判过程中谈判各方必须遵守的基本准则。遵循必要的原则，是医疗保险谈判成功的保证。

1. 法治原则

我国的医疗保险法律体系、制度架构和政策框架已基本形成，医疗保险谈判的行为和谈判程序必须符合法律与政策规定。

2. 平等原则

医疗保险谈判的目的是保障参保人利益，同时提升医疗保险基金使用效率和促使医疗服务提供方获得合理发展。医、保、患三方利益既是谈判的出发点，也是谈判的落脚点。这就要求谈判各方建立平等的主体关系，谈判内容应该公开化，谈判结果能够体现公平性，从而保证谈判的有效进行。

3. 合作原则

医疗保险谈判各方必须以合作为前提和基础，双方的不合作甚至对抗会直接损害谈判各方的利益。

二、医疗保险谈判产生的背景及作用

医疗保险谈判机制的建立，不仅有利于控制医疗费用，而且有助于提高医疗服务质量。在医疗保险市场发达的欧美国家，医疗保险谈判机制十分成熟，在国家医疗保障体系中发挥着重要的作用。

（一）我国医疗保险谈判产生的背景

医疗保险谈判的产生，既是医疗保险本身的需求，也是社会政治因素推动的结果。2009 年 4 月，中共中央、国务院在《关于深化医药卫生体制改革的意见》中明确指出要“积极探索建立医疗保险经办机构与医疗机构、药品供应商的谈判机制，发挥医疗保障对医疗服务和药品的制约作用”。2012 年，人力资源和社会保障部、财政部、卫生部三部委下发《关于开展基本医疗保险付费总额控制的意见》（人社部发〔2012〕170 号），“要建立医疗保险经办机构和定点医疗机构之间有效协商的机制，在分解地区总额控制目标时，应广泛征求定点医疗机构、相关行业协会和参保人员代表的意见”。2013 年，国务院办公厅印发的《深化医药卫生体制改革 2013 年主要工作安排》（国办发〔2013〕180 号），要求“积极推动建立医保经办机构与医疗机构、药品供应商的谈判机制和购买服务的付费机制”。2015 年 10 月，中共中央、国务院发布《关于推进价格机制改革的若干意见》，文件要求“理顺医疗服务价格”，“公立医疗机构医疗服务项目价格实行分类管理，对市场竞争比较充分、个性化需求比较强的医疗服务项目价格实行市场调节价，其中医保基金支付的服务项目由医保经办机构与医疗机构谈判合理确定支付标准。进一步完善药品采购机制，发挥医保控费作用，药品实际交易价格主要由市场竞争形成”。2015 年 10 月，国家卫生计生委、发展改革委、财政部、人力资源和社会保障部、中医药管理局五部委发布《关于印发控制公立医院医疗费用不合理增长的若干意见的通知》（国卫体改发〔2015〕389 号），指出“对部分专利药品、独家生产药品，建立公开透明、多方参与的价格谈判机制”，“完善并落实医保经办机构与医疗机构的谈判机制，动态调整支付标准，强化质量监管”。事实上，国家层面的反复强调，有着深刻的现实基础。医疗保险经办机构确保基金安全与医疗机构追求发展的矛盾日益凸显。建立医疗保险谈判机制，正是现实问题的制度诉求。

（二）医疗保险谈判的作用

谈判机制作为市场经济体制下多个主体之间的协调利益、寻求合作的重要方式，在促进公平和提高效率中发挥着重要作用。把谈判机制引入医疗保险领域的作用主要体现在以下三个方面：

1. 促进医疗卫生市场健康发展

医疗保险谈判作为制度动态发展的“修正器”，通过对医疗服务提供方进行监督、协议管理，可以有效控制医疗费用的发生和不合理增长，提高医疗服务提供方的医疗服务质量。通过支付政策的调整，引导医疗卫生市场就医秩序，促进了医疗卫生资源合理配置，推动和促进医药卫生体制改革。

2. 充分发挥“团购”优势

医疗保险经办机构作为“参保人的经纪人”，集政府责任、专业化优势与资金配置主体于一身，其话语权和谈判能力强，可以代表参保人的利益，直接与医疗服务提供方和药品及耗材供应商进行谈判，促使供应商适当让利，并在一定程度上降低医疗费用。

3. 提高医疗保险管理水平

医疗保险管理中谈判机制的运行在一定程度上降低了医疗保险运行成本，促进了医疗卫生资源的合理配置，也推动了医疗保险政策的科学化与民主化等，使医疗保险管理水平和医疗保险事业有了较大发展。

三、医疗保险谈判的构成要素

谈判的主体、谈判的内容以及谈判的方式是谈判的基本构成要素。在医疗保险领域，每个构成要素又有着不同的内涵。

（一）医疗保险谈判的主体

医疗保险谈判的主体，即医疗保险谈判中具体参加谈判并履行谈判结果的自然人。社会组织及其他能够在谈判或履约中享受权利、承担义务的各种实体。一般而言，医疗保险谈判的主体，主要是指医疗服务的购买方和提供方。

1. 医疗服务的购买方

社会医疗保险机构、保险公司等从事医疗保险的机构或组织缴纳保费、享受医疗服务。参保人既是医疗服务的服务对象，也是医疗保险基金的具体使用者。而在医疗保险谈判中，医疗保险机构或医疗保险协会等代表参保人利益，作为医疗服务的购买方进行谈判。在我国，医疗保险经办机构主要是指各级医疗保险基金管理中心。由于医疗保险经办机构是医疗保险政策的直接执行部门，同时参与国家医疗保险政策制定，其性质和职能决定了其在医疗保险谈判中的主导地位，具有强大的话语权。

2. 医疗服务的提供方

医疗保险系统中，医疗服务提供方主要包括医疗卫生服务提供者和药品、耗材生产供应商。

（1）医疗卫生服务提供者。

医疗卫生服务提供者的概念有狭义和广义之分。狭义的概念是指各类与治疗疾病有关的医疗、护理、药剂等服务提供者。广义的概念还包括提供各种健康保健服务的卫生机构和人员。

在医疗保险系统中，医疗卫生服务提供者主要指经统筹地区医疗保障局审查，并与医疗保险经办机构签订协议，为参保人提供医疗服务，并承担相应责任的定点医疗机构，以及为参保人提供处方外配和非处方药零售服务的定点零售药店。

（2）药品、耗材生产供应商。

药品、耗材生产供应商是指经企业所在省、自治区、直辖市人民政府相关管理部门批准，符合国家制定的行业发展规划和产业政策，具备相关生产条件的药品、耗材生产企业。

（二）医疗保险谈判的内容

医疗保险谈判的内容主要是指医疗服务的范围、服务质量、价格标准、支付方式等。除此之外，还有对双方的责、权、利进行明确界定。根据谈判主体的不同，主要可分为以下四种：

1. 医疗保险经办机构与医疗服务机构的谈判

医疗保险经办机构与医疗服务机构通过谈判，合理解决争议和分歧。通过对话，制定科学合理的医疗保险管理模式，加强双方的配合与协作，共同维护参保人的利益和医疗保险基金安全。

（1）定点准入谈判。

①行政审批阶段（1998—2015 年）。

根据《国务院关于建立城镇职工基本医疗保险制度的决定》（国发〔1998〕144 号），“基本医疗保险实行定点医疗机构（包括中医医院）和定点药店管理”。

根据原劳动保障部、卫生部、中医药局制定的《城镇职工基本医疗保险定点医疗机构管理暂行办法》（劳社部发〔1999〕14 号）第四条：“以下类别的经卫生行政部门批准并取得《医疗机构执业许可证》的医疗机构，以及经军队主管部门批准有资格开展对外服务的军队医疗机构，可以申请定点资格：a. 综合医院、中医医院、中西医结合医院、民族医医院、专科医院；b. 中心卫生院、乡（镇）卫生院、街道卫生院、妇幼保健院（所）；c. 综合门诊部、专科门诊部、中医门诊部、中西医结合门诊部、民族医门诊部；d. 诊所、中医诊所、民族医诊所、卫生所、医务室；e. 专科疾病防治院（所、站）；f. 经地级以上卫生行政部门批准设置的社区卫生服务中心（站）。”第五条：“定点医疗机构应具备以下条件：a. 符合区域医疗机构设置规划；b. 符合医疗机构评审标准；c. 遵守国家有关医疗服务管理的法律、法规和标准，有健全和完善的医疗服务管理制度；d. 严格执行国家、省（自治区、直辖市）物价部门规定的医疗服务和药品的价格政策，经物价部门监督检查合格；e. 严格执行城镇职工基本医疗保险制度的有关政策规定，建立了与基本医疗保险管理相适应的内部管理制度，配备了必要的管理人员和设备。”第六条：“愿意承担城镇职工基本医疗保险定点服务的医疗机构，应向统筹地区劳动保障行政部门提出书面申请，并提供以下各项材料：a. 执业许可证副本；b. 大型医疗仪器设备清单；c. 上一年度业务收支情况和门诊、住院诊疗服务量（包括门诊诊疗人次、平均每一诊疗人次医疗费、住院人数、出院者平均住院日、平均每一出院者住院医疗费、出院者平均每天住院医疗费等），以及可承担医疗保险服务的能力；d. 医疗机构评审合格的证明材料；e. 药品监督管理和物价部门监督检查合格的证明材料；f. 由劳动保障行政部门规定的其他材料。”

劳动保障行政部门根据医疗机构的申请及提供的各项材料对医疗机构的定点资格进行审查。审查合格的发给定点医疗机构资格证书，并向社会公布，供参保人选择。

②取消行政审批阶段（2016 年以来）。

2015 年 10 月 11 日，国务院《关于第一批取消 62 项中央指定地方实施行政审批事项的决定》（国发〔2015〕57 号），取消了基本医疗保险定点医疗机构和基本医疗保险定点零售药店资格审查。2015 年 12 月 2 日，人力资源和社会保障部发布《关于完善基本医疗保险定点医药机构协议管理的指导意见》（人社部发〔2015〕198 号），“2015 年底前，全面取消社会保险行政部门实施的两定资格审查项目”，按照“自愿申请、多方评估、协商签约”的程序，“完善经办机构与医药机构的协议管理，提高管理服务水平和基金使用效率，更好地满足参保人员的基本医疗需求”。

（2）医疗服务协议谈判。

医疗保险服务协议管理是医疗保险经办机构与定点医疗机构、定点零售药店通过签订服务协议，明确双方的权利、义务和责任，进而落实各项医疗保险政策，满足参保人基本医疗服务需求的管理方式。协议内容主要包括服务对象、服务范围、服务质量考核、费用支付方式与支付标准、费用结算办法、医疗费用审核、违规处罚措施等。

（3）医疗服务质量谈判。

医疗服务质量谈判的目的是通过协议条款，引导定点医疗机构提高服务质量，合理使用医疗保险基金，为参保人提供安全、有效、合理、价廉的医疗服务。提高医疗服务质量的重点是规范医务人员的诊疗行为。通过谈判制定相应的合理规范，确保治疗与用药的合理性；通过合理的监督机制和科学的评价指标，提高医疗保险基金的使用效益。在规范诊疗行为的同时，医疗保险经办机构还可以通过与医务人员签订《医疗保险医师服务协议》，建立医疗保险服务医师资格信息库和诚信档案库，直接对医务人员进行准入控制与监督管理。

（4）支付方式的谈判。

支付方式在医疗保险制度中有着重要作用，不同支付方式对医疗保险各方的行为会产生不同的影响。根据定点医疗机构的服务能力与服务水平，对不同的定点医疗机构，医疗保险经办机构根据医疗保险基金运行情况，运用合理的支付方式，引导定点医疗机构合理分配医疗资源，提高医疗保险基金的合理利用与管理的有效性。

2. 医疗保险经办机构与药品、耗材生产供应商的谈判

医疗保险经办机构与药品、耗材生产供应商的谈判主要涉及准入谈判以及价格谈判，具体如下：

（1）准入谈判。

我国于1999年建立城镇职工医疗保险制度，2000年制定了第一版《国家基本医疗保险药品目录》。2019年版药品目录中的常规准入药品分西药2 643个、中成药1 321个（含民族药93个）和中药饮片892个，并将128个药品纳入拟谈判准入范围。

由于我国各地区经济发展不平衡，医疗保险筹资水平不同，为了保证参保人员的基本医疗用药，《国家基本医疗保险药品目录》分为甲类目录和乙类目录。甲类目录的药品费用按规定由基本医疗保险基金支付，在全国所有统筹地区都应保证支付。乙类目录的药品各省、自治区、直辖市可以根据经济水平和用药习惯进行适当调整，医疗保险基金支付比例由各统筹地区根据当地医疗保险基金的承受能力确定。准入谈判是指在基本医疗保险药品目录调整时，对一些价格较高的、无法替代的、治疗效果较好的药品，通过与药品供应商的谈判，降低一定的药品价格后，纳入基本医疗保险药品目录，从而提高医疗保险基金的社会效益，如部分肿瘤靶向药物。

（2）价格谈判。

药品及耗材的价格是医疗保险谈判中最重要的内容，价格的高低直接影响着医疗服务各方的经济利益。医疗保险经办机构可参与药品集中采购，与药品、耗材生产供应商进行谈判。通过谈判协商，综合考虑同类药品、耗材价格费用和市场价格比较情况，制定药品与耗材的医疗保险结算价格，高于此价格的部分不纳入医疗保险支付范围。通过谈判，

可扩大医疗保险经办机构对药品、耗材价格管理的范围，进一步降低价格，挤压不合理的价格空间，使参保人直接受益。

3. 医疗卫生服务提供者与药品、耗材生产供应商之间的谈判

医疗卫生服务提供者与药品、耗材生产供应商之间的谈判有两种情况：一种是在政府主导的集中招标采购后，医疗卫生服务提供者在集中招标价格基础上，以大量采购方式与药品、耗材生产供应商进行再次谈判；另一种是在政府集中采购目录外，由医疗卫生服务提供者自行与生产供应商采购药品、耗材的直接谈判。

医疗卫生服务提供者与药品、耗材生产供应商谈判的直接目的是降低药品、耗材价格。医疗卫生服务提供者参与谈判的优势在于，对同种药品、耗材，不同品牌之间的效果把握更准确，价格谈判之后容易形成同一品种不同品牌之间的合理价格级差；能够实现量价挂钩，根据采购数量压低采购价格，充分发挥量多价优的市场规律。

4. 不同统筹地区医疗保险经办机构之间的谈判

医疗保险异地就医结算是目前医疗保险管理服务中的一个重要谈判内容。由两个或两个以上统筹地区的医疗保险经办机构进行谈判，达成不同统筹地区之间医疗保险费用的结算办法，便于异地就医参保人医疗费用的结算报销。

第二节　医疗保险谈判的实践

一、国外医疗保险谈判简介

自20世纪50年代以来，西方国家在医疗保险领域的支出开始成倍增长，在国内生产总值的占比不断提高。20世纪70年代末，发达国家的经济增长速度减缓，而医疗保险费用支出的增长速度远远超过国民生产总值的增长速度。医疗保险的高保障水平对医疗保险基金的安全运行带来了空前压力，客观要求医疗保险经办机构进一步加强对医疗费用的管理。合理控制费用支出的有效做法之一就是通过医疗保险经办机构与医疗服

务提供方进行谈判，协商医疗服务范围、数量、价格标准及支付方式，建立约束激励机制，防止医疗机构过度提供服务。

对医疗机构而言，参与谈判既是医疗保险发展的结果，也是维护自身发展的需求。社会保障制度及商业健康保险产业的发展，使医疗机构服务对象从以未参保的自费患者为主转变为以参保人为主，医疗保险支付方式从事后补偿方式转变为预付制为主的复合式支付方式。这使医疗机构在医疗费用控制上要发挥更积极的作用，医方和保方在费用控制上形成了既对立又有共同利益的关系。

从世界范围看，医疗保险经办机构和医疗服务提供方大多是根据医疗保险协议结合在一起，形成法律关系。医疗保险经办机构或商业保险公司与医生个人或组织、医院等各类型医疗服务提供方签订包括服务范围、内容、质量、费用结算等内容的协议，即通过医疗保险协议明确双方的权利和义务。

（一）美国医疗保险谈判

美国的医疗保障体系是一个以商业医疗保险为主的医疗保障体系。此外，政府对于弱势人群也建立了数个由政府运行的大型医疗保险项目，分别覆盖了老年人、低收入人群、残疾人、儿童等。

美国的商业医疗保险完全采用市场化运作方式，政府基本不加干预。商业医疗保险的保险费、保障范围、支付标准均由投保的企业与承保的保险公司通过市场谈判确定。通常情况下，雇员多的大企业依托人数优势能够与保险公司谈出一个相对较低的保险费率、较宽的保障范围和较高的待遇水平。

保险公司与医疗机构、医生的医疗费用结算标准和方式也是双方通过谈判确定。较大的保险公司往往利用“团购”优势与医疗服务提供方谈出一个较大的支付范围和较低的支付标准。美国医疗保险公司“团购”话语权和谈判能力很强，能够用谈判使参保人享受到更多优惠。美国的医疗保险公司为了吸引更多人参保，为了让投保企业的参保人获得质优价廉的医疗服务，每年都要与医疗服务提供方进行医疗服务质量和价格方面的谈判。医疗服务提供方为了取得更大的医疗市场，必须千方百计地提高医疗服务质量和降低医疗服务成本，才能与更多的医疗保险公司合作，创造更大的利润空间。

商业医疗保险的三方（投保企业、保险公司和医疗服务提供方）如何开展谈判，政府并不加以干涉，完全按照市场运作方式进行，谈判方式多种多样，谈判获得的支付价格和标准属商业秘密。但是，由政府运行的医疗保险项目，其结算方式和支付价格却是透明的。由相关利益集团通过谈判、协商达成共识，最终在国会形成法律，然后由联邦卫生与人类服务部下属的联邦医疗照顾与医疗救助管理中心（简称 CMS）负责执行。以老年人的“医疗照顾”保险为例，谈判主要体现在支付方式和药品价格两个方面。

1. 支付方式

由于美国医疗机构和医生是各自独立的，“医疗照顾”保险基金分别向医院和医生支付费用。对于医院的住院医疗服务，主要采用 DRGs 支付方式（根据病人的年龄、疾病诊断、治疗方式、疾病严重程度、合并症与并发症及转归等因素分入若干诊断组，医疗保险经办机构对诊断组制定费用标准，并进行支付的方式）。对医生提供医疗服务实行按项目付费，联邦政府对医生的医疗服务进行分类，确定每项服务的支付标准。每年的预算计划都要根据相关情况和医疗照顾的总预算对住院 DRGs 和医生服务项目的支付标准进行调整。在每年国会通过政策调整法案之前，相关的机构和组织（如医生协会、医院协会等）与国会预算委员会、CMS 等进行沟通协商，争取预算调整符合其行业的利益。因此，国会通过的结算方式和支付价格也是各方谈判妥协的结果。“医疗照顾”基金的费用审核和支付具体由保险公司承担，保险公司依据联邦政府制定的相关政策和支付标准对医疗机构提交的患者费用账单进行审核，CMS 对保险公司的审核和费用支付工作进行监督，联邦政府对保险公司这部分业务的运作进行严格审计。

2. 药品价格

美国的药品价格形成以市场为主，药品价格通过市场竞争，特别是由药品企业与医疗机构或保险公司的谈判确定。美国政府既不制定也不直接采取措施管制价格。

对于住院使用的药品，其价格由医院与药品企业谈判确定。对于有必要使用的新药（包括新技术、新材料，通常不在 DRGs 规定的支付范围之内），也是医院与药品企业谈判定价。大部分情况下，医院会联合起来以集体的方式与药品企业进行谈判，通过大规模的团购获得合理的价格。至于使用新药、新技术造成的医疗费用超过 DRGs 设定的费用支付标准，医院通常将相关情况报告 CMS，提出额外增加支付的申请，CMS 如认为新药、新技术成本效果好，就会对此进行个案处理，增加支付额度。一旦该新技术和新药物普遍使用，CMS 就会组织专家修改相应的 DRGs 支付标准。

对于门诊使用的药品，由保险公司通过市场机制决定其支付的药品目录和药品价格，但保险公司确定的药品目录和药品价格需提交 CMS 进行审核和评估。一般来说，保险公司不直接与药品企业谈判，而是将确定药品目录和药品价格的事务以合同的方式委托给专门的中介机构——药品待遇管理公司（PBM）来承担。PBM 是专业化的药品谈判机构，其能够利用专业优势和集团购买优势为保险公司制定一个合理的药品目录，通过与药品企业的积极谈判来获得比保险公司直接谈判获得的价格还低的药品价格。

（二）德国医疗保险谈判

德国是世界上最早建立社会保障制度的国家，实行的是以法定医疗保险为主、商业医疗保险为辅的社会医疗保险模式。法定医疗保险由1 800多个财务上独立、自我管理的疾病基金组成，政府不参与医疗保险的具体操作，国家也没有统一的医疗保险经办机构，政府的主要作用就是设计制度和制定相关法律，担当中介及仲裁角色，处理各方面的利益矛盾。德国法定医疗保险很大程度上是通过法定医疗保险疾病基金及其协会与医疗服务提供方之间的协商谈判，并以订立契约的方式进行落实。医疗服务提供方包括医师、医院及其协会和医药行业等多个主体。

德国的门诊部与住院部严格分离，医药严格分业。门诊服务由私人诊所的全科或专科医师提供，住院治疗和日间手术服务由医院提供，药品由药店提供。因此，医疗保险机构与医疗服务提供方每个主体的谈判规则也不尽相同。

以疾病基金与门诊服务提供者之间的谈判为例，其谈判机制主要有两个基本层面，即联邦层面和地区层面。联邦层面的谈判重点在于制定框架性的规则，特别是对德国统一的医疗保险基本待遇范围、医疗服务质量、保障措施等做出规定。地区层面的谈判则更多地依据各地实际情况和地区差别，在附加服务、医师报酬规则等方面进行协商。

1. 联邦层面

在联邦层面，疾病基金和法定医疗保险医师之间协商的重要平台是联邦共同委员会。在法律框架下，该委员会就医疗服务各部门（门诊、住院、药品）颁布指令。其主要内容是关于医疗保险的待遇范围和偿付标准。法定医疗保险基金全国协会和法定医疗保险医师全国协会作为联邦共同委员会的成员单位，通过选派投票代表的方式参与实际决策过程。联邦共同委员会本身以中立于疾病基金和服务提供方的角色发布指令，避免了利益团体或国家监督的过度干涉，其主要运作功能在于通过具有法律强制力的指令，确保所有法定医疗保险参保人享有平等的基本医疗服务。

联邦层面上的另一重要协商议题是门诊治疗项目的费用目录。法定医疗保险基金全国协会和法定医疗保险医师全国协会依托联邦共同委员会下设的估价委员会，共同参与设计和修订门诊医疗服务的定价，制定统一的费用标准。

2. 地区层面

在地区层面，州医师协会和疾病基金及其协会，根据本地区基本合同、附加服务、地区报销规则、费用价格、药品供应、可行性评估等进行协商。地区层面协商的重点是医师的报酬支付等财务问题。保险待遇和医疗质量在联邦层面上的统一确定可有效避免地区层面协商可能带来的待遇差距，充分保障参保人的权益公平。在州级层次上，各疾病基金与州医师协会商定医师报酬的预算总额，并向州医师协会进行支付，再由州医师协会按一定标准对医师提供的服务进行审核、结算，再行分配。每年度，疾病基金与州医师协会进行谈判，协商按参保人数计算的支付总额。

为满足参保人更高的医疗服务需求，与集体合同形成竞争关系，德国的门诊服务协议还包括各疾病基金与医疗服务提供方协商签订的个体合同。2004 年的《健康保险现代化法案》，允许疾病基金与服务提供者签订选择性合同，同时可向参保人提供多样的费率选择。疾病基金由此获得了部分附加的购买力和谈判能力，可以选择与单个医师或部分医师群体缔结服务合同，还可以与药商就折扣进行谈判。

二、我国医疗保险谈判机制的实践

（一）成都市医保谈判的实践探索

1. 成都市医保谈判的政策依据

2010 年 11 月，成都市发改委、人社局、财政局、卫生局、监察局、审计局、食药监局、医院管理局八个部门联合印发《关于建立基本医疗保险药品和医疗服务费用谈判机制（试行）的通知》（以下简称《通知》）。同月，市医保局根据《通知》精神印发《关于做好基本医疗保险药品和医疗服务费用谈判工作的通知》（成医发〔2010〕21 号），明确谈判主体、谈判内容及各成员单位的职责分工，要求各成员单位切实履行职责、协同配合、各司其职，共同推进医保谈判。

一是保基本原则，谈判项目以基本医保报销范围内的药品和医疗服务项目为主，服务于基本医疗保障。二是公开公平公正原则，强化政府对医药价格监管，发挥市场机制作用，规范操作，形成公开公平公正和有序竞争的谈判机制。三是多方平等协商原则，既保障参保人的利益，又兼顾医疗机构的合理收益。四是先试点后推广原则，先药品后医疗服务，先基本后其他，先局部后全面，稳步推进。五是廉洁诚实信用原则，遵循市场规律，遵守谈判规则和纪律，质量优先，价格合理，确保供需双方互利互惠。

2. 谈判流程和操作

（1）谈判准备。

一是组建评审专家组。由医保、药学、医学、医院管理、药物经济学专家和人大代表、政协委员组成医保谈判评审专家库，开展谈判时从中随机抽取一定数量的专家，成立评审专家组，参与谈判工作。二是筹备谈判会。由市医保经办机构或医药供应商发出谈判邀约，谈判资料经初审合格后报评审专家组，确定谈判事项。三是提供评审源。由药监、卫生等部门分别向市医保经办机构提供纳入谈判项目的药品、医疗器械的质量及其供应商近两年合法经营等状况，供评审专家组作为评审依据。四是召开谈判会。评审专家组在对谈判内容进行分类评审基础上，与供方进行现场谈判。五是下达执行通知。市医保经办机构根据谈判结果及专家组意见，于谈判结束后 24 小时内公布谈判成果，7 个工作日内与谈判方签订协议，将谈判价格录入医保信息系统加以控制，并及时向定点医疗机构、区（市）县医保经办机构下发执行谈判价格的通知。谈判价格执行期间，若上级价格管理部门调整有关品种的市场最高零售价格，按“就低不就高”的原则执行。

（2）确定内容。

结合现行医药政策制度框架，把“药品团购谈判、医疗服务团购谈判、两定服务协议谈判”作为谈判主要内容和切入点，并将其常态化。

药品团购谈判。重点针对以下医保目录内的药品：一是需要医保编码；二是价格比较昂贵；三是要满足临床疗效确切、患者有强烈需求、医保基金能够承受等条件。只要符合上述条件的药品，无论是外资企业或是国内企业均可参加。

医疗服务费用谈判。从“预算管理、总额控制、年度考核、弹性结算”切入，一是深化按人头付费，对精神病、慢性病、老年病实行按人头按日包干定额结算。二是探索总额预付，对城乡居民基本医疗保险门诊费用，按参保人数、基层医疗机构诊疗人次等情况，实行总额预付制度。三是试行周转金制度，采取年初核定预拨、年终清算结账方式，以定点医疗机构上一年度月平均结算额为基数，由医保经办机构向符合条件的定点医疗机构预拨不超过 2 个月标准的垫支额。四是进一步完善医保支付制度，实行按病种付费。

两定服务协议谈判。一是从定点零售药店协议管理入手，将“禁止定点零售药店摆放兜售日杂用品、主副食品，违者终止医保服务协议，重者取消定点资格”列入定点零售药店服务协议禁止性条款，规范定点零售药店经营秩序，确保医保基金不受侵蚀。二是与定点医疗机构就医保支付总额、支付方式、支付标准、服务质量、考核指标等谈判内容列入协议管理。

（3）谈判操作。

谈判主体：一是法律主体，即供需双方：医保、药企、医院；二是主持人，即第三方，是谈判的参与人，但不是法律主体；三是公监人，政府公派的“谈判现场公共监督咨询服务后援团”，履行监督职责。

谈判方式：开圆桌座谈会方式集体协商，忌用纯粹、极端的商务谈判思维与手段伤害公共利益。

谈判步骤：发现问题—提出申请—批准立项—交流意向—拟定草

案—形成方案—发送通知—筹备会议—召开会议—宣布议题任务—进入实质谈判—提出意向主张—质疑意向主张—陈述答辩理由—听取公监意见—统筹妥协意见—达成共识目标—签订谈判合同—谈判会议结束—修改调试系统。

（4）谈判工作的成效。

通过成都市医保谈判机制的探索，不仅有效遏制了医疗费用不合理增长，减轻了参保群众医疗负担，减少了医保基金不合理支出，而且建立了平等合作的医保契约管理关系，促使医药供方主动控制成本，实现了医保从行政管理向协商谈判的转变。

①降低虚高药价，“团购”效益凸显。

2010 年 11 月，成都市医保局从 307 种国家基本药物和市属各公立医院使用量排列前 100 位且符合报销范围的口服药品中，按照同一通用名、规格、剂型的原则，选取定点医疗机构与定点零售药店销售平均价差超过 100% 的 26 种、308 个品规的药品进行首批优惠谈判，统一降价 50%，并与一家药企开展了探索性谈判。2011 年，引入专家评审机制，与 41 家药企开展了 4 批次的药品谈判，谈判药品涉及口服药和注射剂类等。截至 2015 年，已与全市定点医疗机构和 138 家药企先后开展了 13 批次药品谈判，谈判药品共 1 065 个品规，团购价格在四川省药招挂网价基础上最高降幅达 30%，平均降幅 6. 5% 左右，累计减少医保基金支出千万元，减轻参保群众医疗负担近亿元，在一定程度上缓解了医保基金突出的供需矛盾。

②控费效果明显，降低统筹基金支出和个人自付。

2011 年 5 月，从卫生部门已公布临床路径的病种中，选择诊断标准明确、诊疗规范、治愈标准和疗效确切，且并发症、合并症少的急性阑尾炎、急性乳腺炎等 10 种疾病组首批实行按病种定额付费，10 种病种平均自费率为 23. 68%。目前，全市共有 133 家定点医疗机构结算 19 864 人次，结算总金额 14 572. 16 万元。与既往相比，10 种疾病住院医疗费用总额下降 2 571. 56 万元，统筹基金节约 1 198. 80 万元，参保人自付额减少 489. 33 万元。

③和谐“三医”关系确立。

探索了医保药品和医疗服务价格引入市场竞争机制的新模式，发挥了医保控费作用，使医保药品和医疗服务价格更趋合理。一方面，谈判机制打通了医保经办机构参与医保药品和医疗服务定价通道；另一方面，使药企、药商和医疗机构逐渐树立“市场”意识，明白“蛋糕”是参保群众的。

（二）上海市医保预算管理协商谈判机制的实践探索

1. 以治理思路构建协商谈判机制的现实依据

上海医保预算管理实践中遇到的困难表明，传统的“一元主导、单方负责”型管理已不符合社会发展的需要。在社会保障尤其是医疗保险领域，群众健康需求的多元性、疾病医疗的不确定性、多方利益博弈的冲突性、费用控制效果影响的双重性，都决定医保管理难以由任何一个行为主体独立完成。只有多行为主体共同参与，才能实现风险防范、利益调节、责任共担，化解管理矛盾，达成公平、可持续的综合管理目标。

在原有市场价格机制和医疗机构运行体制不合理条件下，医院想通过医疗行为获取更多的收入，医保管理部门力图用低廉的费用为参保人购买优质的医疗服务，查处医院的不合理医疗行为。传统意义上的医保与医院被定位为非合作博弈的双方，在一定程度上会形成对立关系。协商机制的引入可以使医疗服务的购买方和提供方（医保与医院）通过对话谈判达成共识，对医疗服务的范围、价格、质量等问题进行规范，明确双方责、权、利，变非合作博弈为合作博弈，真正实现“多元协商、平等契约，一致行动、共同担责”，变管理为治理。

2. 探索建立医保预算协商谈判机制

2008 年，上海市创建医保预算管理谈判新机制，探索医保统筹组织、医院自主协商的工作新模式，简政放权、放管结合、优化服务，进一步提高政策内容的公正性、管理流程的规范性和工作机制的协同性。医保预算管理谈判机制要点如下：

（1）推荐代表。

上海医保定点医院共有 500 多家，难以实施一对一的协商与谈判。经反复论证，在原有管理模式基础上提出渐进式改革办法，适当选取典型医院开展协商谈判。依据实践经验，将医院协商代表总人数控制在 40 人左右，并覆盖到不同级别、不同类别、不同隶属关系的医院。2008 年，分两轮进行了医院代表推荐。第一轮，经全体三级医院院长推荐产生 13 名三级医院院长代表；第二轮，依托区县医保管理部门推荐，上海医保统筹调控，产生 19 名一、二级医院院长代表。三级医院和区县一、二级医院院长代表人数比，基本与其医疗保险医疗费用构成比接近。

（2）协商谈判。

为充分保障医院代表话语权，在医院代表中组织推荐具有丰富医院行政管理经验和统筹协调能力者担任组长，委托组长组织开展协商谈判。通过充分调研、征求意见、协调沟通，组长的组织工作为协商谈判奠定了良好基础，提高了各方对协商谈判结果的接受程度。同时，不断对医院代表和组长人选进行微调，确保医保预算控制管理中的矛盾得到及时解决。

（3）以公开促公平，推进“四个公开”。

一是公开年度基金收支预算和医院预算总体安排计划，增进医保和医院双方对费用宏观管理目标的共识；二是公开全市医院预算指标核定及实际执行情况，推进医院管理自律和相互监督，夯实医院自我评价和自主协商分配的工作基础；三是公开全市医院预算分配全过程，通过医院推荐的代表，综合不同医院意见和情况，自主协商确定医院医保预算指标；四是公开年终清算全过程，从清算原则的确定，到清算方案的拟定和具体清算结果，均与医院代表协商讨论确定。

（4）以透明促共识，实行“三轮协商”。

第一轮，由全体医院代表协商。平衡兼顾各级医院的上一年预算和执行情况，确定三级医院和一、二级医院预算总额划分比例。此轮协商中区县医保管理部门负责人列席并听取有关意见。第二轮，由三级医院和一、二级医院分别进行分组协商。三级医院代表协商分配具体医院的预算，一、二级医院代表协商确定各区县预算总额。第三轮，由各区县医保管理部门在充分听取意见的基础上，组织辖区内一、二级医院，共同协商分配既定的预算总额，确定区域内各医院的预算指标。

（5）结果透明。

医院代表协商后确定的预算分配方案，按照医保预算管理“三重一大”（即重大问题决策、重要干部任免、重大项目投资决策、大额资金使用）工作程序，经上海医保办会议审定后下达。各区县医保办组织召开辖区内医院医保分管院长会议，通报协商分配情况，明确下达医院预算。

（6）实现基于数学模型的科学预算。

为进一步推进医保预算管理工作的科学化和精细化水平，实现现代化医保治理，2013 年，联合卫生等相关部门，委托复旦大学完成医疗保险医疗费用数学模型建模工作。向上海市各医院广泛采集 2010—2014 年财务、信息、病案和2004—2014年的医保历史数据，内容包括医疗机构卫生资源情况、医疗机构服务提供情况、重点病种服务提供情况、市级临床医学中心服务情况等，覆盖医院管理运营的各个方面。在完成数据采集后，将数据移交研究团队，启动建模工作，通过多因素分析和综合推论，揭示医疗费用管理的内在规律，科学反映参保人员基本医疗需求和费用流向变化，保障医保预算适应医院费用变化趋势和合理发展需要。

（三）江西省建立医保特殊用药谈判机制的实践探索

江西省积极探索建立医疗保险特殊用药谈判机制，首批将甲磺酸伊马替尼等5种价格昂贵、治疗恶性肿瘤的特殊药品纳入城镇重特大疾病保障基金支付范围。通过谈判，5种特殊药品平均价格降幅达到15.1%，全省全年可为城镇医保患者减轻医药费用负担1.2亿元。

1. 开展三项调查，摸清基金存量和用药需求

开展医保基金收支情况调查。据统计，2014年江西省城镇职工和城镇居民基本医保基金支出增长分别达到16.02%和19.96%；基金使用率分别为103.5%和90.63%。全省有42个县（市、区）的职工基本医保、12个县（市、区）的居民基本医保出现统筹基金当期收不抵支情况。由于基本医保最高支付限额提高，使职工和居民重特大疾病保障的起付线相应抬升，重特大疾病保障统筹基金支出反而减少、结余增加，给特殊药品的支付留出空间。

开展药品使用及医保支付情况调查。通过调查掌握了各定点医疗机构配备使用药品、医保药品目录执行和支付情况。其中，职工和居民基本医保目录内药品使用额分别占药品总额的90.12%和87.86%。

开展重特大疾病临床用药需求情况调查。要求各统筹地区对一些重大疾病临床治疗必需、疗效确切、患者反映强烈，但价格昂贵，亟须通过谈判降价，纳入医保支付的药品列出清单。

2. 坚持三项原则，确保特药谈判顺利实施

坚持基本保障原则。按照基本医疗保险保基本的原则，综合平衡，统筹考虑医保基金承受能力和重特大疾病患者临床医疗需求。重特大疾病按照国家有关部委文件规定的病种范围确定。坚持急需适时、稳妥实施和公平公正原则。组织医保、临床医药专家等对特殊用药实施评审、遴选准入，纳入医保支付范围。坚持谈判降价原则。增强谈判实力，发

挥医保的团购优势，建立特殊药品医疗保险结算价格谈判机制，降低特殊药品结算价格。

3. 申报和评审

申报特药材料。在国家有关部委文件规定的15种重特大疾病范围内，涉及临床必需、疗效确切、价格昂贵的非目录内治疗用药，药品生产企业均可申报。

开展特药咨询。对全部申报谈判的非目录内特药进行咨询。确定入选条件：①设区市提出重特大疾病临床治疗必需的特殊用药需求申请；②非江西省医保目录内药品，市场价格较高，参保患者个人支付困难；③专家评审疗效确切，经济安全；④药品生产企业有谈判降价意愿。入选条件确定后，由咨询会议通过评审办法，设定指标分值：①设区市特药需求申请情况，分值30分；②外省市医保和本省新农合已纳入支付情况，分值25分；③药品安全有效性，分值20分；④经济可行性，分值20分；⑤支持特药国产化，分值5分。

遴选评审。分批次组织专家对申报谈判的非目录内特药按上述五项指标分值评审、统计、复核。

评审结果运用。结合申报的特药专家评分高低和基金结余情况，按照急需适时、渐进稳妥的原则，确定分期分批开展谈判定价的特药。第一批先对得分靠前的甲磺酸伊马替尼等5种药品（8个品规）开展谈判定价，以积累经验。其余得分在60分以上的13个药品作为谈判定价备选品种，按照评审结果一年内有效的评审意见和基金运行情况，分批纳入医保支付谈判定价。

4. 价格谈判

按照主体平等、程序透明，公平竞争、降费优先的谈判原则，由省级经办机构牵头，与先期有谈判意向并经遴选确定的上述5个药品的生产企业谈判。内容包括结算价格、供应保障、结算方式和优惠条件等。成立谈判组，收集数据，测算特药需求人数和费用。谈判过程分为预谈判和两轮正式谈判，前后共15轮次。预谈判为谈判双方首次接触，主要介绍相关情况，提交资料，互通信息，并确定第一轮正式谈判时间。第一轮正式谈判双方提出要求和优惠条件，明确相互认可的内容，现场协商存在的分歧，对暂时无法达成一致的留待第二轮谈判解决，并确定下轮谈判日期。第二轮正式谈判再次协商第一轮谈判中存在分歧，达成一致后形成谈判报告，签订供应协议，协议期暂定一年。

5. 建立机制、明确享受人群

特药适用于城镇职工和城镇居民医保参保人。一是将特药纳入离休干部医药费单独统筹支付范围。二是确定支付渠道和待遇标准。特药统一由重特大疾病保障统筹基金支付，城镇职工支付比例为医保结算价的75%，城镇居民为70%。三是规范特药管理服务。实行“两定”管理和医保责任医师制度。首批确定24家医疗机构和21家药店为特药“两定”机构。同时，统一将本次特药纳入医保药品目录，按照“丙类”药品管理，纳入医疗保险网络信息管理系统。

6. 强力推进，统一实施

一是准确传递有关政策规定和特药信息，开展省内全网宣传，促进实施。二是开展特药医保支付培训，建立特药购买、供应、使用、支付平台。三是下发《关于将甲磺酸伊马替尼等五种特殊药品纳入城镇“大病医疗保险”基金支付范围的通知》和《江西省特殊药品纳入城镇“大病保险”支付经办操作办法》，确定实施时间。首批纳入城镇重特大疾病保障基金支付的特药已于2015年1月1日开始实施。

【延伸阅读】

耗材一致性评价悄然来袭，医用耗材带量采购已在路上

2019年8月12日，国家医保局发布《国家医疗保障局对十三届全国人大二次会议第6395号建议的答复》称：下一步，国家卫生健康委将配合相关管理部门建立耗材一致性评价机构，并探索将药品集中带量采购成功经验向医用耗材招采推广。

从2019年6月份开始，关于高值医用耗材的改革政策频繁上线，各家医疗机构遴选目录、修改信息系统。号称史上最严的医用耗材管理新发9月正式开始实施，“随心所欲”使用医用耗材的时代一去不复返了。

6月18日，为规范医疗机构医用耗材管理，促进医用耗材合理规范使用，保障医疗质量与安全，国家卫生健康委、国家中医药局组织制定了《医疗机构医用耗材管理办法（试行）》（以下简称《办法》）。此《办法》不仅对于医用耗材进行严格定义，也设定了医疗机构医用耗材供应目录，明确医用耗材采购要求，并且建立医用耗材临床使用分级管理制度，堪称医用耗材的“4+7”政策。

6月27日，国家医保局发布《医疗保障标准化工作指导意见的通知医保发〔2019〕39号》，同步发布了《医保疾病诊断和手术操作、药品、医疗服务项目、医用耗材四项信息业务编码规则和方法》，其中公布了“医保医用耗材编码规则和方法”。

7月31日，国务院办公厅印发《治理高值医用耗材改革方案》（以下简称《方案》），提出聚焦高值医用耗材价格虚高、过度使用等重点问题推进改革。

8月1日，国务院新闻办公室在北京举行国务院政策例行吹风会，请国家医疗保障局副局长李滔、国家药品监督管理局医疗器械注册管理司药品稽查专员江德元、国家卫生健康委医政医管局负责人焦雅辉介绍治理高值医用耗材改革方案有关情况。国家医保局副局长李滔表示，将通过集中采购、取消医用耗材加成等措施，挤出虚高价格水分。

而8月12日，国家医保局的这份答复更是将医用耗材改革推向了最高潮。

建立耗材一致性评价机构。其中指出，2016—2017年，以大型医院医用耗材使用及管理现状为突破口，国家卫生健康委医政医管局委托工作组随同大型医院巡查专家组分四批赴北大医院、北大人民医院等30家部属大型医院开展现场调查，2017年12月又以公函形式对剩余14家委管大型三级医院开展了函调工作，通过查阅资料、人员访谈、现场查看、函调等形式对上述44家医院的医用耗材采购、存储、（院内）流转、使用、购销费用，以及耗材使用监管等方面进行了调查，并形成《大型医院巡查医用耗材院内使用现状调查报告》。下一步，国家卫生健康委将积极配合医疗、信息、卫生经济、编码、医保、物价、招采、流通等相关专业机构，促进医用耗材各环节管理的无缝隙衔接，提高管理效率，并配合相关管理部门建立耗材一致性评价机构，加强相关方面研究，完善评价机制，间接促进对一次性非植入高值耗材等费用增长的合理控制。仿制药一致性评价是实施药品带量采购的基石，放到耗材领域，一致性评价的作用同样显著。

探索医用耗材带量采购。医用耗材的价格一直以来由企业自主确定，市场秩序混乱、价格虚高的问题比较突出。2019年5月，习近平总书记主持召开中央深改委第八次会议，审议通过《治理高值医用耗材改革方案》，要求实现“编码可比对、平台全透明、销售零差率”，并通过“准入管一批、招采降一批、支付标准压一批”的方式促进高值医用耗材降价。国家医保局前期对药品开展了新型集中采购的试点，真带量、真采购，健全竞争机制，消除灰色利益，中选药品平均降价52%，个别药品降价超过95%。下一步，我们将探索把药品集中带量采购成功经验向医用耗材招采推广，切实降低虚高价格。目前，安徽等省份已经启动相关试点。

【资料来源：無恙. 耗材一致性评价悄然来袭，医用耗材带量采购已在路上［J/OL］.（2019 - 08 - 13）. https：//new. qq. com/rain/a/20190814A000KW.】

思考题：

1. 阐述医疗保险谈判的特点和作用。
2. 试述医疗保险谈判的构成要素。
3. 试述美国和德国医疗保险谈判的不同点。
4. 试述成都市、上海市和江西省的医保谈判的经验和启发。

参考文献

［1］周绿林，李绍华．医疗保险学［M］.3 版．北京：科学出版社，2016.

［2］周绿林．我国医疗保险费用控制研究［M］．镇江：江苏大学出版社，2013.

［3］仇雨临．医疗保险［M］．北京：中国劳动社会保障出版社，2008.

［4］邓大松，杨红燕．医疗保险与生育保险［M］．北京：人民出版社，2009.

［5］王莉．医疗保险学［M］．广州：中山大学出版社，2011.

［6］王保真．医疗保障［M］．北京：人民卫生出版社，2005.

［7］卢祖洵．社会医疗保险学［M］.3 版．北京：人民卫生出版社，2012.

［8］卢祖洵．医疗保险学［M］.4 版．北京：人民卫生出版社，2017.

［9］荣惠英．医院医疗保险管理［M］．北京：人民卫生出版社，2015.

［10］储爱琴．医院医疗保险管理理论与实务［M］．安徽：合肥工业大学出版社，2016.

［11］仇雨临，孙树菡．医疗保险［M］．北京：中国人民大学出版社，2001.

［12］翟绍果．共建共享健康中国　国民健康保障均等受益研究［M］．北京：生活·读书·新知三联书店，2019.

［13］李绍华，柴云．医疗保险支付方式［M］．北京：科学出版社，2016.

［14］周民伟，赖永洪，袁勇．医院按病种与病组分值付费基础理论与应用［M］．广州：中山大学出版社，2019.

［15］沈勤．我国社会医疗保险基金的偿付与费用控制研究［M］．

上海：上海交通大学出版社，2016.

［16］陈君石，黄建始．健康管理师［M］．北京：中国协和医科大学出版社，2007.

［17］辛丹．健康保险与健康管理［M］．北京：中国财经经济出版社，2018.

［18］罗娟，汪泓．基于混合支付的上海医疗保险费用控制研究［M］．上海：上海交通大学出版社，2016.

［19］程晓明．医疗保险学［M］．上海：上海复旦大学出版社，2010.

［20］曹建文．医院管理学［M］．上海：上海复旦大学出版社，2005.

［21］石秀和．中国农村社会保障问题研究［M］．北京：人民出版社，2006.

［22］张琪．中国医疗保障理论、制度与运行［M］．北京：中国劳动社会保障出版社，2004.

［23］周尚成．中国医疗保险谈判机制研究：理论基础与框架设计［M］．安徽：合肥工业大学出版社，2016.

［24］张晓，胡大洋，罗兴洪．医疗保险谈判理论与实践［M］．北京：中国劳动社会保障出版社，2011.

［25］保罗·J. 费尔德斯坦．卫生保健经济学［M］．费朝晖，等译．北京：经济科学出版社，1998.

［26］赵斌，陈曼莉，丁文雅．我国病种分值结算方式的再检验——基于典型 DRGs 的概念框架［J］．中国医疗保险，2018，12（12）．

［27］王樱．总额控制下按病种分值结算体系建设实践与思考——基于淮安市 15 年经验总结与回顾［J］．中国医疗保险，2018（12）．

［28］郭潇雅．医保支付改革的“淮安模式”［J］．中国医院院长，2018（6）．

［29］周绿林，张心洁．加快医保支付方式改革的对策建议［J］．中国医疗保险，2018（4）．

［30］贾洪波，王清河．医疗保障按绩效付费方式的绩效标准研究：来自多国的实践［J］．中国卫生经济，2015，34（10）．

［31］崔文彬，黄丞，刘向容，等．我国公立医院医保支付制度改革进展及建议［J］．中华医院管理杂志，2016，32（10）．

［32］邵刚，徐爱军，肖月，等．国外健康产业发展的研究进展［J］．中国医药导报，2015，12（17）．

［33］叶金松，吴剑．医院采取多项措施控制医药费用实践［J］．中华医院管理杂志，2018，34（5）．

［34］刘远立．什么是合理的医疗卫生体系［J］．中国卫生经济，2007（6）．

［35］周尚成，杨琴，宁君云．医疗保险谈判机制构建的 SWOT 分析［J］．医学与哲学：人文社会医学版，2011，32（12）．

［36］李丽，王传斌．美国医疗服务价格规制演变及对我国的启示［J］．中国卫生事业管理，2008（6）．

［37］华颖．德国法定医疗保险谈判机制探析［J］．中国医疗保险，2013（6）．

［38］陈新中，张毅．医疗保险谈判机制建设的镇江路径［J］．中国医疗保险，2011（9）．

［39］陈继芳，白丽萍，梁萍萍，等．社会医疗保险谈判中建立参保人参与机制的理论探讨［J］．中国卫生事业管理，2014（7）．

［40］王琬．试论医疗保险谈判机制的建立［J］．中国卫生事业管理，2010（6）．

［41］谢丹．基于利益相关者共同治理的企业资本结构优化研究［J］．商业时代，2013（9）．

［42］吴嘉怡，余伯阳．医疗保险谈判的国际实践及对我国的启示［J］．中国医药导报，2012，9（35）．

［43］吴嘉怡，余伯阳．我国全民医保下的药品价格谈判机制研究［J］．中国医药导报，2013，10（33）．

［44］财政部，人力资源和社会保障部，国家卫生计生委．关于印发社会保险基金财务管理制度的通知［Z］．2017.